Martina Leibovici-Mühlberger

Im Namen des Kindes

Martina
Leibovici-Mühlberger

Im Namen des Kindes

Family Coaching statt Rosenkrieg

AMALTHEA

Besuchen Sie uns im Internet unter:
www.amalthea.at

© 2013 by Amalthea Signum Verlag, Wien
Alle Rechte vorbehalten
Umschlaggestaltung: Silvia Wahrstätter, vielseitig.co.at
Umschlagmotiv: © Can Stock Photo Inc./Yarruta
Lektorat: Martin Bruny
Satz: Gabi Adébisi-Schuster
Gesetzt aus der Elena 11/13,8
Printed in the EU
ISBN 978-3-85002-842-4

Inhalt

Einleitung

Mein Großvater, Geburtsjahrgang 1890, hat es, wie er mir als 90-Jähriger versicherte, zeit seines Lebens nie für notwendig erachtet, über Scheidung nachzudenken. Auch für meine Eltern, die einander 1953 die Hand zum »Bund des Lebens« reichten, und noch für die meisten Verwandten der damaligen weitläufigen Sippe, war Scheidung kein ernsthaftes Thema ihres Lebenshorizonts.

Aber bereits in meiner Generation, der jetzt gut in der Lebensmitte Stehenden, sieht es in dieser Frage ganz anders aus – und für jene, die nun gerade heiraten, so sie dies noch tun, oder für Paare, die erst vor ein paar Jahren eine Familie gegründet haben, stehen die Chancen 50:50, dass diese Konstruktion wirklich Lebenshafen bleibt und nicht irgendwann die Sturmmarke ihres Ablaufdatums erreicht.

Neben diesem gesellschaftlichen Stimmungsbild heißt das in Zahlen, dass um 1900 Scheidungen als ein recht marginales Phänomen angesehen werden konnten. Es verlangte extreme Umstände, um zu jenen wenigen zu gehören, die vorm Scheidungsrichter landeten. Auf 1,9 belief sich die damalige Gesamtscheidungsrate, also jener Prozentsatz der Ehen, die durch eine Scheidung (und damit nicht durch den Tod eines der beiden Ehepartner) endeten.[1]

Basis für die Berechnung der Gesamtscheidungsrate sind die im jeweiligen Jahr beobachteten Scheidungen, die in Beziehung zu jenen Eheschließungsjahrgängen gesetzt werden, aus denen sie stammen. 1957 lag dieser Wert noch bei 13,7, um dann konstant in die Höhe zu klettern und 2007 die bisherige historische Höchstmarke von 49,5 zu erreichen.[2]

Betrachtet man ergänzend auch die Zahl der Eheschließungen, so zeigt sich, dass im Vergleich zwischen 1947 mit 75.484 Eheschließungen, was 10,8 auf 1000 der Bevölkerung bedeutet, und 2011 mit seinen im Vergleich mageren 36.426 Hochzeiten, und damit 4,3 auf 1000 der Bevölkerung, mehr als eine Halbierung der Ehewilligkeit zu verzeichnen ist.[3]

Damit verbunden und für unser Thema natürlich von besonderer Relevanz ist eine Zunahme der Unehelichenquote, also jener Zahl der Kinder bezogen auf jeweils 100 Vergleichskinder, die nicht in ehelichen Verhältnissen zur Welt kommen. 2011 lag dieser Wert bereits bei 40,4.[4]

Die Sprache der Statistik ist scheinbar eine sehr nüchterne, doch ihre Aussagen bergen tief greifende Veränderungen des emotionalen Lebens, ja des Selbstverständnisses des Einzelnen und des dahinterliegenden sich neu formenden Menschenbilds einer Gesellschaft in sich. Im Untergebälk der Basiseinheit des Staates, der Kleinfamilie, brodelt es ganz ordentlich. Scheidung ist in. Heiraten ist out. Magmablasen einer um sich greifenden grundsätzlichen Infragestellung und ein Experimentallabor neuer Familienformen legen davon in vielgestaltiger Weise und auch auf der Plattform des Mediendialogs beredtes Zeugnis ab.

Die Familie wäre schon längst tot und immer schon eine neurotische Zwingburg gewesen, frohlocken die einen und proklamieren einen bunten Reigen neuer, dem jeweiligen Lebensabschnitt angepasster Beziehungsformen. Konservative Hardliner auf der anderen Seite leisten ungebrochen Überzeugungsarbeit, dass nur der, der auf dem Schiff Familie anmustert, die Lebensstürme sicher durchsegeln wird. Wie immer zeigen Polarisierung und Lagerbildung eine dahinterliegende Ratlosigkeit auf.

Ein grundsätzlicher und fataler Irrtum tut sich in diesem so aktiven gesellschaftlichen Umbaufeld von Familie, Trennung/Scheidung und neuen Familienformen aus meinem Blickwinkel auf: Die Kontroverse wird aus der Sichtweise der betroffenen Erwachsenen, ihrer Bedürfnisse, Lebenspläne und Enttäuschungen geführt und nicht aus dem Blickwinkel der in diesen Konstellationen aufwachsenden Kinder. Dabei sind sie die eigentlich Betroffenen, denn das ihnen angebotene unmittelbare Alltagsleben, die Qualität der Beziehungen und erlebbaren Bindungen – all das entscheidet über ihre Prägungen und das Weltbild, das sich im heranwachsenden jungen Menschen etabliert. Letztendlich sprechen wir, um es in eine heute jedem Menschen leicht zugängliche Metapher zu bringen, vom »Aufsozialisieren des Grundbetriebssystems«, mit dem unsere Kinder ihre jeweilige persönliche Zukunft meistern müssen.

Betrachtet man den Zuwachs von psychischen Erkrankungen im Kindesalter, die breite Palette der Verhaltensauffälligkeiten von ADHS bis zum Anstieg von mit Autismus assoziierten Syndromen sowie auch den physischen Gesundheitszustand unserer Kinder,[5] so müssen wir davon ausgehen, dass es bei vielen von ihnen zu einem »schadhaften Aufspielen des Grundbetriebssystems« kommt. Einer großen Zahl von Kindern gelingt es nicht, sich während des Lebensabschnitts Kindheit in einem stabilen Kosmos von Bindung und Beziehung einzurichten.

Dabei wirkt die Tatsache, eine so tief greifende Lebensveränderung wie die Trennung/Scheidung der Eltern in ihrer Bedeutung für die kindliche Entwicklung auf gesellschaftlich breiter Basis bisher außer Acht zu lassen, genauso wie das Fehlen eines grundsätzlich ritualisierten gesellschaftlichen Selbstverständnisses von Auseinandersetzung, Information und Unterstützung wie ein gefährlicher blinder Fleck, rechnet man die zukünftige Leistungsfähigkeit und strukturelle Gefügtheit unserer gerade heranwachsenden Zukunftsgesellschaft hoch. Stellt man nun noch, unabhängig vom persönlichen Leiden des einzelnen Kindes, die große Zahl der Kinder in Rechnung, die durch diesen herausfordernden Lebensphasenwechsel der Trennung/Scheidung der Eltern pro Jahr hindurch müssen, so erscheint die bisherige gesellschaftliche Taubheit weniger naiv denn fahrlässig.

Doch Kinder haben leise Stimmen. Kinder organisieren keine Demonstrationszüge, die sich in Kundgebungen und der Proklamierung eines Forderungskatalogs Gehör verschaffen können. Kinder werden eventuell verhaltensauffällig, also eine Belastung für ihr engeres soziales Umfeld oder auch die Institutionen, in denen sie sich bewegen, und sollen dann, bei aller Beteuerung der Hilfestellung, die man ihnen geben möchte, doch letztendlich wieder verhaltensbegradigt und angepasst werden.

Viele leiden auch einfach still, wirken unauffällig oder manchmal sogar unbeteiligt bis unberührt, um dennoch tiefe Wunden in ihrer Seele davonzutragen. Manche werden in dieser schweren Zeit ihrer Eltern »erfreulicherweise« sogar besonders erwachsen und selbstständig, versuchen sich als Stütze und Anker, ja als Coach ihrer eigenen Eltern – und bieten sich sogar als Partnerersatz und geduldiger Zuhörer an, damit sich ihre Eltern ihr Herz erleichtern können. Im Extremfall lassen sich Kinder in ihrer Liebe zu ihren Eltern sogar zu willfährigen Kampfgenossen im Rosenkrieg ausbilden und mutieren damit zum Henker ihrer eigenen Lebensinteressen.

Kinder werden, entgegen der Beteuerung und der sogar aus tiefstem Herzen geäußerten Überzeugung ihrer Eltern, »das Beste für ihre Kinder in dieser so schweren Zeit zu wollen«, oftmals bedingungslos im Scheidungs- und nachfolgenden Obsorgekrieg aufgerieben. Im Unterschied zum biblischen Bild des »Streits um das Kind«, in dem die wahre Mutter ihr Kind lieber freigibt, denn es zerteilen zu lassen, werden heute zahlreiche Kinder in den Obsorge- und jahrelangen Kontaktrechtstreitigkeiten ihrer Eltern psychisch zerrissen. Die Lebenskrise der Scheidung der Eltern wächst sich zur Lebenskatastrophe des Kindes mit allen damit verbundenen Einschränkungen und Behinderungen des Lebenspotenzials aus. Die eigentlichen Bedürfnisse des Kindes werden in der Hitze des Gefechtes »ums Recht haben« übersehen, denn der Anwalt des Kindes fehlt vor Gericht.

Eine tragische Situation, denn aus jahrzehntelanger Praxis ist mir vertraut, dass in den allerseltensten Fällen böswilliges Kalkül am Werk ist, das die Verletzung des eigenen Kindes kaltherzig, im Wunsch, den Expartner bzw. die Expartnerin zu treffen, in Kauf nimmt. Vielmehr werfen sich hier »löwenherzige« Eltern in »die Schlacht um das Kind«, ein oft erbitterter Feldzug gegen einen vermeintlichen Schattenfeind, vor dem es gilt, das Kind zu schützen.

Mit diesem Buch wird die Absicht verfolgt, die Trennung/ Scheidung der Eltern als krisenhaften Lebensphasenübertritt für die betroffenen Kinder besser bewältigbar zu machen. Es geht hier also darum, den Kindern, ihren Bedürfnissen und Nöten Stimme zu verschaffen. Es ist das Ansinnen, Eltern und allen im jeweiligen Scheidungssystem miteinbezogenen Personen, also auch Großeltern, Freunden oder Pädagogen, konkrete Einsichten zu vermitteln, auf deren Basis Handlungsoptionen entstehen, die dem Kind Unterstützung dabei bieten, wieder sicheren Boden und Lebensbalance in der neuen Lebenssituation zu finden. Das »beste Wollen« soll zum »besten Tun« transformiert werden.

* Was sind die dringendsten Anliegen des Kindes bei der Trennung/Scheidung seiner Eltern?
* Was braucht ein Kind in dieser Zeit der Auflösung seiner gewohnten Familienverhältnisse?
* Was schadet und was nützt?
* Was ist besonders wichtig, dem Kind zu vermitteln?
* Wie gelingt es in einer Zeit des Umbruchs, glaubwürdig zu bleiben und dem Kind Nähe und Sicherheit zu vermitteln?
* Wie vermittelt man als Elternteil, wo man selber steht, ohne das Kind zu belasten?
* Was wünscht sich ein Kind, auch wenn es dies nie aussprechen würde?
* Wie ist kindliche Verhaltensauffälligkeit während der Trennung/Scheidung der Eltern zu deuten?
* Wann ist Beratung angezeigt?
* Was bedeutet ein neuer Partner bzw. eine neue Partnerin des Elternteils für das Kind?

Fragen über Fragen, die mit dieser herausfordernden Phase der Trennung/Scheidung verbunden sind – drängende Fragen, denn die Suche nach einer neuen Reiseroute in die Zukunft duldet keinen Aufschub.

Fragen, denen wir uns als Eltern und Gesellschaft im Sinne struktureller Weichenstellung also zu stellen haben. Fragen, deren Beantwortung wir nicht einfach dem Zufall oder der Entwicklung der Situation überlassen können, sondern für die wir verantwortungsvolle Bewusstheit auch unter Nachreihung unserer persönlichen und von aufgeregten Emotionen beeinflussten Interessen entwickeln müssen. Es ist hoch an der Zeit und in unserem eigenen tieferen Interesse, denn unsere Kinder sind die Basis der uns im Alter versorgenden Zukunftsgesellschaft.

In diesem Buch werden reale Kinder aus meiner beruflichen Tätigkeit, natürlich mit veränderter Namensidentität, mit ihrem Blickwinkel zu Wort kommen – es handelt sich vielfach um berührende Geschichten, so berührend, dass ich diesen Text schreiben musste ...

Wenn es gelingt, diese Kinder, ihren Empfindungskosmos, ihre tatsächlichen Bedürfnisse – die sich in ihrem Schweigen, ihren Zeichnungen, ihrem oft abstrus anmutenden Verhalten, ihren Erzählungen, ihrer Ratlosigkeit und ihren Versuchen einer Bewältigung verbergen – mit diesem Text Gestalt werden zu lassen, wenn es gelingt, dass sich damit tiefere Nachvollziehbarkeit für die beteiligten Erwachsenen für die wirklichen Anliegen der Kinder ergibt, dann ist die angestrebte Zielsetzung erreicht.

Dieser Text verzichtet deswegen auch nahezu vollständig auf die fundierte Wissenschaftssprache des Expertentums. Weiterführende Anmerkungen und Referenzierungen sind nur dort, wo sie absolut unverzichtbar erscheinen, eingestreut. Damit soll eine mögliche Irritation beim Lesen zugunsten empathischer Einfühlung in den jeweiligen Situationskontext vermieden werden. Hier sind die Kinder am Wort.

Immer wieder werden auch spezifische, recht schematisch anmutende Fragen an Eltern zu den behandelten Unterthemen rund um das Thema Scheidung gestellt. Diese Form wurde gewählt, um es Eltern zu erleichtern, von ihrem möglicherweise noch von schwelendem Streit belasteten Kommunikationsmodus möglichst weit Abstand zu gewinnen. Es handelt sich hier um anamnestische oder diagnostische, zumeist sehr neutral anmutende und im Grundsatz im Ergebnis auf das Kind ausgerichtete Fragen, deren Beantwortung jeder Elternteil für sich vornehmen kann.

Sie können nicht als Türöffner in wechselseitige Vorwürfe verwendet werden, sondern in sehr auf das Kind bezogener Form, je nach ihrem Ergebnis, Handlungsbedarf demonstrieren.

Dies ist einerseits ein Versuch eines aktiven Brückenschlags in die jeweilige mögliche Trennungs-/Scheidungssituation des Lesers bzw. der Leserin und soll andererseits dazu beitragen, über das indirekte Auftreten des Kindes durch die Situationsanalyse bei Eltern über ihre persönliche Scheidungssituation hinweg kooperative Elternschaft zu initiieren.

Geleitwort eines Kindes

Liebe Mama! Lieber Papa!
Ich habe euch sagen hören, dass ihr das alles, was gerade geschieht, nie gewollt habt, und ihr euch früher, als ihr noch so richtig ineinander verliebt gewesen seid und ich in Mamas Bauch war, nicht vorstellen hättet können, dass so etwas einmal passieren könnte. Ich weiß, dass eure Scheidung für euch eine sehr schwere Zeit ist. Mama weint jetzt sehr oft oder ist furchtbar wütend, und Papa ist die meiste Zeit sehr ernst oder tut so, als hätte er furchtbar viel zu tun, damit ich nicht merke, dass auch er traurig ist.

Für mich ist diese Zeit auch sehr schwer. Das haben wir also alle drei gemeinsam. Aber sonst gibt es auch eine Menge Unterschiede zwischen eurer und meiner Situation, und das ist ziemlich bedeutungsvoll, zumindest für mich.

Irgendwie seid ihr beide zu der Überzeugung gekommen, dass ihr euch »entliebt« habt und nicht mehr miteinander zusammen leben könnt. Es ist also besser, habt ihr gesagt, dass Papa auszieht.

Für *mich* ist das mit dem Liebhaben ganz anders. Für mich hat sich da gar nichts geändert. Ich habe euch ganz genauso fest und stark lieb wie vorher, auch jetzt, nachdem ihr mir das mit dem sich »scheiden lassen« gesagt habt. Für mich wäre es eine super Lösung, wenn Papa zu mir ins Kinderzimmer ziehen würde. Dann könnte er sich von Mama scheiden lassen und wäre trotzdem bei mir. Sarah in meiner Kindergartengruppe findet das auch total richtig so. Aber ihr habt gesagt, dass das nicht geht.

Papa wird also weggehen, und für euch ist das logisch – für mich aber nicht. Ich will das nicht. Ihr seht also, wir haben da ziemliche Unterschiede in dem, was wir uns wünschen. Ihr würdet das Interessen nennen. Neben dem, dass ihr ja der Überzeugung seid, dass es die richtige Lösung ist, sich »scheiden zu lassen«, während ich das gar nicht so fühle, sind unsere Möglichkeiten, mit so einem großen Kummer umzugehen, ziemlich unterschiedlich.

Für euch ist ein Lebensplan, wie man so sagt, geplatzt, für mich mein ganzes bisheriges Leben. Ihr habt einander vor zehn Jahren als große Menschen mit Lebenserfahrung, wie Oma das nennt, kennengelernt und ineinander verliebt. Papa hat damals schon einen Bart gehabt und Autos konstruiert – und Mama war fast mit ihrer Universität, so heißt doch das alte Gebäude, fertig. Auf dem Hochzeitsfoto schaut ihr zwar viel jünger und fröhlicher aus, aber ihr seid schon richtige Erwachsene gewesen. Dann habt ihr diesen Lebensplan miteinander gemacht und ein paar Jahre später bin ich geboren worden. Und dann haben wir Merlin, unseren Kater, bekommen und sind in unser Haus gezogen.

Irgendetwas, das ich nicht verstehe, ist danach geschehen, denn jetzt ist das alles vorbei und ihr wollt ein anderes Leben, von dem ihr glaubt, dass es richtiger für euch und mich und natürlich Merlin ist. Ich kann das gar nicht so sehen wie ihr, mit diesem Blickwinkel, dass dieses Leben nicht mehr passt, und der Perspektive, dass ein neues Leben, in dem wir nicht mehr alle zusammen sind, besser sein soll. Denn dieses Leben ist das einzige, das ich kenne. Ich kann mir ein anderes Leben nicht so einfach vorstellen wie ihr. Da ist nur ein schwarzes Loch. Und ich habe auch noch keine Erfahrung, wie man mit so schwierigen Dingen richtig umgehen kann.

Alles, was ich habe, ist, dass ich euch vertraue, dass ihr das Richtige für uns alle entschieden habt – auch wenn ich das jetzt gar nicht so sehen kann – und dass ich euch beide ganz rasend lieb habe und brauche, damit ich mich in dieser schwierigen Zeit zurechtfinden kann und irgendwann dann vielleicht wirklich feststellen kann, dass jetzt alles besser geworden ist.

Dass ich euch jetzt ganz stark brauche und auch Merlin unbedingt bei mir im Bett schlafen muss, ist euch ja klar, denn ihr, Papa und Mama, habt mir ja beide schon gesagt, dass ihr mich ganz toll lieb habt und immer für mich da sein wollt. Auch wenn ihr einander also nicht mehr lieb habt, so habt ihr mich doch noch genauso lieb wie vor der Zeit, als euch das mit der Scheidung eingefallen ist. Nur habt ihr mich eben nicht mehr zusammen lieb, sondern getrennt, jeder für sich.

Das ist schon etwas kompliziert, das müsst ihr doch zugeben. Und das, so glaube ich, muss ich erst erleben, dass das nämlich auch klappt und sich nach richtigem Liebgehabtwerden anfühlt. Aber vielleicht sind ja Kinder auch sehr kompliziert und nicht ganz einfach für ihre Eltern zu verstehen. Ich mach mir nämlich ziemlich Sorgen, ob die ganze Sache mit der Scheidung nicht meine Schuld ist. Papa hat schon oft gesagt, dass ich ihm den letzten Nerv ziehe, und oft habt ihr wegen mir gestritten, weil ihr euch nicht einigen konntet, was richtig für mich ist.

Auf der anderen Seite habe ich echt Angst, dass ihr gar nicht sehen könnt, wie sehr ich euch beide brauche und mit jedem von euch zusammen sein will. Frederick hat mir erzählt, dass er seinen Papa jetzt fast nicht mehr sieht, seit seine Eltern geschieden sind, und seine Mutter dauernd über ihn schimpft. Das macht Frederick ganz stark traurig, und manchmal macht er sich jetzt in die Hose. Seine Mutter hat gemeint, dass sein Vater an allem schuld sei und sie Frederick mit ihm nicht mehr zusammenlassen werde. Sie hat seinen Vater auch einen »Idioten« genannt, obwohl Frederick solche Worte nicht sagen darf, ohne dass seine Mutter auf ihn sehr böse wird. Frederick tut das ganz stark in seinem Herzen weh; er liebt doch seinen Vater genauso stark wie seine Mutter – aber er hat aufgehört, das zu sagen.

Ich möchte nicht, dass es mir wie Frederick ergeht. Ich fürchte, dass Mamas und Papas manchmal ihre Interessen – das ist doch das Wort für die Dinge, von denen die Erwachsenen überzeugt sind, dass sie richtig sind – und die Bedürfnisse ihrer Kinder nicht auseinander halten können. So als wäre das ein und dasselbe – aber das habe ich ja schon zu erklären versucht, dass das gar nicht so ist.

Damit das nicht geschieht, dass Mamas oder Papas meinen, der andere wäre »nicht gut« für das Kind, weil sie so gekränkt voneinander sind – Konfluenz nennen sie das in der Fachsprache –, ist dieser Text geschrieben worden. Hier erzählen wir Kinder, zum Teil in unseren eigenen Worten, wie wir erleben, was mit uns geschieht, und was wir brauchen. Zum Teil erzählen wir es so, wie wir es sagen würden, wenn wir schon Worte hätten. Denn die Jüngsten von uns können sich nur über ihr Verhalten ausdrücken.

Den aggressiven Alexander werdet ihr treffen, dem seine Eltern vermitteln wollten, dass ihre Scheidung super sei, und die dabei die ganze Zeit totale Schuldgefühle haben. Wie soll denn da ein Kind nicht verwirrt werden und das dann noch ernst nehmen?

Dann sind da noch Julia, die immer so vernünftig war und dabei ganz dick geworden ist, Georg, der gemeint hat mit Beten seine Eltern wieder zusammenzubringen, und der dann später, als sie nach der Scheidung noch immer ganz irre gestritten haben, aufhören wollte an den lieben Gott zu glauben. Thomas, der das dann auch getan hat, Bettina, die etwas ganz Schlimmes gemacht hat, und Miriam, die ganz klein ist, aber ihren Papa ganz toll lieb hat, weil ihre Eltern das super eingefädelt haben. Und Manuela, Dominique und noch viele andere mehr, deren Geschichte in der einen oder anderen Form vorkommt.

Schließlich kommen noch ein paar richtige Erwachsene vor, wie Roman, dessen Mutter einfach davongelaufen ist, oder Claudia, die auch eine ziemlich komplizierte Geschichte erlebt hat, obwohl bei ihr äußerlich immer alles so gut ausgesehen hat. Sie erzählen heute als Erwachsene, wie sie als Kinder die Scheidung ihrer Eltern erlebt haben, und sie meinen, dass es sehr wichtig ist, bei einer Scheidung zu bedenken, wie es Kindern dabei geht, was sie wirklich brauchen und wie Kinder beide Eltern behalten können. Sie wollen nämlich, dass es für andere Kinder besser klappt als bei ihnen und sie dann nicht als Erwachsene noch immer in ihren eigenen Überzeugungen davon beeinträchtigt sind oder eine Therapie machen müssen.

Dieser Text, liebe Mama, lieber Papa, soll euch also mit unseren Kinderaugen durch eure Scheidung führen, damit ihr unseren Blickwinkel besser verstehen lernt. Beginnend damit, wie ihr es uns sagt, und bis dorthin führend, wo wir eine Patchworkfamilie werden könnten. Wenn ihr euch auf den Boden setzt, bekommt die Welt ja auch eine ganz andere Perspektive und es fallen euch andere Dinge auf, als wenn ihr von oben nach unten blickt. Mama hat zum Beispiel das Kaugummi, das ich unter den Küchentisch geklebt habe, auf diese Art gefunden – und Papa meine große blaue Murmel, die unter die Couch gerollt war.

So ähnlich ist dieser Text gemeint. Darum ist er auch nicht in dieser wissenschaftlichen Sprache abgefasst, aber natürlich doch in einer Erwachsenensprache, damit er euch in eurem Verständnis entgegenkommt. Wirklich wichtig sind die Stellen, wo die Kinder zu Wort kommen. Lest weniger mit dem Kopf als mit dem Herzen, auch wenn euch das seltsam vorkommen mag. Wenn ihr das so macht, bin ich ganz sicher, dass ihr verstehen werdet, dass Papa unbedingt mein allerliebster Drachenbau-Papa bleiben muss und Mama meine allerwichtigste Zu-Bett-geh-Geschichten-Mama, und dass ich euch beide ganz lieb habe und brauche und *ihr* einen Weg finden müsst, um einander als Eltern zu respektieren und das, wie ihr Erwachsenen sagen würdet, »kooperativ« zu leben.

1.

»Was, du bist noch nicht geschieden?«
Warum wir als Gesellschaft hier angekommen sind

Warum finden sich Menschen eigentlich und gießen dann auch noch diese Beziehungen in die Form einer Ehe? Was ist der ursächliche, begründende Driver für die Paarbeziehung?

Die Liebe natürlich, das weiß doch jedes Kind, wird die leicht genervte Antwort eines jeden auf diese unnötig anmutende Frage sein. Die Liebe als existenzbegründendes Ingrediens eines Paares steht außer Zweifel, ja bekleidet sogar den Status der Ausschließlichkeit, denn wer aus anderen Motiven denn der reinen Liebe eine Beziehung oder gar eine Ehe eingeht, gilt landläufig als moralisch äußerst zweifelhafter Charakter.

Diese Ideologie trägt heute den Wesenszug einer unantastbaren Kulturvariablen, ist tief in unserem gängigen Selbstverständnis verankert und wird mit allen Stilmitteln der Kunst von Hollywood bis Bollywood zum Teil bis in die Groteske hinein bedient.

So selbstverständlich, ja »natürlich« uns dieses auf der romantischen Anziehung zwischen zwei Menschen beruhende Konzept heute erscheint, so vergleichsweise neu ist es, betrachtet man den Gesamtzeitraum, seit unsere Spezies die Paarbildung erfunden hat.

Das will allerdings nicht sagen, dass Liebe zwischen Mann und Frau früher nicht existiert hätte, die Weltliteratur ist voll von berührenden wie tragischen Liebespaaren, deren Geschichten uns noch heute anzurühren wissen. Hier soll nur verdeutlicht werden, dass ursprünglich anderen Faktoren als der Liebe der Rang einer ursächlichen Begründung für eine dauerhafte Beziehung zwischen Mann und Frau zukam.

Geheiratet wurde lange Zeit, ausgehend vom festgesteckten gesellschaftlichen Segment, dem man durch die Geburt angehörte, nach Rang- und Positionsüberlegungen und wirtschaftlicher Günstigkeit. Geliebt wurde unter Umständen woanders.

Die Ehe war »Funktionsmittel« des Auftrags »wachset und vermehret euch«. Achtung und Respekt der Ehegatten voreinander, einhergehend mit einer klaren Rollenbefüllung und Rollenaufteilung, Ausdruck einer »positiven Betriebskultur« auf diesem Weg und Liebe zwischen den Eheleuten, waren zwar für den Alltag förderlich, aber nicht notwendig – und schon gar nicht ehebegründend. Aus Liebe allein zu heiraten, wäre absurd gewesen und hat, auch hiervon gibt die Weltliteratur eindrucksvoll Zeugnis ab, sofort besorgte Eltern und Abwehr auf den Plan gerufen. Für eine Welt, in der der Einzelne sein Selbstbild zum überwiegenden Teil aus der Zugehörigkeit zur Gemeinschaft und nicht in erster Linie aus sich selber schöpft, in der der Geburtsrang der jeweiligen Gesellschaftsschicht und zum Beispiel die Zugehörigkeit zu einer speziellen Handwerkerzunft Selbstgefühl und Identität des Menschen bestimmen und damit gleichzeitig den Lebensplan und alle darin enthaltenen Lebensoptionen festschreiben, ist dies auch durchwegs nachvollziehbar. Liebe als Ehebegründung wäre in diesem Gesellschaftsentwurf störend, ja könnte sogar gefährliche Unruhe und Aufmischung einer als »gottgewollten Ordnung« erlebten Gesellschaftskonstruktion bedeuten.

Dies ändert sich erst, als das *Ich* und damit eine mehr individualisierte Selbstwahrnehmung des Einzelnen in den Vordergrund zu treten vermag. Der einzelne Mensch beginnt sein Selbstbild und damit einen verbindlichen Verhaltenskodex zunehmend nicht mehr aus seiner Zugehörigkeit zu einer gesellschaftlichen Schicht oder Berufsgruppenzugehörigkeit zu beziehen, sondern aus der eigenen Individualität. Das eigene Sein speist sich aus der Quelle der *Ich*-Wahrnehmung und die damit verbundenen Lebensentscheidungen werden nicht mehr im Spiegel vordefinierter, verbindlicher Verhaltensnormen von Bezugsgruppen getätigt, sondern finden Begründung im eigenen Wollen und im Spiegel der Selbstevaluation der persönlichen Möglichkeiten. Damit betritt auch die Liebe schön langsam, beginnend in intellektuellen Kreisen, in damals revolutionärer Form als *allein* beziehungsbegründend die Ehebühne. Das romantische Ideal greift um sich und hat bis heute ungebrochene Gültigkeit.

Aber wo stehen wir als Gesellschaft heute wirklich? Institutionen wie auch die Ehe müssen nüchtern betrachtet als gesellschaftliche Antworten auf spezifische Problemstellungen gesehen werden, wie das der bedeutende Soziologe Niklas Luhmann schon vor mehreren Jahrzehnten erstmals schlüssig ausgeführt hat.[6] Die Ehe hat damit im strengen Sinn eine Transformation von einer wirtschaftlichen Besicherungseinheit (als Lösung für das wirtschaftliche Überleben des Einzelnen und Erhöhung des Aufzuchterfolgs für Nachkommen) hin zu einer die emotionalen Bedürfnisse der beiden Partner besichernden Einheit (emotionale Bestätigung durch ein sicher verfügbares Gegenüber) vollzogen.

Wie steht es heute, angesichts derartig hoher Scheidungsraten allerdings damit? Vermag die Ehe die in sie gesetzten Erwartungen noch zu erfüllen? Der Wunsch nach einer dauerhaften Verbindung, vertieft man sich zum Beispiel in die letzte Jugend-Wertestudie,[7] findet sich auch bei der jungen Generation heute wieder. Ehe und Familie haben hohen Sehnsuchtswert.

Und dennoch hat sich einiges geändert. Hinterfragt man genauer, wie auch wir dies in einer von unserem Institut geleiteten Umfrage unter jungen Menschen gerade vergangenes Jahr wieder getan haben,[8] so wird auffällig, dass zwar der Wunsch nach Ehe und Familie ungebrochen besteht, ja vielleicht als »Naturvariable« angesehen werden kann, dass aber der Glaube an eine Realisierung als dauerhaftes Beziehungsmodell deutliche Einbußen zu verzeichnen hat. Zu viel Enttäuschung des romantischen Ideals kursiert in der Umgebung und füllt die Seiten von Lebenstagebüchern.

Parallel und kontrovers wirkend zu dieser eher pessimistischen Sicht betreffend Dauerhaftigkeit des angestrebten Beziehungsmodells existiert eine fast traumhaft anmutende inhaltliche Befüllung des romantischen Ideals. Es mutet an, als wäre in einer zunehmend fragmentierten Welt, die dem Einzelnen zwar noch nie dagewesene Freiheit in der Entwicklung eines hochindividualisierten Selbstentwurfs zubilligt, ihm aber andererseits damit einhergehend auch die volle Wahlverantwortung für das Gelingen aufbürdet, die Zweierbeziehung der letzte, einzige Rückzugsort, an dem man Geborgenheit tanken und Selbstbestätigung über den Beziehungspartner bzw. die Beziehungspartnerin erlangen kann. Die das Paar verbindende Liebe schafft ein Erleben von persönlicher Totalität, einer eigenen, das individuelle Paar begründenden Realität, einer Insel im Meer von umgebender Unsicherheit.

Denn »nix is fix« in einer von pluralistischen Wertevorstellungen bevölkerten und von traditionellen Normen zunehmend entkleideten Gesellschaft. Der Einzelmensch als höchst individuelles Wesen muss sich ständig selbst definieren und begründen. Bezugsgruppen und Arbeitsplätze wechseln, ja sogar die eigene Stammfamilie bietet, oftmals bereits durch Scheidung in der Elterngeneration ihrerseits aufgesplittert und durch hohe Mobilitätsansprüche bisweilen auch unmittelbar schlecht erreichbar, kein stabiles Fundament mehr. Es scheint so, als wäre die Paarbeziehung der letzte Zufluchtsort für die Beglaubigung der eigenen Individualität.

Damit einhergehend ist jene inhaltliche Erwartungsüberfrachtung zu sehen, die mir auch dieses Jahr anlässlich eines Seminars mit jungen High Potentials zum Thema »Beziehungen der Zukunft«, das ich gemeinsam mit der deutschen Soziologieprofessorin Cornelia Koppetsch in Alpbach halten durfte, entgegenschlug.[9] Partnerschaft soll heute nicht nur unsere wirtschaftlichen Interessen und Wünsche nach Sicherheit und Wohlstand erfüllen können, sondern auch unsere emotionalen nach Zuwendung, Geborgenheit, Treue, Verständnis, Freundschaft – und so weiter, denn der Katalog der Ansprüche ist lang.

Mit unserem Traumpartner bzw. unserer Traumpartnerin wollen wir täglich neuen aufregenden Sex und tolle Reisen erleben, und außerdem unsere Hobbys leben können; er bzw. sie soll in seinen bzw. ihren politischen Ansichten so ticken wie wir, von denselben Menschen fasziniert sein und sich für dieselben Filme begeistern wie wir. Außerdem natürlich gestylt und nicht zu weit vom Attraktivitätsideal entfernt sein, wenn man es sich aussuchen kann. Kurzum, er bzw. sie soll ein Gegenüber sein, das alle unsere Sehnsüchte und Wünsche zu erfüllen versteht und beständig, am besten 24 Stunden am Tag, mit einem strahlenden Lächeln bereit ist, allumfassende Liebe zu mir und meine Einzigartigkeit zu bestätigen; er bzw. sie soll mich also glücklich machen.

Bei näherer Betrachtung erweist sich dieses Konzept allerdings als sehr störanfällig, und abgesehen von der »Honeymoon Time« als wenig alltagstauglich. Da hilft es nicht, wenn mühselig Erspartes in überdimensionale, von »Wedding Plannern« zu Staatsempfängen hochstilisierte Hochzeitsfeste gesteckt wird, um den »schönsten Tag im Leben« zum unvergesslichen Moment im Sinne erfolgreichen Eventmanagements zu machen. Die Enttäuschung ist bitter, wenn im Zuge der Realanforderungen diese eigentlich hinter allem stehende Sehnsucht nach Aufmerksamkeit vom Gegenüber nicht mehr ausreichend erfüllt wird, und es nimmt nicht Wunder, dass dies häufig mit dem Auftreten von Kindern in der Paarbeziehung seinen Anfang nimmt. Aus jahrzehntelanger Praxis kenne ich die Klagen und Anwürfe in der Aufarbeitung der nachfolgenden, als unausweichlich erlebten Beziehungsaufkündigung:

»Er hat mich mit dem Kind überhaupt nur mehr alleine gelassen.«

»Er hat einfach sein eigenes Leben weitergelebt.«

»Sie hat nur mehr das Kind gesehen und für mich keine Energie gehabt.«

»Wir haben keinen aufregenden Sex mehr gehabt.«

»Meine Interessen waren überhaupt nicht mehr wichtig.«

»Ich fühlte mich total betrogen; ich habe es mir ganz anders vorgestellt, Familie zu sein.«

Die Liste der Enttäuschungen ist beliebig lang fortsetzbar, der Weg von Entfremdung, »Entliebung«, Bitterkeit, dem Gefühl, betrogen worden zu sein, Abwendung und nachfolgender Neuorientierung ist vorgezeichnet, wenngleich er unterschiedliche persönliche Geschichten schreibt.

Gemeinsam ist allen der Sturz vom Olymp in den Hades, die Enttäuschung durch einen vormals zum Ideal stilisierten Menschen. Den wenigsten Menschen ist es, dank des zuvor skizzierten gesellschaftlichen Zerrbilds der Ehe, das beziehungs- und damit auch erwartungsbegründend wirkt, ohne entsprechende bewusste Auseinandersetzung möglich, die Überfrachtung und die damit verbundenen Stolpersteine für das tägliche Beziehungsleben zu erkennen.

»Wir waren wie zwei untrainierte übergewichtige Seiltänzer, die man hinauf in die Zirkuskuppel geschickt hat, um einen Salto zu wagen. Unser Blick war vernebelt. Unser Absturz war programmiert. Jeder von uns hat den anderen als den Verantwortlichen für das eigene Glück gesehen, und als wir enttäuscht wurden, wollten wir unsere Kränkung aneinander rächen. Der Obsorgekrieg um unsere Kinder war das Spielfeld«, so drückte es einer meiner Klienten in später Selbsterkenntnis einmal aus.

Das Scheitern des so sträflich überfrachteten romantischen Ideals führt in manchen Fällen – dort, wo das *Ich* besondere Bedürftigkeiten umfasst und zum Teil sogar existenzielle Abstützung im Gegenüber sucht – zu besonderer Bitterkeit, denn im persönlichen Erleben der Betroffenen handelt es sich um eine tief erlebte Entwertung. So wird es auch verständlich, dass gerade in diesen Fällen erbitterte Obsorgekriege oft den letzten zähen und jahrelangen Akt im Kampf um die Aufmerksamkeit und darum, Recht zu haben, bilden, um der tiefen narzisstischen Kränkung, die mit diesem Verlust des Lebensplans einhergeht, Raum zu bieten. Der vormals als ideal erlebte Partner bzw. die Partnerin durchläuft in der reaktiven Bewertung eine Dämonisierung. Der andere Elternteil, mit dem wir gemeinsam bis zur definitiven Abwendung unser Kind erzogen haben, wird nun als grundsätzlich verantwortungslos oder gar als potenzieller Missbraucher erlebt, vor dem es unser Kind zu schützen gilt. Eine entsprechende Mechanik wird in Gang gesetzt – und die Leidtragenden dabei sind die Kinder.

Das romantische Ideal im 21. Jahrhundert

* Mit der »Erfindung« des Ich und des Individualismus geht eine veränderte Selbstwahrnehmung und die Etablierung des romantischen Ideals als beziehungsbegründend einher.

* Die Wichtigkeit von sozialer Einbindung und Gruppenzugehörigkeit für die Selbstbeglaubigung des Einzelnen tritt in den Hintergrund.

* In einer zunehmend fragmentierten, hyperindividualistischen Gesellschaft wird die Paarbeziehung zum letzten Rückzugsort eines reklamierten Angenommenseins.

* Die Paarbeziehung erleidet als »Zuständigkeitsort des Lebensglücks« eine die Leistbarkeit übersteigende Überfrachtung.

* Ein Scheitern der Paarbeziehung als Projektionsort des Lebensglücks wird vielfach als tiefe narzisstische Kränkung erlebt und schafft die Basis für Rachebedürfnisse.

* Dies bildet bedingt durch die damit einhergehende hohe Emotionalisierung die Basis für die primäre Unmöglichkeit, das Scheitern der Paarbeziehung von der dem Kind geschuldeten elterlichen Verantwortung zu kooperativer Elternschaft abzugrenzen.

2.

Warum Kinder an beiden Elternteilen so sehr hängen

Die knapp sechsjährige Sibylle nimmt die Information, dass ihre Eltern sich scheiden lassen, mit scheinbar großer Gelassenheit zur Kenntnis. Die Aussicht, dass ihre Eltern nicht mehr zusammenleben werden und damit die ewigen lautstarken Streitereien ihr Ende haben, findet sie sehr positiv. Schließlich geht sie ja auch selber in ihrer eigenen Kindergartengruppe einem Jungen, der sie immer wieder geneckt hat, aus dem Weg und ist mit dieser Methode sehr gut gefahren.

Die Erklärungen ihrer Eltern zu deren Scheidung sind für sie schlüssig und nachvollziehbar. Als ihr Vater jedoch zwei Wochen nach dem Aufklärungsgespräch beginnt, seine persönlichen Sachen zu packen, und den Abtransport einiger Einrichtungsgegenstände mit der Mutter diskutiert, ändert sich der Sachverhalt plötzlich dramatisch. Sibylle kann abends nicht mehr allein einschlafen, wacht von Alpträumen geplagt mehrfach auf und beginnt einzunässen. Es stellt sich heraus, dass sie davon ausgegangen ist, dass ihr Vater nach der Trennung von der Mutter zu ihr ins Kinderzimmer ziehen würde. Jetzt fühlt sie sich von ihm verlassen und ist völlig verstört.

Sibylle ist »nur ein unvernünftiges« junges Kind, und dennoch manifestiert sich in ihrer Reaktionsweise auf die Scheidung der Eltern, wie in ihrem nachfolgenden Verhalten, eine tiefere, sehr alte, ja man ist geneigt zu sagen, evolutionsbiologische Vernunft. Dass ihre Eltern nicht mehr miteinander können, ist ihr, am Modell ihrer eigenen Lebenswelt anschließend, durchwegs nachvollziehbar und macht angesichts der belastenden Konfliktsituation auch Sinn.

Doch Sibylle liebt beide Eltern gleichermaßen. Sie bezieht von beiden Elternteilen in deren jeweiliger Rolle als Vater und Mutter

Nahrung, Schutz, Geborgenheit, Identität und einen Beitrag für die Herausbildung ihrer eigenen Geschlechtsrolle. An Sibylles Beziehungsbedürfnis zu beiden Elternteilen hat sich durch den Paarkonflikt nichts geändert.

Ihr Papa bleibt ungebrochen jene Person, der sie sich in wilden Spielen anvertraut, mit der sie wohlige Erinnerungen an Kartonburgbauten und zahllose andere Erlebnisse, die die Basis des Vertrauens bilden, verbindet. Dies gilt für Sibylles Mama ebenso, mit der sie zuerst an der Brust und später mit einem Kuscheleinschlafritual gelernt hat, sich dem Schlaf anzuvertrauen, mit der sie Friseur spielt und der sie mit kleinen Gesten im Haushalt zu helfen beginnt.

Sibylles persönliche Beziehungsinteressen zu beiden Elternteilen sind also, unbeeinflusst vom »Beziehungs-Aus« auf der Paarebene, ungebrochen. Die Annahme, dass ihr Papa nun zu ihr ins Kinderzimmer ziehen würde, das noch dazu ein zweites Bett beherbergt, erscheint aus der kindlichen Logik, so abstrus dies für den Erwachsenen wirken mag, durchwegs nachvollziehbar. Umso mehr ihre nachfolgende Reaktion, als sie erfahren muss, dass ihr geliebter Papa von zu Hause wegzieht und sie, wie sie es als Erstreaktion des Totalitarismus junger Kinder befürchtet, verlässt. Auf Nimmerwiedersehen verschwindet. Es ist also nicht weiter verwunderlich, wenn Sibylle verstört reagiert.

Warum ein Kind durch die Trennung der Eltern eine existenzielle Bedrohung verspürt, ist eine sehr alte Geschichte. Vor rund zweieinhalb Millionen Jahren haben sich die Entwicklungslinien von Schimpansen sowie Bonobos und die unserer eigenen Spezies voneinander zu trennen begonnen. Unsere Spezies verdankt ihren fundamentalen und unleugbaren Entwicklungserfolg, wenn wir unsere »nächsten Verwandten« betrachten, einer spezifischen sozialen Erfindung, über die wir, dank ihrer Selbstverständlichkeit, nicht gewohnt sind nachzudenken: der Erfindung des *Paares*. Dieser entscheidende Schritt, der uns von unseren nächsten Verwandten, den Schimpansen und Bonobos, deren Entwicklung die letzten zweieinhalb Millionen Jahre vergleichsweise unspektakulär ablief, abgekoppelt hat, ermöglichte in der Folge Unwahrscheinliches – letztendlich, dass wir heute Wolkenkratzer bauen, zum Mond fliegen und iPads benutzen.

Die Erfindung des Paares und daran anknüpfend die Ausbildung von Familiengefühl und Zugehörigkeit verliehen nämlich einer anderen Entwicklung, dem kontinuierlichen aufrechten Gang, erst wirklich Sinn. Dieser, der aufrechte Gang nämlich, hatte sich als äußerst nützlich erwiesen, um zu einem besseren Überblick im Busch- und Savannenland und somit einem besseren Informationsstand über potenzielle Feinde zu kommen. Es ist leicht einzusehen, dass es sich dabei um eine äußerst nützliche Sache für Exemplare einer derart wehrlosen Spezies wie der unseren handelt, denn weder scharfe Reißzähne noch Klauen, feste Panzerungen oder besondere Geschwindigkeit und Ausdauer stehen in unserer physischen Ausrüstung zur Verfügung. Entgegen immer wieder geäußerten Behauptungen, der Mensch wäre der Jäger, waren wir den überwiegenden Teil unserer von der Evolution geprägten Existenz über die Gejagten. In der Conclusio muss attestiert werden: Der aufrechte Gang war ein echter Hit, ein Propeller in der Besiedlung neuer Lebensräume – doch nur in Kombination mit weiteren neuen Strategien.

Es war noch kein nachhaltiger Weg gefunden, um im Überlebenskampf einen Pokal gewinnen zu können. Im Unterschied zu im sonstigen Tierreich erprobten Angriffs- oder Verteidigungsausrüstungen, Tarn- oder Fluchtmechanismen, setzte Mutter Natur bei unserer Spezies auf eine neuartige, ganz andere Strategie: ein großes, gut vernetztes und überaus lernfähiges Gehirn. Intelligenz und Schlauheit statt Kraft und Wehrhaftigkeit, Tarnen oder Fliehen.

Diese notwendige Forderung nach einem großen, ausdifferenzierten Gehirn stellte den endlich aufrecht marschierenden und dank seines Überblicks jetzt auch ins offene Land sich hineinwagenden Vertreter unserer Spezies allerdings vor ein empfindliches Problem: Im ständigen aufrechten Gang sind, begründet durch mechanische und statische Anforderungen an die Rahmenkon-

struktion des Körpers, der Beckendurchgangsöffnung im knö-
chernen Becken, also dem Durchtrittspfad des kindlichen Kopfes
durch den Geburtskanal, klare Grenzen gesetzt. Was man da – sa-
lopp gesprochen – maximal durchbringt, ist, trotz des Tricks eines
partiellen Übereinanderschiebens der Schädelknochen während
des Geburtsprozesses, wenn es wirklich eng wird, letztendlich
nicht verhandelbar – und leider, man muss es zugeben, kein besonders großes Gehirn.

Damit wäre im Sinn der Zielvision einer herausragenden Intelligenz wenig Staat zu machen. Wenn wir in Rechnung stellen,
dass wir gerade einmal mit einem Viertel unseres endgültigen
Gehirngewichts von rund 1450 Gramm geboren werden, vermag
dies den Sachverhalt ziemlich eindeutig zu beschreiben. Erwachsene Schimpansen bewältigen im Vergleich dazu mit 400 Gramm
ihr Alltagsleben, was doch sehr eindeutig die dahinterliegende
Strategie der Natur bei unserer Spezies, als Lösungsmodell auf
»Intelligenz« zu setzen, demonstriert.

Die Evolution sah sich hier in ihrem Plan, uns größere Besie-
delungsräume, nämlich auch das offene Land, zur Verfügung stellen zu wollen, vor eine ernsthafte Anforderung gestellt. Wie ist es
zu schaffen, aus einem kleinen und noch sehr unreifen Gehirn bei
der Geburt eine überlegene Superschaltzentrale zu machen, die
punktgenau die jeweilige Situationsanforderung erkennt und
adäquat darauf reagieren kann?

Als Lösung dieses Problems behalf sich die Natur mit einer notwendigen, vergleichsweise zu allen anderen Lebewesen extrem
langen nachgeburtlichen Reifungsphase. Diese Entwicklung wiederum musste eine langfristige soziale Bindung, die Zuordnung
eines bestimmten Weibchens zu einem bestimmten Männchen
für lange Zeit, nach sich ziehen, da diese enorm betreuungsinten-
sive, lange Periode nicht von der Mutter alleine bewerkstelligt
werden kann. Das Paar und erste Bindung wurden erfunden und
unser Siegeszug der Besiedelung begann. Zuerst ganz langsam,
dann immer schneller. Man könnte hier, in dieser ersten langfristigen Verbindlichkeit, die Wurzel einer rudimentären Ehe sehen

und auch den Beginn von Haltungen wie Verantwortungsbereitschaft, Kontinuität, Verbindlichkeit, Zuverlässigkeit, Anteilnahme, Unterstützung, Verteilungsgerechtigkeit im engeren Rahmen – die Ursprungskeime all dessen, was wir heute vielleicht unter Grundethik verstehen und was im Zusammenhang mit einem über die engen Grenzen des eigenen physischen *Ego* hinausreichenden Verhalten steht.

Wenn man so in die tiefsten Schichten unserer grauen Vorväter evolutionspsychologisch zurücktaucht, vermittelt dies vielleicht auf diese Art auch völlig ideologiefrei, nämlich rein auf seiner puren Entwicklungs- und Seinsgeschichte begründet, dass ein langfristiges, unverrückbares, bedingungsloses Bekenntnis zueinander eine sehr ursprüngliche, tiefe, überlebensbesichernde, gesellschaftsbesichernde und zukunftsbesichernde Funktion in sich trug.

Wie nimmt sich nun die Perspektive unseres Kindes in diesem Gemälde aus? Unser Kind liegt mit seinem unreifen kleinen Gehirn an der Brust seiner Mutter, ist im Tragetuch verstaut, wird von seinem Vater begutachtet, spielerisch geneckt oder unter seinem eigenen vergnügten Krähen in die Höhe gehalten. Dabei lernt es.

Lernen ist das, was ein Gehirn einfach nicht lassen kann. Dafür ist es gebaut. Ein in seiner vollen Funktionsfähigkeit handlungsanleitender, regelgenerierender und Orientierung spendender Apparat saugt einfach jedes mögliche Informationsbruchstück aus seiner Umgebung wie ein Staubsauger auf – und – wird dadurch geformt. Auch hierbei hat die Natur wiederum ihre Genialität bewiesen, indem gerade dieser Mechanismus eine ideale Anpassung an die jeweilige Umgebung und damit bestmögliche Gerüstetheit für die damit verbundenen zu erwartenden Anforderungen bietet. Ich brauche eben ein unterschiedliches Verhaltensrepertoire, um mich später in den Favelas von Rio oder in den Hamptons gut einfügen zu können.

Bricht man diese Lerneinheiten des jungen Kindes auf ihre »mikroskopischen Bestandteile« herunter, so geht es dabei um reziproke, koregulierte, affektive Kommunikationseinheiten zwischen dem Kind und seinen Bezugspersonen. Wir sprechen hier von einem beständigen kommunikativen Fluss, der sich aus der Betreuung und Beschäftigung mit dem Kind ergibt und zwischen den betreuenden Erwachsenen und dem Kind, das alles andere als passiv dabei ist, hin und her (also reziprok) läuft. Wir wissen, dass bereits junge Säuglinge diesen Kommunikationsfluss ihrerseits initiieren, mitbestimmen und mitformen (koregulieren).

Diese beschriebenen Kommunikationsprozesse, die die wesentlichen Input-Geber für die dem jungen Gehirn »aufgespielten Grundprogramme« sind, verlaufen in einer Grundmatrix von emotionaler Färbung, Stimmung und Befindlichkeit. Beide Eltern sind dabei von besonderer Bedeutung für das Kind. Sie spenden Sicherheit, Orientierung, Identität und spezifische Information, wenngleich sie das in unterschiedlicher, auch von ihrer Geschlechtsidentität mitbestimmter Form tun. Zwei unterschiedliche Quellen mit gleichwichtigen Beiträgen für den Fluss des Lebens.

Seiner Urfunktion entsprechend versorgt der Vater sein die Nachkommen stillendes Weibchen mit ausreichend Nahrung und schützt es vor möglichen Feinden in der so gefährlichen Savanne. Ein vermeintlich drohend erlebter Vaterverlust durch die Scheidung der Eltern bedeutet für das Kind ein tiefes Unsicherheitsgefühl und Beängstigung. Mag auch durch die Trennung der Eltern keine unmittelbare Bedrohung des existenziellen Überlebens des Kindes bestehen, so löst diese in einer sehr archaischen Schicht, wie dies in der täglichen Praxis erlebbar wird, doch enorme Angst und Gefühle von Schutzlosigkeit aus.

Die moderne Psychologie hat die gleichwertige, wenngleich ungleichartige Bedeutung beider Elternteile für das Kind für die Entwicklung eines stabilen Geflechts an Bindungen und Beziehungen und somit einer stabilen, ins Leben positiv eingebetteten Identität in den letzten Jahrzehnten deutlich gemacht. Die historisch bedingte einseitige Überbetonung der Bedeutung der Mutter für das Kind ist somit argumentativ mit intellektueller Redlichkeit nicht mehr aufrechtzuerhalten.

Erfreulicherweise und angeleitet durch die gesellschaftlichen Entwicklungen der letzten Jahrzehnte reflektieren Männer in einer Art von emanzipatorischem Prozess zunehmend ihr tradiertes Rollenbild früherer Generationen. Neue Entwürfe männlicher Identität, die einen veränderten Zugang zur Väterlichkeit in ihrem Gepäck mitführen, sind aufgetaucht, und ein mehr paritätisches Geschlechtsrollenmodell im Hinblick auf die Betreuung für die in der Beziehung geborenen Kinder. Dies wird von der Öffentlichkeit im gesellschaftlichen Dialog begrüßt, wenngleich die Umsetzung jungen Vätern strukturell oft nicht wirklich leicht gemacht wird.

Der Beziehungsvater, der selbstständig und zuverlässig Zeitsegmente mit seinem drei Monate alten Sohn zu betreuen vermag, dem man nicht sagen muss, welche Windelgröße gerade angesagt ist und der selbstständig notwendige Impftermine in Evidenz hält, ist, im Unterschied zum reinen, sich für das wirtschaftliche Wohlergehen seiner Familie zuständig fühlenden Versorgervater, der seinen Sohn mit sechs Jahren zum ersten Mal zum Fußballspiel mitnimmt, in. Gerade diese Beziehungsväter setzen, als kontinuierlich und intensiv in die Betreuung ihrer bereits sehr jungen Kinder einbezogene Bezugspersonen, wertvolle Bindungsangebote an ihre Kinder.

Umso befremdlicher erscheint es, wenn dann im Zuge von Scheidung und Obsorge-/Kontaktregelung diese gegebene Lebenssituation des Kindes außer Acht gelassen wird und der Vater sich für das bisherige wie zukünftige Gedeihen des jungen Kindes zu einem inferioren Wasserträger degradiert wiederfindet. Diese Entsorgung der Väter, die sie in den Rang von Zahlstellen verweisen möchte, stärkt kein Mutterrecht, sondern missachtet in erster Linie Kinderrechte und reduziert die Chancen der betroffenen Kinder auf eine unbeschädigte Zukunftsgestaltung.

Da im »Kampf ums Kind« ein heftiger, mehr von narzisstischen denn sachlichen Begründungen geleiteter Ideologienkrieg der Geschlechter tobt, gilt es, an dieser Stelle kritisch anzumerken, dass keinem der Geschlechter eine a priori bessere Eignung zukommt. Der Blickwinkel der Bedürfnislage und Lernsituation für das Kind favorisiert eindeutig beide Elternteile gemeinsam als »best option« – und im jeweiligen Einzelfall sind das persönliche Engagement und die vorhandene erzieherische Kompetenz für die situationsbeste Lösungsfindung als Bezugsmaß anzuwenden. Es geht, so sehr es manchmal den Anschein hat, dass dies vergessen wird, nicht um Männerrechte oder Frauenrechte, sondern um Kinderrechte.

Kinder wollen beide Eltern – schon aus evolutionsbiologischen Gründen

* Die Paarbildung ermöglichte es, dass mit dem kontinuierlichen aufrechten Gang der volle evolutionsbiologische Vorteil entfaltet werden konnte.
* Eine lange postnatale Phase intensiver Betreuung der Nachkommen ergab sich als notwendige Konsequenz des aufrechten Gangs und einer beschränkten Beckendurchgangsöffnung für die Geburt von Nachkommen.
* Die Arbeitsteiligkeit und Notwendigkeit beider Elternteile in der Betreuung der Nachkommen führt beim Kind zu einem grundsätzlichen Bindungswunsch zu beiden Elternteilen.
* Das Kind bezieht von beiden Elternteilen während seiner Kindheit wesentliche identitäts- und selbstbildbegründende Einflüsse. Diese sind unterschiedlich, jedoch gleichwertig.
* Eine Trennung/Scheidung des Elternpaares läuft den Interessen und Beziehungsbedürfnissen des Kindes für ein unbeeinträchtigtes Aufwachsen primär entgegen und löst Verlustangst aus.
* Ist die Trennung/Scheidung des Elternpaares bedingt durch unüberwindbare Konfliktspannung und Entfremdung unausweichlich, so liegt es im entwicklungspsychologischen Interesse des Kindes, zu beiden Elternteilen einen gleichmäßigen und unbehinderten Zugang zu entwickeln – die Entwicklung einer kooperativen statt gemeinsamen Elternschaft.

3.

Die Trennung/Scheidung der Eltern – Ein lebenslanges Trauma?

Claudia hat erst vor Kurzem ihren 30. Geburtstag gefeiert. Eine strahlende, temperamentvolle, gutaussehende junge Frau, noch dazu mit einem Sub-auspiciis-Abschluss der Wirtschaftsuniversität und einer guten Einstiegsposition ins Berufsleben, sitzt mir da gegenüber. Von Kollegen und Freunden wird Claudia hoch geschätzt. Sie ist einfühlsam, belastbar, zuverlässig und hat stets einen aufmunternden Scherz, auch unter höchster Arbeitsanforderung, parat. Sie ist mehr als eine faire Kollegin – und eine Prachtfrau, wenn man die gängigen optischen Maßstäbe anlegen will, noch dazu.

Dass um Claudia also eine Schar junger Männer zirkuliert, ist für jeden nahe liegend, und dass sich da scheinbar nie etwas Längeres entwickelt, verorten die meisten darin, dass eine Frau wie Claudia eben die Qual der Wahl hat. Keiner ihrer Kollegen oder Freunde würde den Grund vermuten, warum Claudia mich zur Therapie aufsucht: Claudia gelingt es nicht, eine stabile Beziehung zu einem Mann aufzubauen.

Anfangs läuft es immer sehr gut, ein Feuerwerk an Sinnlichkeit und Euphorie begleitet die ersten Wochen, doch schon bald stellen sich – aus, wie ihr bewusst ist, nichtigen Gründen – härteste Zweifel an der Beziehung und ein nagendes Misstrauen dem Partner gegenüber ein. In der Folge fühlt sie sich zu unkontrollierten, scharfen Auseinandersetzungen angetrieben und bespitzelt ihre Partner in dieser sehr frühen Beziehungsphase, um sich so »Gewissheit« zu verschaffen.

»Solange mir ein Typ egal ist, gibt es überhaupt kein Problem für mich«, beschreibt sie das sich immer wiederholende Muster, »aber in dem Moment, in dem ich realisiere, dass er mir etwas bedeutet, legt sich ein Schalter um. Ich bin dann wie besessen von dem Gedanken, dass er mich betrügen könnte, muss ständig an ihn denken und mir die schrecklichsten Dinge vorstellen ...«

Kein Wunder also, dass Claudia, von ihren Ängsten gequält, meint, sich wider ihr besseres Wissen beständig »Klarheit« verschaffen zu müssen, damit allerdings gleichzeitig der noch jungen Beziehung das Grab schaufelt.

Claudia ist mit ihrer Mutter, einer sehr verhärmten und verbitterten Frau, wie sie sie beschreibt, aufgewachsen. Die Ehe der Eltern wurde geschieden, als Claudia acht Jahre alt war. Dem vorausgegangen war eine intensive Periode elterlichen Konflikts. Claudia kann sich nicht erinnern, ihre Eltern anders als in feindlicher Anspannung zueinander erlebt zu haben. Der Vater hatte die Mutter mehrere Male betrogen. Als besonders unangenehm erinnert Claudia Szenen, in denen ihre Mutter sie antreten ließ, um dann den Vater vor ihr wegen seiner Verfehlungen zu beschimpfen. In diesen erzwungenen Situationen von Zeugenschaft habe sie sich völlig orientierungslos gefühlt und gewünscht, sich verstecken zu können.

Nach der Scheidung, die Claudias Vater schließlich anstrebte, gestaltet sich die Beziehung zu ihrem Vater, mit dem sie sehr warme, liebevolle Erinnerungen aus ihrer frühen Kindheit verbinden, äußerst belastet. Wenn sie zur Mutter heimkommt, wird sie hochnotpeinlich befragt, wobei alles, was sie von gemeinsamen Erlebnissen mit dem Vater erzählt, abgewertet wird. Claudias Vater heiratet ein paar Jahre später ein zweites Mal, Claudias Mutter baut ein sehr zurückgezogenes, auf die Betreuung ihrer Tochter ausgerichtetes Leben auf.

»Mama hat nie mehr jemanden an sich herangelassen«, beschreibt Claudia die Situation des Zusammenlebens mit ihrer Mutter. »Da war so eine grundsätzliche Schwere, es gab nur sie und mich, und alles war immer irgendwie negativ, egal, ob es das Wetter war, die Nachbarn oder was so in der Welt passierte«, ist das atmosphärische Stimmungsbild nach der Scheidung der Eltern.

Claudia, deren weiterer Kontakt zu ihrem Vater nach seiner neuerlichen Eheschließung von der Mutter erfolgreich unterlaufen wird, versucht in dieser symbiotischen Konstruktion über hervorragende Schulleistungen der Mutter Freude zu bereiten. Sie durchläuft eine unspektakuläre Pubertät und hat kaum Interesse, von der Seite ihrer Mutter zu weichen, um sich dann mit Studienbeginn, »in die Realität

geworfen«, wie sie es nennt, wiederzufinden. Trotz massiver Schuldgefühle der Mutter gegenüber, die die Verselbstständigung der Tochter nun
intensiv bekämpft, ihr nachspioniert und sie mit Vorwürfen überschüttet, gelingt es ihr, wenn auch von einem nachfolgenden jahrelangen
Bruch mit der Mutter begleitet, ihre Unabhängigkeit zu erlangen.

Nicht verwunderlich, dass in diese Periode auch ihre neuerliche Kontaktaufnahme mit dem Vater fällt, und ebenfalls nicht verwunderlich,
dass sie von der Begegnung mit ihm enttäuscht ist. »Irgendwie konnte
ich ihm nicht verzeihen, dass er nicht um den Kontakt zu mir gekämpft
hat, als meine Mutter sein Besuchsrecht unterlaufen hat. Sie hat da ja
wahrscheinlich auch ganz recht damit, dass er unzuverlässig ist«, fasst
sie es zusammen.

***

Roman kann anfänglich nur in Begleitung seine Therapietermine wahrnehmen. Gehäufte Panikattacken, Schlaflosigkeit, Zwangsgedanken, ein
allgemeines Gefühl, dem Leben nicht mehr gewachsen zu sein, und zunehmend aufkeimende Sinnlosigkeit haben den 37-jährigen Spritzguss-
techniker, der bei allen im Unternehmen als Fels in der Brandung gegol-
ten hat und ob seines enormen Engagements als Betriebsrat von jedem
geschätzt wird, in den letzten drei Monaten bedrohlich ausgehöhlt.

Jetzt ist er seit drei Wochen mit der Diagnose Burn-out im Krankenstand, doch sein Zustand hat sich seitdem nicht gebessert. Als einzig
positiven Aspekt, den er mit einem verunglückten Grinsen anbringt,
führt er die Tatsache an, keine Frau und Familie zu haben, die er erhalten müsste. »Wenigstens in dieser Richtung kein zusätzlicher Druck«,
meint er.

In der Exploration der dem akuten Ereignis vorausgegangenen Lebensperiode benennt er drei Ereignisse, die ihm, wie er es ausdrückt,
»den Rest gegeben haben«. Angefangen habe es mit dem Diebstahl seines Autos und der von ihm erlebten Tatenlosigkeit der Polizei vor knapp
neun Monaten. Danach wäre eine Rauferei mit drei Betrunkenen in
einem Tanzlokal, in die er schuldlos verstrickt wurde, gekommen – und
die Tatsache, zu einer Polizeieinvernahme vorgeladen zu werden, in der
er sich schlecht behandelt fühlte. Das Fass zum Überlaufen habe dann

noch ein Einbruchsversuch in seiner Wohnung gebracht. Der Dieb richtete beträchtlichen Sachschaden an, wurde aber scheinbar gestört und ließ die bereits für den Abtransport zusammengestellten Wertgegenstände zurück, nicht ohne noch zuvor eine Flasche Cola über die elektronischen Geräte zu gießen und diese damit zu zerstören.

Zugegeben, eine unangenehme Häufung von herausfordernden Lebenssituationen, Situationen, in denen dem Gerechtigkeitssinn die lange Nase gedreht wird. Aber Grund für einen totalen Zusammenbruch, wie ihn Roman erlebte? Und Roman spricht in seiner Darstellung von drei Ereignissen, die ihm »den Rest« gegeben hätten, was auf eine vorbestehende Dis-Balance unter seiner scheinbar so gefügten Lebenskruste hinweist.

Roman ist der Älteste von drei Geschwistern. Seine Mutter verließ die Familie Knall auf Fall, als er neun Jahre alt war – ließ ihn und die beiden jüngeren Schwestern beim Vater zurück. Das Verschwinden der Mutter erinnert er als den Tag, an dem er von der Schule heimkam und das Haus seltsam leer erlebte. Erst abends klärte der Vater die Kinder über den Sachverhalt auf und darüber, dass die Mutter zu ihrer Schwester nach Sydney gezogen wäre und nicht mehr zurückkommen würde.

»Damals ist etwas in mir zerrissen«, beschreibt er die Situation, »ich fühlte mich total starr, völlig orientierungslos, als würde die Magnetnadel eines Kompasses wie wild kreisen, ohne ihre richtige Position zu finden – und gleichzeitig begann ich mir den Kopf zu zermartern, was ich falsch gemacht haben könnte. Ich war kein besonders interessierter Schüler und lernte eher schwer, und ich habe öfter mal meine kleinen Schwestern geneckt.«

Romans Vater schweigt wie vorher in der Ehe auch jetzt. Roman kann sich nicht erinnern, seine Eltern je in einer Auseinandersetzung erlebt zu haben. »Es war, als wäre meine Mutter gestorben und als existierte ein unausgesprochenes Tabu, darüber zu sprechen.«

Ein neuer Lebensalltag etabliert sich. Eine Nachbarin wird vom Vater bezahlt, um zu kochen und die Wäsche zu übernehmen. Der Vater zieht sich jenseits seiner beruflichen Tätigkeit zunehmend in ein stilles Trinkertum zurück, das ihn nach Romans Empfinden unerreichbar macht. Roman wird zum Hauptansprechpartner seiner kleinen Schwestern,

*einer, der ihren Kinderalltag organisiert, für ihre Fragen und Probleme
zuständig ist, sie später in der Pubertät zu führen versucht – ständig belastet mit dem Gefühl, es nicht gut genug zu machen. Er fühlt sich ohnmächtig, allein und ausgeliefert. Nach außen imponiert die Familie als
unauffällig. Der Vater erleidet Mitte 50 einen schweren Schlaganfall und
lebt seither in einer betreuten Einrichtung.*

Roman besucht ihn nie.

Zwei Fallgeschichten aus der Praxis, die beide eine weichenstellende Bedeutung der Scheidung der Eltern und des mit diesem Ereignis verbundenen Umgangs für die weitere Entwicklung der
betroffenen Kinder demonstrieren.

* Welchen Einfluss hätte es gehabt, wenn Claudias Eltern zu
  einem respektvollen Grundumgang nach der Scheidung gefunden hätten?
* Welche Gestaltungsmöglichkeiten hätte Claudias Mutter noch
  für ihr Leben finden können, wenn sie die Kränkung über den
  Betrug und das Verlassenwerden von Claudias Vater überwin-
  den hätte können?
* Welchen Einfluss hätte es auf Claudia gehabt, entsprechende
  Lösungsstrategien vorgelebt zu bekommen und nicht in eine
  symbiotische Ersatzbeziehung reklamiert zu werden?
* Wie wäre Romans Leben verlaufen, wenn sein Vater mit der
  dramatischen Situation des Mutterverlusts offen und mit den
  Kindern trauernd umgehen hätte können? Könnte Roman
  heute dann selber ein glücklicher Familienvater sein, statt das
  Fehlen von Beziehung und Familie als einzigen Pluspunkt sei-
  ner Situation zu bewerten?
* Was wäre gewesen, wenn Romans Vater sich seine eigene
  Überforderung zugestehen hätte können, statt in Alkoholis-
  mus auszuweichen und sich seiner Verantwortung für die
  Kinder zu entziehen?

Hypothetische Fragen, natürlich, und unmöglich zu beantworten. Doch es wird allemal deutlich, dass hier für die beteiligten
Kinder viel Leid und Potenzialverlust die Konsequenzen sind, ob-

wohl alle Betroffenen sicher nach den ihnen zur Verfügung stehenden Kräften und in vielfacher eigener Bedrängnis gehandelt haben.

Wir haben Handlungsbedarf als Gesellschaft. Kinder wie Claudia und Roman leben auch heute unter uns. Viele Eltern brauchen in dieser schwierigen Lebensphase für sich und ihre Kinder Unterstützung, einen Transfer des bestehenden Wissens, wie wir es besser machen können, damit die Lebensgeschichten von Kindern wie Claudia und Roman sich unbeeinträchtigter fortschreiben können.

Die Gesellschaft hat Handlungsbedarf

* Trennung/Scheidung ist als weichenstellendes Ereignis im kindlichen Erleben zu sehen.
* Ein Mangel an gesellschaftlichem Bewusstsein und Unterstützungsangeboten zieht häufig eine mangelhafte Bewältigung dieses Lebensphasenwechsels nach sich.
* Für die betroffenen Kinder, die in diesen Konstellationen prägende Erfahrungen machen, kann dies eine Beeinträchtigung für die eigene Lebensgestaltung nach sich ziehen.

4.

Der apokalyptische Reiter –
Scheidung am Horizont

Das wirklich Herausfordernde für Kinder an der Scheidung ihrer Eltern ist, dass sie in ihrer Kindheit passiert. Auch wenn es sich für die beteiligten Erwachsenen um ihre erste Scheidung handelt, so haben sie dennoch Erfahrung in der Bewältigung früherer psychosozialer Krisen und Trennungen. Sie sind zum Zeitpunkt der Trennung/Scheidung eben Erwachsene mit ihrem vollausgebildeten Repertoire an Copingstrategien, also Bewältigungsstrategien.

Für Kinder sieht der Sachverhalt ganz anders aus. Sie befinden sich nicht nur physisch, sondern auch psycho-emotional in einem Wachstumsprozess. Alle gemachten Erfahrungen werden nicht im Spiegel eines bereits etablierten, orientierungspendenden Wertekanons katalogisiert und abgehandelt, sondern tragen auf einer viel tieferen Ebene dazu bei, gerade diese späteren Wertesysteme aufzubauen. Es sind somit prägende Erfahrungen.

Die Kindheit ist das Treibhaus des zukünftigen Weltbilds. Damit einhergehend stehen alle Erfahrungen, die das Kind macht, in engem Zusammenhang mit seiner Identitätsbildung, mit seinem Selbstwert, seiner Einschätzung, ob es liebenswert ist, seinem Selbstvertrauen, ob es fähig ist, den Anforderungen seiner Umwelt adäquat begegnen zu können. Die Kindheit setzt also den emotionalen Kompass, mit dem wir auf die Reise in unser Erwachsenenleben gehen.

Ob Josef, wenn er beim Fußballspiel den ihm zugepassten Ball nicht ins Tor platzieren kann, zur Überzeugung gelangt, dass es eben Pech war, oder aber darin eine Bestätigung sieht, dass er als Spieler unfähig ist, hängt von der »Arbeitshypothese« seines sich bereits aufgebauten und für formende Erfahrungen in der Kindheit noch sehr plastischen Selbstbilds ab.

»Mami hat immer so rote Augen gehabt und war ganz traurig. Wenn ich sie gefragt habe, hat sie immer gesagt, dass nichts ist. Später hat sie dann gemeint, dass sie wegen Oma und ihrer Krankheit [die Großmutter leidet unter einer Krebserkrankung] geweint hat; aber Papa hat sie nie getröstet. Ich habe mich gar nicht ausgekannt.« (Philipp, 7 Jahre)

* * *

»Wir sind gar nirgends mehr zusammen hingegangen. Papa ist mit mir allein im Tiergarten gewesen und Mama ist allein mit mir auf den Spielplatz und zu Freunden gegangen. Sie haben gesagt, dass sie keine Zeit haben. Zuerst haben sie beim Essen nur mehr mit mir und nicht mehr miteinander gesprochen, und dann haben wir auch nicht mehr zusammen gegessen. Obwohl Mama immer gesagt hat, dass das wichtig ist. Dann haben sie auch noch viel gestritten, und wenn ich gefragt habe, immer gesagt, dass es nur ein kleiner Streit ist. Es hat sich aber ganz anders angefühlt. Ich habe oft Angst bekommen, besonders wenn Papa geschrien hat und dann abends weggegangen ist.« (Manuela, 8 Jahre)

* * *

»Bei uns ist es einfach immer stiller geworden. Meine Alten sind sich mehr und mehr aus dem Weg gegangen. Und einmal hat meine Mutter dann irgendwie nebenher gesagt, dass er jetzt weg ist. Ich war die ganze Zeit über wütend, aber es war irgendwie nicht zu fassen.« (Dominique, 14 Jahre)

Bereits in jener von Zweifel und Konflikt beladenen Vorscheidungsperiode, in der das Abwägen von Aufrechterhalten der Beziehung versus Auflösung unser Fühlen und Denken bestimmt, sind auch unsere Kinder vom Geschehen betroffen. Man sollte nicht dem Irrtum anheimfallen, zu meinen, man könne die Beziehungskrise vor den Kindern verbergen. Gerade deswegen, weil Kinder in ihrem Wachsen und Gedeihen hochabhängig von den sie umgebenden Erwachsenen sind, haben sie ein beständiges Antennenmeer auf ihre Eltern und deren Befindlichkeit sowie die Qualität der Rückkopplung auf ihre eigenen Lebensäußerungen gerichtet. Eine durch die persönliche Krisenstimmung sich wandelnde Umgangsart mit dem Kind, Gereiztheit, Ungeduld, Müdigkeit, Traurigkeit, Verzweiflung, wird von jedem Kind wahrgenommen – und besonders vom jungen Kind, das noch in viel höherer emotionaler Verschmelzung mit dem Elternteil steht, auf sich bezogen. Hier ist auch eine jener Wurzeln zu verorten, die bewirken, dass zahlreiche Kinder sich als den Auslöser für das Missbefinden ihrer Eltern sehen. Dies kann in der Folge Ängste, Versagensgefühle, Schuldgefühle und somit eine Selbstwertbeschädigung beim Kind fördern.

Versuchen Sie also nicht, selbst unter dem gut gemeinten Vorsatz, ihr Kind schützen zu wollen, eine Mauer um den Paarkonflikt herum zu ziehen. Jedes Kind spürt, auch wenn es dies, wie im Falle jüngerer Kinder, noch nicht in Worte zu fassen vermag, dass sich die Grundmelodie des Familienklimas bedrohlich ändert. Hier zu vernebeln, führt nur zu zusätzlicher Irritation und Verunsicherung der kindlichen Wahrnehmung.

Weit gefehlt wäre es allerdings auch, das Kind in dieser Phase mit Details des bestehenden Paarkonflikts zu überschütten und eine drohende Scheidung als Damoklesschwert zu thematisieren. Es geht vielmehr darum, dem Kind seine Wahrnehmung in altersadäquater Form zu bestätigen, und zu vermitteln, dass beide Eltern alle Bemühungen in eine Lösung des Konflikts stecken.

Gibt es dieses bereinigende Gespräch, eröffnet sich hier auch für das Kind die Möglichkeit, seine Befindlichkeit zur Situation zu kommunizieren und nicht alleine mit seinen oft fälschlich die Situation interpretierenden Gefühlen zu sein.

»Als mir Mama und Papa gesagt haben, dass sie miteinander so viel streiten, weil sie sich gerade nicht miteinander verstehen und jeder die Meinung des anderen nicht für richtig hält, habe ich endlich gewusst, dass es nicht meine Schuld ist, dass dauernd Streit ist. Dann habe ich auch sagen können, dass mir das Angst macht, wenn Papa so schreit.«
(Manuela, 8 Jahre, nach dem Gespräch mit ihren Eltern)

Vorscheidungsphase

* Selbst junge Kinder nehmen das veränderte Familienklima wahr.
* Verleugnung und Vernebelung führen zu Irritationen, Verunsicherungen und Ängsten, mit denen das Kind alleine ist.
* Altersadäquate Aufklärung, dass es einen elterlichen Paarkonflikt gibt, entlastet; der Inhalt des Paarkonflikts ist jedoch nicht Angelegenheit des Kindes.
* Dem Kind ist zu vermitteln, dass es keine Schuld am Konflikt der Eltern trägt.
* Dem Kind ist zu vermitteln, dass beide Eltern an der Lösung des Konflikts arbeiten.

5.

Wie sagen wir es unserem Kind?

»Meine Eltern haben mich eines Abends ins Wohnzimmer gerufen. Papa war sehr ernst und Mama ist ganz still daneben gesessen und hat rote Augen gehabt. Er hat gesagt, dass es daheim für ihn nicht mehr geht und er bald ausziehen wird. Dann hat sie irgendwann angefangen zu weinen und Papa war wütend auf sie. Das hat es dann noch schlimmer gemacht. Mama war so schrecklich traurig, dass sie gar nicht mehr aufhören konnte zu weinen. Ich habe mich ganz taub gefühlt.« (Marion, 11 Jahre)

***

»Ich erinnere mich noch gut an diesen Tag. Der ist in mein Gedächtnis eingebrannt. Ich war neun Jahre, bin von der Schule heimgekommen und Mutter war nicht da. Das war nicht wirklich ungewöhnlich und ich hatte einen eigenen Schlüssel. Aber das Haus fühlte sich an diesem Tag irgendwie sehr leer an. Später kam dann mein Vater, und meine beiden Schwestern wurden von der Nachbarin gebracht. Beim Abendessen hat mein Vater gesagt: ›Die Mutter ist weg. Sie ist nach Australien zu ihrer Schwester gegangen und kommt nicht mehr.‹

Das war alles, und wir haben irgendwie gewusst, dass damit alles vorbei war. Wir haben nie mehr von ihr gesprochen.« (Roman, 37 Jahre)

***

»Ich war gemeinsam mit meiner Mutti im Auto auf dem Weg in die Schule. Mein Vater hat öfter mal längere Geschäftsreisen unternommen. Er war gerade wieder mal unterwegs und ich habe sie gefragt, wann er wieder heimkommt.

›Das Schwein kommt nicht mehr zurück‹, hat sie gesagt, ›der bleibt jetzt bei seiner Schlampe.‹

Ich hatte zu diesem Zeitpunkt gar nicht gewusst, dass mein Vater eine Freundin hatte.« (Bettina, 14 Jahre)

* * *

»Gar nicht. Mein Vati hat einfach seinen Koffer gepackt und ist ausgezogen. Eine Woche später ist dann der Freund meiner Mama, von dem sie vorher gesagt hat, er wäre nur ein alter Schulfreund, bei uns eingezogen. Er hilft ihr im Haushalt, hat sie gesagt.

Vati holt mich jedes zweite Wochenende ab. Er ist sehr traurig, aber er will nicht darüber reden und sagt immer nur: ›Hauptsache, wir können jetzt zusammen sein.‹« (Chiara, 9 Jahre)

* * *

»Ich habe gehört, wie meine Mama am Telefon zu ihrer Freundin gesagt hat, dass sie sich jetzt von Papa scheiden lassen wird und schon beim Anwalt war. Ich habe mich nicht zu fragen getraut, weil ich ja gelauscht hatte und das ziemlich gemein ist. Dann ist ein paar Wochen lang gar nichts passiert, nur waren meine Eltern immer so kalt miteinander, nicht böse, aber so seltsam weit weg, wie wenn sie Fremde wären. Mit mir manchmal auch. Dann habe ich immer Angst gehabt, dass ich sie verärgert habe. Ich habe mich gar nicht mehr in der Schule konzentrieren können und Mama musste zur Lehrerin kommen.

›Jetzt machst du mir auch noch Sorgen‹, hat meine Mama zu mir gesagt. Später haben sie sich dann scheiden lassen.« (Sabine, 10 Jahre)

* * *

»Ich bin in der Nacht aufgewacht, weil meine Eltern wieder so schrecklichen Zoff miteinander hatten. Sie hatten auch beide wieder ziemlich getrunken. Dann sind sie aufeinander losgegangen. Mein Vater hat sie mit der Faust geschlagen, Mutter hat begonnen zu schreien und ist in die Küche gelaufen, um ein Messer zu holen. Damit hat sie ihn am Oberarm verletzt. Mein Vater war total rasend und hat gebrüllt und gedroht, dass er sie jetzt umbringen wird. Ich habe auch angefangen zu schreien. Ich war ganz starr vor Angst. Dann haben schon die Nachbarn angeläutet und wenig später war auch die Polizei da.

Ich bin dann in so ein Krisenzentrum gekommen und später hat mich meine Tante abgeholt. Sie hat gesagt, dass es jetzt endlich zwischen meinen Eltern aus ist. Sie haben immer gestritten. Jetzt lebe ich wieder bei meiner Mutter. Meinen Vater sehe ich ganz selten. Sie haben beide die ganze Sache nie mehr erwähnt.« (Marcel, 12 Jahre, über die zwei Jahre zurückliegende Trennung seiner Eltern)

* * *

»Unsere Eltern haben meinen jüngeren Bruder [Andre, 7 Jahre] und mich am Morgen an einem Wochenende ins Wohnzimmer gerufen. Papa hat gemeint, dass er und Mama uns sehr lieb haben, aber es zwischen ihnen nicht mehr klappt. Mama hat gesagt, dass wir sicher auch schon bemerkt haben, dass sie fast nicht mehr normal miteinander reden können. Dann haben sie gemeint, dass sie alles versucht haben, aber es nicht fertiggebracht haben, einander wieder so lieb wie früher zu haben. Mama hat gesagt, dass ihr das sehr leid tut, und sie hat ein wenig geweint, weil wir jetzt nicht mehr weiter alle zusammenleben können und eine neue Art von Familie werden müssen.

Ich habe mich gefragt, ob ich etwas falsch gemacht habe. Ich streite oft mit meinem Bruder, weil er ziemlich viel nervt. Aber Papa hat gesagt, dass ihre Trennung ganz alleine ihre Sache ist. Sie bringen es einfach nicht mehr auf die Reihe. Papa hat gesagt, dass er in ein paar Wochen in eine Wohnung nicht weit von unserem Haus entfernt ausziehen wird und mein Bruder und ich dort ein gemeinsames Kinderzimmer haben werden. Mama hat gemeint, dass sich viel ändern wird, aber wichtige Dinge auch gleich bleiben werden. Mein Bruder und ich werden hier im Haus mit ihr leben und in dieselbe Schule weiter gehen. Unseren Vater werden wir auf jeden Fall jedes zweite Wochenende sehen und einen fixen Tag unter der Woche. Telefonieren können wir jeden Tag. Dann haben sie noch gesagt, dass sie versuchen wollen Freunde zu werden und es deswegen am besten ist, dass sie auseinanderziehen, um nicht mehr dauernd zu streiten.« (Thomas, 9 Jahre)

Es ist so weit. Die bittere Erkenntnis, dass die Beziehung, die ursprünglich unserem Leben einen sicheren Rahmen geben hätte sollen und in der wir unsere Kinder gemeinsam aufwachsen sehen wollten, ihr Ende erreicht hat, schiebt sich uns wie eine schwarze Wand entgegen. Manchmal dauert dieser Prozess der letztendlichen Erkenntnis Monate oder es liegen sogar Jahre eines aufreibenden Abwägens zwischen Bleiben und Gehen hinter uns. Bisweilen ereilt uns die persönliche Erkenntnis auch über die Begegnung mit einem anderen Menschen, der sich dann wie das fehlende Puzzlestück in das Gesamtbild des in der Tiefe unseres Seins verlaufenden und von langer Hand vorbereiteten Prozesses einfügt. Und in wieder anderen Situationen finden wir uns auch plötzlich durch unseren Partner mit der Realität der Beziehungsauflösung konfrontiert.

Auch wenn die Annahme, dass unsere Beziehung doch in Ordnung gewesen wäre, bei näherer Betrachtung nie einer kritischen Überprüfung standhält, so fühlen wir uns gerade in dieser Situation dennoch wie vom Blitz getroffen und voller Ohnmacht, wähnen uns unserer Lebensbeziehung bösartig beraubt. Die Erkenntnis, dass wir lediglich höhere Leidensbereitschaft in die bestehende Verbindung eingebracht hatten als unser Partner bzw. unsere Partnerin, vermögen wir oft erst Jahre später, wenn wir unsere eigenen Schäfchen wieder im Trockenen haben, zuzulassen.

Als bittere Grundwahrheit gilt, dass sich die Unausweichlichkeit des Verlusts der gewohnten Familie umso besser zur Chance auf eine gesündere Lebensführung für alle entwickeln kann, je erwachsener sich die Eltern in ihrer Trennung/Scheidung zu verhalten vermögen. Eltern lassen sich nicht aus einer Laune heraus scheiden. Dieser Entscheidung geht ein mühseliger Prozess voraus, der auf einer Abwägung der Sicherheit und Geborgenheit gebenden Familienstruktur versus ihrer Beschädigung, die sie gerade in den oben benannten Bereichen ihrer Funktion beraubt, fußt. Fest steht, dass sich die Trennungs-/Scheidungsnötigkeit bereits aus der Aufkündigung eines der Partner ergibt, für eine Fortsetzung der Bemühungen um die Beziehung jedoch beide mit uneingeschränkter Hingabe nötig sind.

Vielleicht ist es, gerade dann, wenn man selber noch an der Verbindung festhalten möchte, hilfreich, sich vor Augen zu halten, dass jener Partner, der die Beziehung aufkündigt, darin nicht ein Zeichen der Überlegenheit setzt, sondern sein Eingeständnis liefert, am Ende seiner Kräfte und seines Wissens angelangt zu sein. Es geht hier nicht um Schuld, denn dieser haftet eine stark moralisierende Komponente an, die Fahrlässigkeit, Gleichgültigkeit, Egoismus oder gar bösen Willen rasch bei der Hand hat. Vielmehr geht es, wie ich es besser benannt sehen möchte, um »verantwortetes Scheitern«.

Verantwortetes Scheitern räumt ein, dass das Unternehmen Familie in der bisher bestehenden Form zum Konkursfall geworden ist, lässt jedoch gleichzeitig den Raum, dass hier von beiden »geschäftsführenden Gesellschaftern« maximale Anstrengungen unternommen wurden, aber ihre Kompetenzen, Kenntnisse und Fähigkeiten nicht ausgereicht haben, um dem Unternehmen wieder zum Aufschwung zu verhelfen.

Der Terminus »Schuld« suggeriert sozusagen den Sachverhalt einer »fahrlässigen Krida«, während »verantwortetes Scheitern« die persönliche Überforderung aller Beteiligten deutlich macht, das Ende ihrer Fähigkeiten, sich mit den Anforderungen, denen dieses Familiensystem begegnet ist, ausreichend konstruktiv auseinanderzusetzen. Es erscheint vor allem im Hinblick auf die weitere Entwicklung der »neuen Familienform« und einer notwendigen konstruktiven, lernoffenen Auseinandersetzung als sehr wesentlich, nicht am Kopfbahnhof eines »verantworteten Schuldeingeständnisses« stehen zu bleiben, sondern »verantwortetes Scheitern« als Ausgangspunkt neuer Anstrengung und Arbeit an sich selber, also als Wachstumsimperativ zu nehmen. Ein Beratungsklient drückte es einmal sehr treffend so aus:

»Wenn eine Familie in Wirklichkeit keine Familie mehr ist, wenn sie es in ihren Abläufen nicht mehr vermag, den einzelnen Familienmitgliedern Schutz, Sicherheit, Anerkennung und Geborgenheitsgefühl zu vermitteln, sondern stattdessen ein Ort der Abwertung, Belauerung, Kälte,

von Desinteresse oder Kränkung geworden ist und eine derartig vergiftete Umgangskultur den Alltag bestimmt, und wenn man besten Gewissens und reinen Herzens namhaft machen kann, alles in seiner Macht Stehende vergeblich versucht zu haben, um das Schiff wieder auf Kurs zu bringen, dann muss man dieser Farce einer Familie ein Ende bereiten – und zwar um der Kinder willen.

Sonst wachsen die Kinder in einer dergestaltigen krankhaften Lebensrealität auf, die ihnen vorenthält, was sie brauchen, und sie beschädigt. Und das Schlimmste daran ist, dass Kinder das dann für die ›Normalität‹ halten und ihre eigenen Familien nach diesen Mustern aufbauen, auch wenn sie meinen, alles zu tun, um es zu vermeiden. Das ist einfach ›magisch‹.

Wenn man als Beziehung dort angekommen ist, dass man als gemeinsames Elternpaar keine liebevolle, respektvolle Grundstimmung zu leben vermag, dann muss man das getrennt tun und dabei maximal miteinander kooperieren. Dann kann die Scheidung zu einer wirklichen Chance für alle, auch für die Kinder werden.«

Wie also setzen wir den ersten Schritt dieser langen Reise Trennung/Scheidung? Dass es eine lange Reise ist, liegt auf der Hand, denn wir haben hierbei, wie schon mehrfach deutlich wurde, kein Einzelereignis vor uns, sondern einen prozesshaften »Life Event«, ähnlich der Anforderung, unser Wohnhaus ziemlich substanziell umzubauen. Das geschieht auch nicht an einem Tag.

Also: Achtung Baustelle! Durchdacht planen, gut sichern und ja nicht einfach mit dem Bagger in den Vorgarten hineinplatzen!

Zuerst die Planung

Eltern, die ihre Trennungs-/Scheidungsnötigkeit, sei es aus voller Überzeugung, sei es mit zusammengebissenen Zähnen, *anerkannt haben*, sollten, bevor sie diese große Veränderung und den damit verbundenen Lebensphasenwechsel ihren Kindern mitteilen, zuerst miteinander die organisatorischen und strukturellen Modalitäten besprechen und sich *einigen*. Nichts ist desaströser für Kinder als Eltern, die in dieser Situation zu streiten beginnen.

Versetzen Sie sich in die Situation, sich mit einer Ihr Leben grundlegend verändernden, aus Ihrem Blickwinkel höchst unerwünschten Botschaft konfrontiert zu finden, ohne dass Sie eine Möglichkeit bekommen, sich neu zu orientieren.

Das heißt: Der Auszugszeitpunkt des wegziehenden Elternteils, die Frage des Verbleibs des Kindes und alle damit im Zusammenhang stehenden und zu regelnden Details sowie die Frage der Kontaktregelung zu beiden Elternteilen müssen vor dem Gespräch mit dem Kind feststehen.

Der konkrete Zeitpunkt

Wählen Sie einen Zeitpunkt, der genügend Raum bereithält, um die Nachricht langsam absinken lassen zu können. Nach einem gemeinsamen Gespräch mit allen Kindern ist es manchmal wichtig, über die Möglichkeit zu verfügen, mit jedem Kind noch einzeln und in einer seinem Alter angepassten Form auf die aufsteigenden Fragen eingehen zu können. Manche Kinder wollen im Anschluss an die Bekanntgabe der Trennung der Eltern auch mit einem Elternteil alleine sprechen.

Zu vermeiden sind Zeitpunkte, die von großem Alltagsstress gekennzeichnet sind, ebenso solche, die durch unaufschiebbare Nachfolgeverpflichtungen eines der Familienmitglieder von vornherein zeitlich limitiert sind. Morgens beim Frühstück vor Schul- und Arbeitsbeginn in Stenogrammform die wichtigsten Rahmenpunkte runterzurasseln, in der Meinung, dass ein unveränderbarer Sachverhalt ja auch keinen Raum für Diskussion oder erste emotionale Verarbeitung braucht, geht schwer am Ziel vorbei, einen konstruktiv auseinandersetzenden Prozess anregen zu wollen.

Der Beginn eines langen Wochenendes, für das wenig Programm geplant wurde, eignet sich am besten. Feiertage, Geburtstage von Familienmitgliedern, Tage, die mit Schulereignissen im Zusammenhang stehen (Elternsprechtag, Zeugnisverteilung, Schulaufführungen, Sporttag, Abfahrt oder Rückkehr vom Schulcamp), sollten, weil sie als »besondere Tage« eine eigenständige Bedeutung tragen, von vornherein verworfen werden.

Fackeln Sie nicht lange herum! Wenn Sie sich sicher sind, dass die Trennung unumgänglich ist und die Modalitäten zwischen Ihnen und Ihrem Partner bzw. Ihrer Partnerin ausmoderiert sind, ziehen Sie die Eröffnung der Nachricht nicht unnötig in die Länge. Kinder haben in der ihnen eigenen Art schon lange, selbst wenn sie es verbal nicht zum Ausdruck bringen können, erfasst, dass sich die Grundmelodie zu Hause geändert hat, der gemeinsame Stallgeruch eine neue Note anzunehmen beginnt. Unaufgeklärt bedeutet dies Verwirrung, Verunsicherung, Orientierungsmangel – alles Gefühle, die Anlass zu Spekulationen, Ängsten sowie Schuldgefühlen sind und dem Kind in seiner Balance Energie für die eigene Entwicklung abziehen.

Der richtige Ort

Wählen Sie einen »sicheren Ort«. Das heißt einen Raum, der für die ganze Familie Sicherheit und Gemeinsamkeit bedeutet. Das Wohnzimmer der Familie, die Küche oder auch das Wochenendhaus können eine günstige Wahl sein.

Wählen Sie nicht das Kinderzimmer Ihres Kindes. Viele Kinder haben in einer ersten Reaktion auf die für sie so überwältigende Nachricht das Bedürfnis, davor »davonzulaufen« und sich in einen sicheren »Schutzraum« zurückzuziehen. Das Kinderzimmer fungiert dann, oftmals selbst noch für Teenager, als dieser private Rückzugsort.

Vermeiden Sie öffentliche Plätze wie ein Restaurant oder Bad. Achten Sie darauf, dass Ihre Kinder die Möglichkeit haben, Ihnen ins Gesicht zu blicken, während Sie sprechen. Manche Eltern erleben die Situation als sehr schuldhaft, den Kindern die Trennung/Scheidung bekanntgeben zu müssen. Es tut ihnen furchtbar leid, ihren Kindern einen derartigen Schmerz antun zu müssen. Statt ihr Scheitern anzuerkennen, werfen sie sich in moralisierender Selbstbeschuldigung ihre Unfähigkeit – oder noch schlimmer, die des Partners bzw. der Partnerin – vor und versuchen, die peinliche Situation für sich damit abzufedern, dass sie instinktiv »aus dem Schuss« zu gelangen versuchen. Diese Eltern wählen gerne das Auto als idealtypischen Ort, ähnlich wie Kinder, die schamvoll zur Seite blicken und uns als Eltern nicht in die Augen zu blicken vermögen, wenn sie eine Verfehlung einzugestehen haben. Doch es gilt sich dem hier zu stellen, Schuldgefühle zugunsten verantworteten Scheiterns zurückzuweisen und den Blickwinkel des Kindes, sein Bedürfnis nach Kontakt, Gemeinsamkeit und Rückversicherung in dieser schwierigen Situation als die eigentliche Aufgabe zu erkennen.

Stellt man bei sich die Tendenz fest, der Situation auf Basis des oben beschriebenen Gefühlsspektrums heraus ausweichen zu wollen, so ist es hilfreich, sich noch einmal intensiv zu vergegenwärtigen: »Ich habe mein Bestes gegeben, ich habe alles versucht, um meinem Partner entgegenzukommen. Ich bin gescheitert. Meine Kenntnisse, Fähigkeiten, Möglichkeiten haben nicht ausgereicht. Ich werde an mir arbeiten, um mit dem anderen Elternteil kooperative Elternschaft zu entwickeln. Damit werden unsere Kinder bessere Lebenschancen haben.«

Und dann setzen Sie sich Ihren Kindern gegenüber.

Beide Eltern gemeinsam

Überlassen Sie das Reden nicht Ihrem Partner bzw. Ihrer Partnerin – auch nicht unter dem Vorwand, dass er bzw. sie einen »besseren Zugang« zu derartigen Belangen hätte. Ihre Kinder beobachten Sie in dieser Situation scharf. Sie tun dies nicht auf bewusste kognitive Weise, aber dennoch nehmen sie jede atmosphärische Botschaft sofort wahr. Wenn sich, wie etwa bei Marion die Mutter, ein Elternteil gänzlich im Hintergrund hält und so eigene situative Überforderung erkennen lässt, setzt er damit ein eindeutiges Zeichen.

Marions Mutter war zu diesem Zeitpunkt noch nicht bereit, das Ende der Beziehung anzuerkennen. Sie hätte Unterstützung dabei gebraucht, wie sie ihre elterliche Verantwortung Marion gegenüber von ihrer eigenen, sie in Konflikt versetzenden Verlustangst trennen kann.

Derartige Situationen wirken auf Kinder als Appell und ziehen häufig über die komplementäre Paarung *gekränkter Elternteil –*

Kränkung verursachender Elternteil, also *guter Elternteil – böser Elternteil*, eine nachfolgende Polarisierung und einen sich entwickelnden Loyalitätskonflikt nach sich.

Ein grundsätzliches Maß an Gefasstheit sind wir unseren Kindern schuldig, was jedoch nicht Emotionslosigkeit, Gleichgültigkeit oder Gefühlskälte meint. Natürlich muss Raum für den Ausdruck eigener Betroffenheit gegeben sein, auch dafür, den Schmerz zum Eingeständnis des Scheiterns dieses Familiensystems gemeinsam zu teilen, die Trennung/Scheidung zu betrauern. Gleichzeitig jedoch müssen Eltern in dieser Situation über die Kraft verfügen, ihre eigenen Emotionen hinreichend zu managen, um nicht zu einer zusätzlichen Belastung für ihre Kinder zu werden.

Führen wir uns den Blickwinkel des Kindes vor Augen: Es wird mit der extremen und primär unerwünschten, einen Umbruch signalisierenden Nachricht von der Trennung/Scheidung der Eltern konfrontiert. Seine Lebensrealität wird sich dramatisch verändern, und es verfügt über kein wie auch immer geartetes Vetorecht. Das Einzige, was dem Kind tief in seiner Seele bleibt, ist das Vertrauen zu seinen Eltern, genau genommen in deren Urteilskraft, dass auch diese Entscheidung für es als Kind à la longue richtig ist.

Ein panischer Bergführer, ein emotional instabiler Expeditionsleiter oder ein unsicherer Chirurg sind nicht gerade die Personen, denen wir uns leicht rückhaltlos anvertrauen wollen. Für unsere Kinder ist das nicht anders. Unsere Kinder möchten und müssen sich uns anvertrauen (können), und wir, beide Elternteile, haben unsere Aufgabe als Chirurgen dieser Situation wahrzunehmen – als Bergführer, die zu einem steilen Aufstieg motivieren müssen, und als Expeditionsleiter in eine hoffentlich bessere Zukunft.

Welche Informationen für unser Kind wichtig sind

Beginnen Sie beide damit, Ihrem Kind Ihre ungebrochene Liebe zu versichern. So selbstverständlich dies für Eltern ist, so alarmiert und beunruhigt ist das Kind gerade in der Situation des bevorstehenden Weggehens eines Elternteils aus seiner unmittelbaren täglichen Lebensrealität in diesem zentralen Thema. Die Furcht vor dem Liebesverlust ist die quälendste aller Ängste für das Kind.

An der Trennung/Scheidung der Eltern erlebt das Kind zum ersten Mal die mögliche Endlichkeit von Liebe. Machen Sie deutlich, dass Sie beide Ihr Kind unverändert lieben, aber füreinander als Paar dies nicht mehr empfinden. Erklären Sie, dass Sie gemeinsam zur Überzeugung gekommen sind, dass es das Beste ist, die Situation, in der Sie jetzt als Familie stecken, durch die elterliche Trennung/Scheidung zu verändern. Machen Sie deutlich, dass Sie damit eine Entscheidung getroffen haben, von der Sie meinen, dass sie im größeren Interesse von allen Beteiligten ist, auch wenn sich dies jetzt noch sehr schwer anspürt. Machen Sie deutlich, dass Sie als Eltern daran arbeiten werden, zu kooperieren, um für Ihr Kind das Beste zu geben.

Neben der grundsätzlichen Information über die Entscheidung der Eltern zur Trennung/Scheidung kreisen die wesentlichsten Informationen um folgende Fragestellungen:

* Welcher Elternteil ist der Wegziehende?
* Wo werden die Kinder ihren Lebensmittelpunkt haben?
* Bleiben die Geschwister beisammen?
* Wie wird der Kontakt zum wegziehenden Elternteil aussehen?

Als Zielsetzung müssen Eltern immer im Auge behalten, dass mit der Nachricht der Trennung/Scheidung die aktuelle Lebenswelt des Kindes auseinanderzubrechen droht, in der kindlichen Seele ein Erdbeben ausgelöst wird und Orientierungsgewinn nun vordringlich ist, damit das Kind wieder festen Boden unter den Füßen gewinnen kann.

Am Ende des Gesprächs sollte das Kind einen klaren Überblick über das neue Spielfeld und seine eigene Position haben, es sollten die strukturellen und organisatorischen Rahmenbedingungen abgesteckt sein, und der Prozess der Reorganisation des Bindungs- und Beziehungsgeflechts als der sichere Rahmen für die psychische Entwicklung sollte damit angestoßen worden sein.

* Wer wird wegziehen? Papa oder Mama?
* Und wohin? Werde ich dort ebenfalls Platz, ein eigenes Zimmer haben?

* Wann wird das sein?
* Werde ich hauptsächlich mit Mama oder mit Papa leben?
* Werde ich von meinem Zuhause ausziehen müssen, und wenn ja, wohin?
* Oder werde ich abwechselnd bei Mama und Papa leben?
* Werde ich in dieselbe Schule gehen?
* Werde ich meine Freunde behalten können?
* Wird mein Bruder, meine Schwester weiter mit mir leben?
* Und ganz besonders wichtig: Wann und wie oft werde ich mit dem wegziehenden Elternteil zusammen sein?

All diese Fragen müssen dem Kind, selbst wenn sie nicht gestellt werden, beantwortet werden.

Seien Sie möglichst klar, machen Sie keine vagen Zusicherungen, lassen Sie sich nicht zu Versprechungen hinreißen, die sich nicht sicher halten lassen, um den Kummer Ihres Kindes vermeintlich abzumildern. Wie zum Beispiel: »Du wirst deinen Vater treffen können, wann immer du willst«, wenn der Kindesvater einen weiter entfernten Wohnungswechsel plant oder dieser für Sie selber zum Thema werden könnte. Wenn sich die Zusicherung später als nicht lebbar herausstellen sollte, würde dies zu einem dramatischen Vertrauenseinbruch beim Kind führen.

Wenn Sie zu irgendeinem Detailbereich noch keine sichere Aussage machen können, so machen Sie dies lieber deutlich und versprechen Sie Ihrem Kind, sobald Sie damit klargekommen sind, die Information nachzuliefern. Zum Beispiel: »Ich kann dir noch nicht sicher sagen, ob wir hier in diesem Haus weiter leben werden können. Oma und Opa haben versprochen, uns etwas zu unterstützen, und ich möchte den laufenden Kredit um ein paar Jahre verlängern. Das wird alles erst geprüft, ob sich das ausgeht. Wenn nicht, werden wir in eine Wohnung in die Nähe ziehen, damit du auf jeden Fall weiter in deine Schule gehen kannst.«

Vermeiden Sie jede Form der Angriffigkeit oder Schuldzuweisung gegenüber dem anderen Elternteil. Halten Sie sich vor Augen, dass Ihr Kind Identitätsteile von beiden Elternteilen bezieht und es beide Elternteile liebt. Eine Abwertung des anderen

Elternteils verärgert diesen zwar möglicherweise oder vermag Schuldgefühle zu mobilisieren, gleichzeitig aber wird Ihr Kind in seinem Selbstbild beschädigt und tief verunsichert.

Modell eines Eltern-Kind-Gesprächs

Wie könnte ein idealtypischer Ablauf eines Eltern-Kind-Gesprächs aussehen, das dem Kind den Sachverhalt der Trennung/Scheidung als unabwendbar verdeutlicht und möglichst konstruktive Ansatzpunkte im Umgang mit der neuen Situation vermittelt?

Auch wenn es seltsam, ja vielleicht sogar künstlich anmuten mag, sich zu diesem Gespräch als Elternpaar in der Rollenverteilung abzusprechen, gilt es zu bedenken, dass es um wirklich viel geht. Die Art und Weise, wie uns eine belastende, mit schweren Zukunftskonsequenzen verknüpfte Wahrheit beigebracht wird, trägt maßgeblich dazu bei, welche Strategien und Bewältigungsansätze angeregt werden – ob wir resignieren, uns lange Zeit in hoffnungslose Wut einmauern oder ob wir bereit sind, an eine positive Lösung, ein Licht am Ende des Tunnels zu glauben, und nach dem ersten Schock unsere Kräfte dafür mobilisieren.

Wenn wir als Ärzte unseren Patienten eine schwerwiegende Mitteilung zu ihrem Gesundheitszustand zu überbringen haben, wissen wir um die Bedeutung der Situation und stimmen unsere Gesprächsführung darauf ab. Auch unsere Kinder haben ein Recht auf diese Achtsamkeit.

Eltern-Kind-Gespräch

Die Eltern haben die ganze Familie, ihre beiden Söhne, neun Jahre und elf Jahre, sowie ihre Tochter, 14 Jahre, im Wohnzimmer des Einfamilienhauses versammelt. Es ist Samstagvormittag, ein längeres Wochenende mit einem feiertagsfreien Montag steht bevor.

Vater: *Eure Mutter und ich haben euch zusammengerufen, da wir etwas sehr Wichtiges mit euch zu besprechen haben. Zuerst wollen wir euch aber sagen, dass wir euch unwahrscheinlich lieb haben und nichts das je ändern wird.*

Mutter: *Euch ist ja schon aufgefallen, dass euer Vater und ich seit längerer Zeit nicht mehr miteinander klarkommen. Wir haben alles Mögliche versucht, um das wieder zu reparieren, aber feststellen müssen, dass wir es nicht schaffen. Wir sind zu verschieden geworden und stehen uns heute nur mehr im Weg.*

Vater: *Wir haben das ganz alleine zu verantworten. Das hat ganz alleine mit Mama und mir zu tun. Keiner von euch hat dazu beigetragen. Wir können einfach nicht mehr miteinander.*

Mutter: *Wir haben beschlossen, dass es am besten für uns alle ist, wenn Papa und ich auseinanderziehen. Viel besser, als wenn wir ständig Streit und Unfrieden miteinander haben.*

Vater: *Wir haben beschlossen, dass ich von hier ausziehen werde. Ich habe bereits eine Wohnung nicht weit von hier besichtigt und hoffe, nächste Woche den Mietvertrag unterschreiben zu können. Mit dem Bus sind es zwei Stationen. Die Wohnung ist natürlich kleiner als unser Haus. Aber sie hat zwei Kinderzimmer, die ihr teilen werdet, wenn ihr bei mir seid. Eins für euch Jungs und eins für dich [an die Tochter gerichtet].*

Mutter: *Wir werden hier im Haus weiter wohnen bleiben; das haben wir schon geregelt. Das erscheint eurem Vater und mir wichtig, damit ihr eure Schulen und Freunde behalten könnt.*

Vater: *Mama und ich haben beschlossen, dass ihr jedes zweite Wochenende von Freitag nach der Schule bis Montag in der Früh bei mir sein werdet. Sonst haben wir noch überlegt, dass ihr während der Woche immer mittwochs bei mir sein werdet.*

Mutter: *Wir wollen diese Regelung jetzt einmal für ein halbes Jahr ausprobieren und dann können wir dazu noch sprechen, ob es für euch so passt. Wir sind überzeugt, dass dies so gut funktionieren wird. Mit dem Handy könnt ihr Papa ja sowieso jeden Tag erreichen.*

Vater: *Es tut eurer Mutter und mir leid, dass es nicht anders geht, aber wir sind mit unserem Latein am Ende. Wir sind davon überzeugt, dass es so jetzt am besten ist.*

Mutter: *Wir werden uns bemühen, dass wir in allem, was euch betrifft, zusammenarbeiten.*

Was ganz sicher nicht das Thema des Kindes ist

Während in der obigen Gesprächsskizze versucht wird, auf alle relevanten, den Lebensalltag der Kinder betreffenden Aspekte der Trennung/Scheidung der Eltern einzugehen und hier natürlich auch Raum für nachfolgende Fragen vonseiten der Kinder gegeben sein sollte, wird ein Bereich bewusst hintangestellt: der genaue Trennungs-/Scheidungsgrund der elterlichen Beziehung. Der inhaltliche Konflikt gehört in die gemeinsame Privatsphäre des Paares und sollte tunlichst auch dort gelagert bleiben. Für das die Kinder betreffende Ergebnis der Trennung/Scheidung der Eltern ist es irrelevant, ob diese erfolgt, weil das Elternpaar eine tief greifende Entfremdung durchlebt hat, keine Einigung in der Gestaltung gemeinsamer Finanzen oder beruflicher Zukunftsziele erreichen konnte, ein unterschiedliches Maß an Aufmerksamkeit und emotionalem Eingehen für normal hält, ein Partner einen neuen faszinierenden Menschen entdeckt hat oder sexuelle Unzufriedenheit unüberwindbar war. All diese sehr differenzierten und oft tief mit der individuellen Feinmechanik des Paares, dem magischen Tanz einander begegnender psychischer Strukturen verbundenen Aspekte wären für die Lebenswelt von Kindern nur sehr rudimentär und von Teenagern nur mit ihrem noch sehr unreifen Erfahrungshintergrund erfassbar. Sie könnten zudem schnurgerade in den hinter jeder Ecke lauernden Loyalitätskonflikt führen.

Hintergrundstorys von Trennungen/Scheidungen haben eine starke Tendenz, vor allem dann, wenn sie noch sehr frisch sind und sich in der Phase einer hochgedrehten Emotionalisierung befinden, das Bild einer »guten« versus »bösen« Seite eines »Opfers« versus eines »Täters« zu malen, wobei die Rollenverteilung vom Erzähler bzw. der Erzählerin abhängt. Diese Art einer Einbeziehung der Kinder, und sei es unter dem Titel »damit sie die Wahrheit« kennen, geht immer mit einer Polarisierung einher und ist vonseiten des Kindes, das noch über keinen eigenständigen Erfahrungshintergrund und Referenzierungsrahmen zum Thema Paarbeziehung verfügt, höchst belastend.

Selbst wenn Kinder neugierig erscheinen und damit dem Bedürfnis eines Elternteils entgegenkommen, »seiner Wahrheit« Ausdruck zu verleihen, fleht die kindliche Seele: »Lasst mich in Ruhe damit! Ich liebe euch beide, ich brauche euch beide! Ich habe selber genug damit zu tun, wieder festen Boden unter den Füßen zu finden und mich anvertrauen zu können.«

Dem aufmerksamen Leser bzw. der aufmerksamen Leserin wird vielleicht am Gesprächsentwurf, der den Kindern die Scheidung der Eltern eröffnet, aufgefallen sein, dass der Begriff »Scheidung« hier nicht vorkommt. Dies hat zwei Gründe: Junge Kinder wissen nicht, was er bedeutet, und ältere sehr wohl.

Auch wenn Sie es absolut ausschließen, dass Sie in der Partnerschaft noch zusammenfinden, wird es erfahrungsgemäß noch einige Zeit dauern, bis die Scheidung wirklich vollzogen ist. In der Zwischenzeit mit den Begriffen »Trennung«, »Auseinanderziehen« zu operieren, ist zum einen nicht falsch, und zum anderen für Kinder besser nachvollziehbar als der für jüngere Kinder, die noch über keine konkrete Begriffsbefüllung verfügen, vergleichsweise abstraktere Begriff »Scheidung«. Für ältere Kinder ist es wiederum so, dass sie das Thema Scheidung aus ihrem persönlichen Freundes- und Schulumfeld kennen und dieses zumeist, da emotional gut moderiert verlaufende Scheidungen gesellschaftlich noch in der Minderzahl sind, mit teils äußerst unangenehmen und beeinträchtigenden Geschichten assoziieren. Auf dem Weg, bis die Scheidung der Eltern dann im Sinne eines abgeschlossenen Verfahrenszugs vorliegt, ergibt sich eine Zeitstrecke, innerhalb derer sich eine neue und in Ansätzen vielleicht auch positiv akzeptierte Lebensrealität entwickelt haben kann.

Vom Idealfall zur Realsituation:
Wie geht man mit folgender Situation um ...

»Wir haben zwei Kinder, einen Sohn mit acht Jahren und eine zwölfjährige Tochter. Unsere Beziehung ist schon seit Jahren eigentlich nicht mehr tragbar. Mein Mann wird immer wieder gewalttätig gegen mich. Es passiert nur, wenn er trinkt und irgendwie mit sich selber besonders

unter Druck ist. Dann kann es geschehen, dass er wegen Kleinigkeiten total die Beherrschung verliert. Gegen die Kinder ist er noch nie aggressiv geworden. Nur gegen mich. Wir haben schon mehrmals die Polizei im Haus gehabt und ich war wegen mehrerer Prellungen und blauer Flecken im Krankenhaus. Es gibt auch eine alte Wegweisung von zu Hause. Und jetzt eine zweite.

Ich wollte immer abwarten, bis die Kinder größer sind, aber jetzt glaube ich, dass es einfach nicht mehr geht und es auch für die Kinder wichtig ist, dass der ganzen Farce ein Ende bereitet wird. Er darf nicht nach Hause kommen – und ich habe bereits mit einer Anwältin die Scheidungsklage eingereicht. Ich kann einfach nicht mehr.

Ich weiß, dass er kein schlechter Mensch ist und auch normalerweise alles für seine Familie tut, aber ich kann nicht mehr. Er sollte eine Therapie machen. Er hat einen sehr gewalttätigen Vater gehabt, der zwar Akademiker war und sehr angesehen, aber seine Kinder immer wegen Kleinigkeiten mit dem Gürtel verprügelt hat. Seine Mutter hat sich nie getraut, dazwischenzugehen. Er tut mir leid, aber es geht nicht mehr.

Meine Kinder sind bereits sehr beeinträchtigt von der Situation. Die Lehrerin hat meinen Sohn als aggressives Kind bezeichnet und meine Tochter fragt mich, warum ihr Papa so ein böser Mensch ist.

Ich habe gelesen, dass es wichtig ist, den Kindern zu vermitteln, dass die Eltern gemeinsam hinter der Scheidung stehen. Das soll es Kindern erleichtern. Aber mein Mann will die Scheidung nicht.

Wie sollen meine Kinder über die Scheidung aufgeklärt werden und was soll ich über ihren Vater sagen, damit alles nicht noch schlimmer wird?«

Eine schwierige Situation. Erfahrungen von Gewalttätigkeit in der Familie gehören sicher zu den am meisten verstörenden Ereignissen eines Kinderlebens. Wie soll diese Mutter, die sich nun nach jahrelangem Abwägen für die Scheidung entschlossen hat und zur Zeit auf keine Kooperation des Kindesvaters hoffen kann, die Kinder vom Ende der elterlichen Ehe und den damit verbundenen Konsequenzen informieren? In diesem Fall muss es die Mutter alleine tun – aber wie?

Kinder, die in einem Gewaltkontext mit unberechenbaren Elternteilen leben, erleben als einzige Gruppe eine persönliche Erleichterung durch die Trennung/Scheidung der Eltern. Die Separation der Eltern bedeutet eine Entlastung. Jene Energie, die in angstvoller Beobachtung eines jederzeit möglichen Vulkanausbruchs gebunden war, wird nun für das Kind frei. Darüber hinaus darf allerdings, wenn dem potentiell gewalttätigen Anteil des Elternteils auch ein versorgender, nährender gegenübersteht, wie in diesem Fall beschrieben, nicht vergessen werden, dass auch diese Kinder ihre Eltern lieben.

Gerade deswegen, um der Eltern-Kind-Beziehung unter den veränderten Umständen der Scheidung der Eltern, die hier eine entlastende Rolle spielt, eine neue Chance zu geben, ist es wesentlich, das durch das Erleben der Gewalttätigkeit stark in Mitleidenschaft gezogene Bild des Kindes vom Elternteil nicht weiter zu beladen. Diese Mutter wird, wenn sie im besten Interesse ihrer Kinder handeln will, also gut darin tun, einerseits ihre Entscheidung auf Basis der Unzulässigkeit von Gewalt als unverrückbar zu vermitteln, denn Gewalt ist ein klares »No-Go«, dem man Grenzen setzen muss. Andererseits wäre es aber wesentlich, den Vater nicht als »bösen Menschen« zu beschreiben, sondern als einen, der über unzureichende Fähigkeiten verfügt, seine Gefühle zu regulieren, und darin Hilfe braucht.

Es ist evident, dass für diese Scheidung spezifisch psychosoziale Beratung dringlich angezeigt wäre, die den Eltern den Blickwinkel des Kindes in dieser komplexen und schwer das Vertrauen belastenden Situation transparent zu machen vermag.

»Meine Frau und ich führen schon seit mehreren Jahren keine richtige Ehe mehr miteinander. Wenn wir ehrlich sind, haben wir eigentlich damals nur geheiratet, weil unser Sohn Jonas unterwegs war. Jetzt haben wir uns bereits total entfremdet und wollen eigentlich beide nicht mehr miteinander. Meine Frau findet den ›Wohngemeinschaftsstatus‹ auch nicht mehr zuträglich, und ich will so wie bisher einfach überhaupt nicht mehr weitermachen, obwohl wir nie streiten. Wir gehen uns einfach die

ganze Zeit aus dem Weg, unternehmen nie etwas gemeinsam und ich lebe meine sportlichen Hobbys (Motocross und Eishockey) sehr intensiv.

Aber Jonas ist heute neun Jahre und bekommt ja auch ein total verkorkstes Bild, denke ich mir, wenn er seine Eltern so erlebt. Dem stimmt meine Frau eigentlich auch zu.

Wir haben nun beschlossen, dass es wahrscheinlich besser ist, wenn ich ausziehe. Ich glaube, wir sollten das mit unserem Sohn gemeinsam besprechen. Meine Frau zögert den Termin aber immer wieder hinaus. Letztendlich habe ich sie zur Rede gestellt, und sie hat mir eröffnet, dass sie sich der Situation nicht gewachsen fühlt. Sie hat Angst, völlig aufgelöst zu reagieren. Obwohl sie selber versteht, dass es mit uns nicht mehr weitergeht, ist sie total fertig und weiß nicht, wie sie die Zukunft bewältigen soll. Dabei trennen wir uns nicht im Streit. Es ist wirtschaftlich vorgesorgt und die Erziehung unseres Sohnes wollen wir uns auch teilen.

Soll ich nun alleine mit unserem Sohn sprechen? Es ist doch sicher auch nicht gut, wenn meine Frau dann nur danebensitzt und die ganze Zeit weint. Das muss doch für meinen Sohn unglaubwürdig wirken, wenn ich behaupte, dass wir die Trennung beide wollen?«

Tatsächlich eine schwierige Situation für den Sohn Jonas. Die Trennung der Eltern mag für ihn, der ja in einer »friedlichen« Atmosphäre aufwächst, auf den ersten Blick besonders schlecht nachvollziehbar sein. Welche Auswirkungen dieses emotional »stille« Elternhaus, der Mangel an beobachteter Wärme, Zärtlichkeit, Gemeinschaft als Gesamtfamilie und Verbundenheit zwischen den Eltern auf sein sich ausbildendes psychisches Betriebssystem haben mag, ist ihm ja vollkommen verschlossen. Wenn Sie in Irkutsk geboren wurden, fragen Sie sich bei lächerlichen minus 40 Grad nicht, ob Sie rausgehen können, denn das ist Teil Ihrer Normalität.

Beide Eltern sind, wie es der Vater beschreibt, nun zur Überzeugung gekommen, dass ihr Zusammenleben weder ihren persönlichen Bedürfnissen noch denen ihres Sohnes weiter gerecht werden kann. Das wollen sie ändern. Auf kognitiver Ebene, am Spielfeld der Einsichtsfähigkeit, stimmen beide Eltern miteinander überein. Gleichzeitig scheint es jedoch so zu sein, dass es Jonas'

Mutter noch nicht gelungen ist, dies zu tun – im Unterschied zu seinem Vater, der auch emotional den Trennungsprozess bereits zu einem bedeutenderen Teil angenommen zu haben scheint.

Zukunftsängste, Verlassenheitsgefühle, aufkeimende Einsamkeit oder auch Panik, letztendliches Eingeständnis des Scheiterns, Trauer über die vergebene Lebenschance – all das vermag sich zu einem emotionalen Tsunami aufzubauen. Das heißt nicht, dass Jonas' Mutter die Trennung nicht will. Vielmehr sind die Eltern in der emotionalen Verarbeitung der Beziehungsauflösung nicht in analogem Tempo unterwegs, nicht synchron.

Soll also besser der Vater allein mit seinem Sohn die elterliche Trennung besprechen, um eine leidende Mutter und ihre mögliche polarisierende Wirkung, die den Sachverhalt völlig verzerren könnte, draußen zu halten?

Das gemeinsame Auftreten der Eltern ist letztendlich die stärkste Botschaft, um dem Kind deutlich machen zu können, dass es sich um eine von beiden Eltern getragene Entscheidung handelt. Hilfreich könnte in diesem Fall sein, wenn die Eltern zuvor noch eine Beratung aufsuchten, in der die Ängste der Mutter thematisiert werden könnten und ihre emotionale Verarbeitung der Trennung begleitet würde.

Wesentlich ist auch, sich vor Augen zu halten, dass eine mögliche emotional stark ausfallende Reaktion während des Gesprächs mit Jonas für sich genommen noch nicht bedeutet, dass Jonas hier Schaden nimmt – wenn sie für das Kind einsehbar wird. Die Mutter könnte in diesem Fall zum Beispiel so reagieren: »Ich sehe es genauso wie Papa. Wir haben unsere Trennung gemeinsam beschlossen. Gleichzeitig fällt es mir noch schwer. Es ist, wie wenn man sich verabschiedet, wenn man auf eine lange Reise geht. Man möchte fahren – und gleichzeitig ist man auch traurig, weil man sich von zu Hause lösen muss.«

»Mein Mann und ich führen seit vielen Jahren eine unglückliche Ehe. Wir haben zwei Töchter im Alter von elf und 13 Jahren. Mein Mann hat mich in unserer Ehe mehrmals betrogen. Sex hat für ihn immer einen be-

sonderen Stellenwert gehabt, und er wollte auch Dinge mit mir probieren, die ich ekelhaft finde.

In den letzten Jahren ist unser Umgangston immer schärfer geworden. Mein Mann hat mich immer häufiger abgewertet und auch vor den Kindern niedergemacht. Ich muss zugeben, dass ich immer an ihm herumgenörgelt habe.

Eine mögliche Scheidung war immer wieder Thema; eigentlich hat er immer wieder damit gedroht, wenn ich ihm zu heftige Vorwürfe gemacht habe, dass er mich überhaupt nicht im Haushalt unterstützt, obwohl wir beide vollzeitbeschäftigt sind. Damit hat er mich dann immer wieder dazu gebracht, klein beizugeben. Ich habe mir einfach nicht vorstellen können, mit den Kindern alleine zu sein.

Vor ein paar Monaten habe ich nun einen anderen Mann kennengelernt. Es ist noch nichts Ernstes, aber er geht ganz anders mit mir um und wir mögen einander sehr. Mein Mann hat es herausgefunden und will jetzt die Scheidung. Über die Gespräche mit diesem anderen Mann, er ist selber durch eine schwierige Scheidung gegangen, habe ich erkannt, dass unsere Ehe keinen Sinn mehr hat und die Art unseres Zusammenlebens unsere Töchter sehr belastet.

Ich will jetzt auch von dieser Ehe weg und mit ihm gemeinsam unsere beiden Töchter darüber informieren. Er lehnt das aber total ab. Er hat gemeint, er wird seinen Töchtern schon ›die Wahrheit über ihre Mutter‹ sagen. Er hat auch gemeint, dass sie dann wahrscheinlich nicht mit mir leben werden wollen. Was soll ich tun? Er wird meine Bekanntschaft mit diesem Mann vollkommen anders darstellen, um unsere Töchter auf seine Seite zu ziehen. Soll ich unseren Töchtern auch ›die Wahrheit‹ über ihren Vater sagen? Von seinen Seitensprüngen wissen sie bisher nichts. Ich muss doch ein Gegengewicht setzen, sonst bin ich noch am Ende ›die Böse‹.«

Die Scheidung dieses Ehepaares könnte sich zu einem Hochkonfliktszenario auswachsen. Langjährig aufgestaute Kränkungen und Unzufriedenheit auf beiden Seiten der Partner, die chronische Vermittlung, dass der andere am »gemeinsamen Unglück« schuld sei, und eine auf Abwertung und Entwürdigung ausgerichtete alltägliche Umgangsmechanik haben ein hohes emotionales Schuldenkonto angehäuft.

Der in der Beziehungsdynamik vordergründig stärker wirkende männliche Beziehungspartner, der es sich lange Zeit leisten konnte, die Scheidungsdrohung als ultimatives Disziplinierungsmittel einzusetzen, wird nun dadurch, dass sich seine Frau von ihm zu emanzipieren beginnt, mit seiner eigenen Ohnmacht konfrontiert und reagiert mit rasender Wut. Diese Scheidung droht aus dem Ruder zu laufen, der Blickwinkel der betroffenen Kinder könnte hier völlig unter die Räder geraten.

Hier tut es not, die besonders beim Vater hochgefahrene Emotionalität einzufangen, zu verdeutlichen, dass neben dem persönlichen Schmerz, den der Paarkonflikt auslöst, die Ebene elterlicher Verantwortung den Kindern als den eigentlich Schutzbefohlenen gegenüber vorrangig ist. Beide Eltern müssen realisieren, dass sie im Begriff sind, ihre Kinder auf ein Schlachtfeld zu ziehen, auf dem diese zwangsläufig schwere seelische Wunden davontragen werden. Beide Eltern werden von ihren Kindern geliebt, beide Eltern werden von den Kindern benötigt.

Eine wechselseitige Diffamierungskampagne beschädigt, da die Mädchen von beiden Elternteilen Identitätsteile für ihr eigenes Selbstbild beziehen, in allererster Linie die Kinder selber in ihrem Selbstwert, ihrem Selbstvertrauen und der eigenen Fähigkeit, Beziehungen einmal selber beglückend und respektvoll gestalten zu können. Der in dieser Konstellation drohende Loyalitätskonflikt und eine eventuell situativ erzielbare »Fußtreue« gegenüber einem Elternteil würde die Energie der Kinder sträflich binden – Energie, die dem Kind zur eigenen Entwicklung zur Verfügung stehen sollte. Damit droht es zu einer Umkehr des Zuwendungsflusses zu kommen, indem die Kinder für das Bedürfnis der Eltern, über den anderen Elternteil zu triumphieren, instrumentalisiert werden, und nicht die Eltern die Bedürfnislandschaft ihrer Kinder begleiten und regulieren.

Vordringlich angezeigt wäre hier eine gemeinsame Beratung dieses Elternpaares, mit der Zielsetzung, den hochakuten Paarkonflikt von der elterlichen Verantwortung separieren zu lernen. Ist diese Einsicht etabliert und damit geklärt, dass das Aufrechnen etwaiger ehelicher Verfehlungen nicht Gegenstand der Scheidungsaufklärung der Kinder ist, könnte die Gesamtsituation für die Kinder eine unbelastetere weitere Entwicklung nehmen.

Doch wie ist die Frage dieser Mutter zu beantworten? Was, wenn mit ihrem Ehemann kein Einsehen zu einer gemeinsamen Beratung zu erzielen ist? Aus dem kindlichen Blickwinkel wäre zu diesem Zeitpunkt eine elterliche Beratung besonders wichtig. Allerdings ist es nicht möglich, sie zu diesem Zeitpunkt anzuordnen. Soll sie »ihre Wahrheit« als unvermeidbar nötiges Gegengewicht ihren Töchtern mitteilen?

Aus jahrzehntelanger Beobachtung der sich daraus für die Kinder ergebenden seelischen Zerreibungsthematik kann nur eindringlich davon abgeraten werden. Das Recht des Kindes, von der Austragung des elterlichen Paarkonflikts unbehelligt zu bleiben, sollte in den Kinderrechten verankert sein.

Eltern, die den anderen Elternteil diffamieren und abwerten, sägen am eigenen Ast. Intrigen, Versuche der Bestechung des Kindes und systematische Abwertung fallen, selbst wenn sie den Anschein erwecken, erfolgreich zu sein, immer auf den Ausführenden zurück. Mit einer dem Kind als hochabhängigem Organismus eigenen Fähigkeit zur Wahrnehmung fühlt das Kind letztendlich, wo es geliebt und wo es instrumentalisiert wird.

Es ist also das Gebot der Stunde, selbst wenn man es sich nur unter größter Selbstdisziplin abzuringen vermag, sich den Blickwinkel des Kindes zu vergegenwärtigen und sich jeder noch so verlockenden »Schmutzkübelkampagne« zu enthalten. Angriffe, Verleumdungen, unrichtige Sachverhaltsdarstellungen sollten sachlich zurückgewiesen werden, ohne mit einer Gegenindoktrinierung des Kindes gekoppelt zu werden. Für die Kinder hat dies den Stellenwert einer emotionalen Ruheinsel.

»Meine Frau und ich sind jetzt endgültig zur Überzeugung gekommen, dass wir gut daran tun, unsere Ehe aufzulösen. Wir haben zwei Söhne,

Ilias und Maximilian, im Alter von acht und fast zehn Jahren. Jetzt, wo wir mit der Sache endlich durch sind, geht es uns besser als noch vor ein paar Monaten, als wir heftige Konflikte hatten.

Wir haben wirklich vor, als Eltern zu kooperieren und uns die Verantwortung und die zeitliche Aufteilung nahezu 50:50 zu teilen. Wir glauben, dass dies auch für unsere Kinder eine neue Chance bedeutet, wenn uns das gelingt. Unser älterer Sohn ist sehr sensibel und hat in der Periode, bevor wir endgültig eingesehen haben, dass es keinen Sinn macht, weiterzumachen, ziemlich heftige Schlafstörungen und Alpträume gehabt.

Wir wollen es den Kindern gemeinsam sagen. Ich würde noch gerne den Vertrag für meine neue Wohnung in der Tasche haben, damit ich ihnen auch gleich real zeigen kann, wie wir die Situation neu gestalten wollen. Außerdem hat Maximilian in drei Wochen seinen zehnten Geburtstag, für den wir schon lange ein großes Fest mit seinen Schulkameraden bei uns im Garten geplant haben. Darauf freut er sich ganz besonders, und wir haben schon verschiedene Aktivitäten wie Bogenschießen und Grillen geplant. Meine Frau und ich sehen, da wir jetzt eigentlich so gut im Tagesablauf auskommen, keine Dringlichkeit, unbedingt noch vor seinem Geburtstag den Kindern die Veränderung bekanntzugeben. Auch wenn meine Frau und ich davon überzeugt sind, dass dies auch am besten für das Aufwachsen der Kinder ist, wird es ja doch ein Schock für sie sein. Ich glaube, Kinder wollen ja immer, dass ihre Eltern beisammen bleiben.

Meine Frau und ich sind uns einig und würden das gerne auch so machen, dass wir erst ein paar Tage nach seinem Geburtstag damit rauskommen. Die Schwierigkeit liegt bei meiner Schwiegermutter. Sie war immer sehr in die Versorgung der Enkel mit einbezogen, da meine Frau wieder relativ rasch in die Berufstätigkeit zurückgegangen ist. Sie meint, dass unser ›friedliches‹ Zusammenleben eine Farce sei. Sie drängt mich, sofort auszuziehen, und sei es zu meinen Eltern, und den Kindern sofort ›die Wahrheit‹ zu sagen. Sie hat gemeint, dass sie da nicht mehr zusehen will und sie das übernehmen wird, wenn wir es nicht unmittelbar tun.«

Dieses Elternpaar scheint mit seinem Scheidungskonflikt »durch«
zu sein. An Stelle eines von negativer Emotionalität belasteten All-
tags ist die »Ruhe« der Anerkennung des Sachverhalts der Trennung und sogar ein gewisser Optimismus, was die Zukunftsgestaltung als Elternpaar betrifft, getreten.

Diese positiven Grundvoraussetzungen eines Lebensmodells,
das sich dem als unausweichlich Erkannten konstruktiv und neu
gestaltend stellt, werden durch den angedrohten »Aktionismus«
der Großmutter der Kinder gefährdet. Eindeutig klarzustellen ist
hier, und diesen Schritt werden die Eltern im Sinne des Schutzes
ihrer Kinder wählen müssen, dass die Eröffnung der Scheidung
eine Angelegenheit ist, die gänzlich und alleine den Eltern ob-
liegt. Eine Information durch »wohlmeinende« Dritte bedeutet
immer, einen Vertrauenseinbruch bei den betroffenen Kindern
zu riskieren. Gefühle, hintergangen worden zu sein, es nicht
wert zu sein, informiert zu werden, und natürlich jede Form sich
daraus ergebender Spekulationen charakterisieren eine resultie-
rende nachfolgende Störung in der Eltern-Kind-Beziehung. Die
Großmutter hat als Überbringerin der Nachricht hier also nichts
zu suchen.

Wie sagen wir es unserem Kind?

* Idealerweise sind die Eltern zum Zeitpunkt der Bekanntgabe
  ihrer Scheidung mit dem Trennungskonflikt »durch«, das heißt es
  besteht zumindest eine beidseitige *Anerkennung* der Scheidungs-
  notwendigkeit.
* Wahl des richtigen Zeitpunkts (möglichst stressfrei, kein nachfolgender Termindruck, keine *besonderen* Tage).
* Wahl des richtigen Ortes (Sicherheit und Privatheit vermittelnd,
  keine öffentlichen Plätze, nicht im Auto oder auf Reisen).
* Beide Elternteile informieren *gemeinsam;* Zielsetzung ist es,
  den Kindern die Scheidung als gemeinsame Ultima Ratio –
  als letzte vernünftige Möglichkeit der Lösung einer für das gesamte Familiensystem nicht mehr tragbaren Konfliktsituation –
  zu vermitteln. Wichtig ist hierbei eine elterliche Haltung des

»verantworteten Scheiterns«, die einen lernoffenen, verbesserungswilligen Zugang für die Zukunftsgestaltung begründet, einzunehmen. *Kein Kind ist an der Scheidung der Eltern schuld.*

* Die *wichtigste Botschaft:* Die Liebe zum Partner bzw. zur Partnerin ist als beziehungsbegründendes Gefühl zu einem Ende gekommen, die Liebe zum Kind bleibt bei beiden Elternteilen ungebrochen erhalten.

* Welche Inhalte müssen nach dem Gespräch für die Kinder geklärt sein?

  ~ Werde ich bei beiden Elternteilen abwechselnd und gleichmäßig leben?

  ~ *Wer* ist der wegziehende Elternteil? Werde ich dort Raum für mich haben?

  ~ *Bei welchem* Elternteil werde ich meinen Lebensmittelpunkt haben? Wo werden wir leben? Werde ich weiter in meine Schule gehen und meine Freunde haben?

  ~ Bleiben meine Geschwister und ich zusammen?

  ~ *Wie* sind die Kontakte mit dem wegziehenden Elternteil geregelt?

6.

Wie reagieren Kinder
auf die Scheidung der Eltern?
Die ersten Stunden und die Zeit danach – Families in transition

»Mama und Papa haben mich und meinen jüngeren Bruder ins Wohnzimmer gerufen. Da war so eine arge Stimmung, dass ich sofort gewusst habe, dass irgendwas Schlimmes passiert sein musste. Dann haben sie gesagt, dass es nicht mehr so weitergeht, Papa ausziehen wird und sie sich scheiden lassen.

Ich habe mich ganz taub gefühlt, mein Körper war irgendwie ganz ›bamstig‹ und mein Mund ist auch ganz trocken geworden. Scheidung ist ja etwas ganz Schlimmes!

In der Schule haben wir einen Buben, der alle anderen immer schlägt und vor dem sich alle fürchten. Alle sagen, dass er so ist, weil sich seine Eltern scheiden haben lassen. Mein Kopf war ganz leer und ich habe gar nicht mehr richtig weiter zuhören können, obwohl sie dann noch ziemlich lange alles rundherum erklärt haben.

Mama und Papa waren beide sehr traurig dabei. Ich bin einfach ganz still da gesessen und habe nichts sagen können.« (Julia, 9 Jahre, über die Scheidungssituation ihrer Eltern vor zwei Jahren)

***

»Es war eh irgendwie schon lange abzusehen, dass sie es nicht weiter miteinander packen würden. Mein Vater hatte zu dem Zeitpunkt auch schon eine neue Freundin. Sie haben zwar deswegen nicht vor uns gestritten oder es erwähnt, aber ich bin doch nicht blöd.

Trotzdem habe ich, als sie es uns dann gesagt haben, dabei ein Gefühl gehabt, als würde mich einer mit dem Fuß in die Magengegend treten. Echt blöde, das hatte ich gar nicht erwartet, dass es mir dann doch etwas ausmachen würde. Der Zoff meiner Alten ist mir doch egal, habe ich immer gedacht, der nervt höchstens, wo ich doch meine Clique habe und

Vanessa echt zu mir steht. Ich habe dann einfach gar nichts gesagt und bin weggegangen.« (Thomas, 17 Jahre)

* * *

»Als mein Vater gesagt hat, dass sie sich scheiden lassen, bin ich total wütend auf meine Eltern geworden. Als ich die Woche davor mit meinem besten Freund Streit hatte, meinten sie, wir müssten das richtig ausreden und so aus der Welt schaffen – und dann gehen diese Arschlöcher her und lassen sich so einfach scheiden.

Ich war so zornig, dass ich sie beschimpft habe und in mein Zimmer gelaufen bin. Dort habe ich ganz laut ›meine Musik‹, die sie hassen, aufgedreht und alles auf meinem Schreibtisch zerlegt.« (Alexander, 13 Jahre)

* * *

»Ich habe nur schreckliche Angst gespürt, und dass mein Papa jetzt einfach weg sein wird. Mama war auch so traurig und Papa wütend, weil sie geweint hat.

Ich habe das alles nicht weiter ausgehalten und bin in mein Zimmer gelaufen. Dann habe ich ganz lange geweint. Mama ist zu mir gekommen und hat gesagt, dass es ihr so leid tut und sie das Ganze auch nicht will.« (Patrizia, 11 Jahre)

* * *

»Meine Mutter hat es mir auf dem Weg in die Schule im Auto gesagt. Eigentlich, nachdem ich sie gefragt habe, wann mein Vater wieder von seiner Geschäftsreise zurückkommen würde. Sie ist ziemlich über ihn hergezogen.

Ich war total wütend auf beide, dass die ihr Leben nicht auf die Reihe bekommen. Zuerst haben sie mir mit ihrer permanenten Streiterei jede tolle Situation, jeden Urlaub, jedes Familienfest versaut, weil meine Mutter immer geglaubt hat, dass mein Vater sie betrügt, und nie damit Ruhe war. Und dann verschwindet er irgendwann einfach und lässt sie und mich sitzen, ohne mir etwas zu sagen. Ich war so verdammt wütend, dass ich am liebsten aus dem Auto gesprungen wäre. Ich hasse sie beide. Ich habe dann einfach gesagt: ›Ist okay!‹, und bin bei der Schule ausge-

stiegen. Ich habe mich vor Wut den ganzen Tag nicht konzentrieren kön-
nen und die Mathe-Arbeit total verhaut.« (Bettina, 14 Jahre)

* * *

»*Ich bin sofort auf mein Zimmer gelaufen und habe von meiner Pinn-*
wand das Foto von meinen Eltern und mir vom letzten Urlaub in der Tür-
kei runtergenommen und auf mein Bett gelegt. Dann habe ich gebetet,
dass der liebe Gott machen soll, dass das alles nicht stimmt. Ich habe
dann später immer wieder gebetet, dass meine Eltern wieder zusam-
menkommen. Es hat nichts genützt. Später haben sie dann noch irrer ge-
stritten als zu der Zeit, in der wir noch alle zusammengelebt haben.

Es macht wahrscheinlich keinen Sinn, an einen lieben Gott zu glau-
ben.« (Georg, 9 Jahre)

Als Überbringer der schlechten Nachricht fürchten Eltern normalerweise nichts mehr als genau jenen Moment, in dem ihre Kinder die Konsequenzen der gemachten Eröffnung realisieren. Für
viele Eltern ist die Intensität des nachfolgenden Gefühlsaus-
bruchs der Gradmesser dafür, wie sehr sie ihr Kind verletzt und
durch die Situation beeinträchtigt erleben müssen.

Wenn Kinder also auf die Nachricht verhalten und äußerlich
gefasst reagieren, atmen Eltern oft auf und meinen, dass ihr Kind
weniger Erschütterung als befürchtet erleidet. Umgekehrt herrscht
bisweilen Enttäuschung darüber, wenn trotz guter Vorbereitung
und Abstimmung der Eltern untereinander das Kind mit rasender
Wut oder abgrundtiefer Verzweiflung reagiert.

Die richtige Einschätzung der ersten akuten Reaktion ist allerdings nicht immer einfach, ja bekommt bisweilen in der späteren
Analyse des Folgeverhaltens des Kindes eine ganz andere Bedeutung.

Der wütende Alexander löste bei seinen Eltern tiefe Betroffenheit und Besorgnis aus. In den auf die Nachricht folgenden Wochen machte er seinem Vater und seiner Mutter mit ausuferndem
Vandalismus und extremer Respektlosigkeit das Leben schwer.
Nachdem seine Eltern ihre blockierenden Schuldgefühle bearbei-

tet hatten und damit wieder fähig waren, ihre elterliche Führungsaufgabe zu übernehmen, konnte Alexander aber recht bald an seine gut ausgebildeten Bewältigungsstrategien Anschluss finden und die neue Lebenssituation gemeinsam mit seinen ausgezeichnet kooperierenden Eltern befriedigend gestalten lernen.

Dies gelang der einfach mit einem »ist okay« aus dem Wagen gestiegenen Bettina bei Weitem nicht so gut. In den Wochen, nachdem der Vater die Familie verlassen hatte, war sie völlig unauffällig, schien kein Bedürfnis mehr zu haben, über die Situation zu sprechen. Sie musste erst einen Selbstmordversuch unternehmen, um ihren Kummer Gestalt werden zu lassen.

Die bittere und ungeschminkte Wahrheit: Die Botschaft ist dramatisch, da sie eine für das Kind beängstigende Auflösung der bisherigen Lebensrealität bedeutet – erinnern wir uns an die Stressbelastungsskala von Holmes und Rahe. Dies gilt, egal wie die emotionale Erstreaktion unseres Kindes ausfällt – ob diese nun wütend oder voller Traurigkeit ist, still, kooperativ oder ob sie sogar Unberührtheit vorgibt. Der unmittelbare Ausdruck des Kindes wird von seinem persönlichen Temperament, seinem Lebensalter, den besonderen Umständen, der Vorgeschichte zur Scheidung und dem individuellen Kodex der Familie, wie Gefühl ausgedrückt werden darf, bestimmt.

Doch egal, welche primäre Reaktion das Kind setzt, Eltern müssen sich als Teil eines »verantworteten Scheiterns« im Klaren sein, dass hier eine tiefe Wunde entstanden ist, der Boden unter den Füßen ihres Kindes schwankt und es Unterstützung für die Bewältigung der neuen Lebensrealität braucht.

Eltern müssen wissen, dass es mit der Bekanntgabe der Scheidung nicht getan ist und die äußerlichen organisatorischen Veränderungen, die oft dazu bitter sind und möglicherweise mit schmerzlichen Gefühlen von Verlust von Gewohntem einhergehen, nicht eine Sprache sprechen, die hinreichend genug den Umbruch beschreibt.

Das Haus kann vom zurückbleibenden Elternteil nicht gehalten werden, der Verkauf muss in die Bahnen gebracht werden, eine Wohnung muss gefunden werden, das Vermögen aufgeteilt werden, Überlegungen zu einem eventuell notwendigen Schulwechsel werden nötig, der Gedanke, dass es vielleicht anstrebenswert wäre, die bisherige berufliche Teilzeitverpflichtung aufzustocken, bedrängt einen, die in vielen Bereichen unklare oder zumindest noch unerprobte Vereinbarungslandschaft mit dem Expartner bzw. der Expartnerin geistert beständig im Kopf herum und ist im schlimmsten Fall stark konfliktuös – mit anderen Worten: Die beteiligten Erwachsenen sind am Limit ihrer Belastbarkeit. Die Lebenskrise Scheidung führt sie an den äußersten Rand ihrer Lebenswelt – dorthin, wo man, als man noch der Überzeugung anhing, dass die Erde eine Scheibe wäre, vermutete, beim nächsten Schritt in einen ewigen Abgrund zu stürzen.

Trotzdem müssen all diese Veränderungen dem Kind in kindgerechter, altersadäquater Form nahegebracht werden und dürfen nicht einfach als für sich selbstredend stehen gelassen werden.

Der äußeren strukturellen Umgestaltung der Lebenswelt steht eine innere Umgestaltung gegenüber, in der es gilt, ein neues Gleichgewicht und letztendlich ein Sicherheits- und Geborgenheitsgefühl zu entwickeln, um in dieser Lebenskrise auch neue Chancen für eine befriedigendere Lebensgestaltung zu finden, als sie bisher möglich war. Denn auch wenn in dieser Phase des Umbruchs schmerzliche Gefühle die laute Vordergrundmusik bestimmen, so bedeutet doch die Entscheidung der Eltern zur Scheidung, dass im bisherigen gemeinsamen Musizieren zu viele Misstöne aufgetreten sind, um sinnvoll weitermachen zu können. Dieses »bessere Wissen« ist die Basis, von der aus Eltern verantwortlich ihre Kinder begleiten können.

Wie bei allen schweren Lebenskrisen durchläuft die Integration dieser uns aufgegebenen Lebensrealität verschiedene Stufen, hat also einen prozesshaften Charakter. Eltern sollten daher vor Augen haben, dass das Gefühlsleben ihrer Kinder durch unterschiedliche Phasen läuft: Starre, Verleugnung, Ohnmachtsgefühle, Wut, Traurigkeit, oftmals unberechtigte Schuldgefühle und letztendlich Akzeptanz der Situation und Beginn einer Neugestaltung.

Den Finger am Puls dieser emotionalen Veränderungen zu haben, dem Kind dafür ausreichend Raum zu geben, gegebenenfalls für entsprechende äußere Unterstützung im Rahmen von geeigneten Beratungsangeboten zu sorgen und nicht dem Kind »erwünschtes« Verhalten aus eigenen Überforderungsgefühlen heraus abzuverlangen, ist dabei die wesentlichste Aufgabe für Eltern.

Aber wie können wir als Eltern in einer Phase unseres Lebens, die uns selber Maximales abverlangt, ja viele von uns in einen Zustand von permanenter Aufregung, Gereiztheit oder bodenloser Enttäuschung versetzt, dieser Anforderung nachkommen? Gerade dann, wenn unser eigenes Gefühlsleben Salto schlägt, kann eine äußere Hilfsstruktur, ähnlich wie dies auch Rituale vermögen, hilfreich wirken. Stellen Sie sich also ganz konkret immer wieder zwei Fragen:

1. Hat mein Kind genügend Raum, um seine Gefühle in Form von Gesprächen mit seinen vertrauten Erwachsenen oder in einer anderen Form des Selbstausdrucks, sei es durch kreatives Gestalten, Zeichnen, Musik und Tanz oder auch Sport, Gestalt werden zu lassen?
2. Ist am Verhalten meines Kindes eine Entwicklung im vorherrschenden Gefühlsspektrum zu erkennen?

Wenn Sie bei der Beantwortung einer dieser Fragen ein inneres *Nein* bekommen, wenn zum Beispiel Ihr Kind das Gespräch verweigert und vorgibt, einfach zur Tagesordnung zurückzukehren, oder aber in einem Gefühlszustand »eingefroren« zu sein scheint und dieser die Kommunikation zwischen Ihnen und Ihrem Kind als Grundfärbung bestimmt, braucht Ihr Kind Hilfe.

Bettina oder der Mythos, dass die Scheidung der Eltern von Teenagern leicht verkraftet wird

Bettina, jene 14-Jährige, die erst über ihren Selbstmordversuch auf ihre innere Not aufmerksam machen konnte, war in den vier Monaten, die zwischen der sehr konfliktreich verlaufenden Trennung ihrer Eltern und ihrer Verzweiflungstat lagen, so »unauffällig« erschienen, dass es für ihre Mutter so aussah, als wäre sie von diesem Lebensumbruch vollkommen unbeeindruckt.

»Sie schien mir nicht wirklich berührt davon, dass ihr Vater einfach verschwunden war. Er ist ein echter Kotzbrocken, dazu stehe ich. Hat sich einfach auch bei ihr nicht mehr gerührt. Aber sie schien mir davon unbeeindruckt; die beiden hatten ja auch kein besonders gutes Verhältnis seit Beginn der Pubertät. Sie hat nur ein- oder zweimal gemeint, dass er ein A...loch wäre. Da waren wir uns allerdings einig. Das sehe ich ebenfalls so.

Sonst ging alles ganz normal weiter. Ich glaubte auch, sie ginge eh immer zur Schule. Dass sie die Schule vernachlässigte, war mir nicht klar. Aber wir haben überhaupt in dieser Zeit wenig miteinander gesprochen, und zu ihrem Vater, wie gesagt, außer diesen beiden Erwähnungen, überhaupt nicht.

Das schien mir irgendwie gegessen und auch gar nicht weiter nötig. Ich dachte, dass sie ja doch schon über das Alter hinaus wäre, wo das einem Kind noch etwas ausmacht. Sie hat ja schon ihren eigenen Freundeskreis. Sie schien mir einfach fertig mit ihm.«

In der Bettinas Selbstmordversuch nachfolgenden therapeutischen Arbeit entwarf sich ein ganz anderes Bild ihrer inneren Seelenlandschaft. Sie war tief betroffen von der völligen Abwendung ihres Vaters, die nicht nur die Mutter, sondern auch sie betraf. Dies umso mehr, als sie in ihren früheren Kindertagen einerseits eine intensive Bindung zu ihrem Vater aufgebaut hatte und andererseits bereits in ihrer Volksschulzeit in einer konspirativen Verstrickung mit ihm gegen die Mutter gestanden war.

Dies hatte sich erst geändert, als sie selber in die Pubertät kam, der Vater zunehmend offen seine außerehelichen Verbindungen lebte und Bettina begann, beiden Eltern gegenüber respektloses Verhalten zu zeigen.

»Wie hätte ich die beiden noch ernst nehmen können? Permanent Zoff und Streit, aber nie eine Lösung. Und dann hat mir mein Vater auch

noch immer die Ohren vollgeheult, dass meine Mutter eine Irre wäre. Ich glaube, ich habe mich als Kind geschmeichelt gefühlt, weil er mich ins Vertrauen gezogen hat; wir haben oft über sie gesprochen. Dann habe ich mich sehr erwachsen und ernst genommen gefühlt, aber es hat sich auch irgendwie falsch angefühlt und mir Schuldgefühle gemacht.

Mein Vater war immer sehr nett zu mir als Kind. Als ich dann in der Pubertät war, hat er mir auch noch erzählt, dass er mit meiner Mutter im Bett nicht zurechtkäme. Ich wollte das aber alles nicht mehr wissen; das war mir irre peinlich. Wenn man selber schon weiß, was Sex ist, und dann die Story der eigenen Eltern vom Vater präsentiert bekommt, ist das irgendwie abartig, finde ich.

Ich habe mich immer mehr zurückgezogen, war nur mehr sauer und habe echt eine Stinkwut im Bauch gehabt – auf beide dann. Sie haben es auf die Pubertät geschoben und gemeint, dass ich mich zusammenrei-ßen soll; es gäbe schon Stunk genug. Da waren sie sich immer einig.

Als er dann so einfach verschwunden ist, war ich so wütend, so wü-tend, dass ich am liebsten auf ihn eingeprügelt hätte, wenn er doch auf-getaucht wäre – aber auch total traurig. Er hat mir so gefehlt. Ich habe mich gar nicht mehr ausgekannt. Wie kann man jemanden so hassen und dabei so Sehnsucht nach ihm haben? Und so elend traurig sein, dass es dich in deinem ganzen Körper schmerzt.

Meiner Mutter hätte ich das doch nicht sagen können. Die schäumte sowieso die ganze Zeit vor Wut, war immer total gereizt und am Kippen – und musste zudem schauen, wie sie es schaffen sollte, uns zu erhalten. Die hat sowieso nicht bemerkt, wie es mir ging, war viel zu sehr mit ihrem eigenen Chaos beschäftigt.

Ich habe mich einfach innerlich steif gemacht, so getan, als ob alles easy wäre und es mich gar nicht mehr beträfe. Ich wollte auch nicht nach Hause. Ich habe mir immer gesagt: Was soll's, deine Alten haben ihr Leben in den Sand gesetzt, dein Vater ist ein Arsch und will nichts mehr von dir wissen und du musst das jetzt noch ein paar Jahre aushalten. Dann kannst du gehen und endlich die ganze Scheiße hinter dir lassen. Aber die Deprimiertheit hat wie eine zähe Paste an mir geklebt.

Ich habe das niemandem erzählen können. Auch nicht meinen Freundinnen. Da sind auch welche dabei, deren Eltern geschieden sind, *aber nicht so irre wie meine. Das versteht doch keine. Bei uns ist immer alles anders und extrem gewesen. Die sehen ihre Väter regelmäßig oder wohnen sogar zeitweise bei ihnen, und die Eltern kommen irgendwie ohne weiteren Streit mit der Situation zurecht. Das ist ja dann doch der Sinn einer Scheidung, dass es nachher besser ist – oder?«*

Es ist leicht nachvollziehbar, dass in dieser mit jahrelang brodelnder Explosivität gefüllten Situation und dem dazu passenden unreifen Trennungsmodus der Eltern kein Platz für Bettinas Gefühle ist. Bettina findet sich allein gelassen in ihrem Prozess der Verarbeitung und friert sich stattdessen in eine äußerliche Haltung von Unberührtheit ein, bis ihr in dieser Scharade die Kraft ausgeht.

Wenngleich es ihrer Mutter als einer der Hauptprotagonisten nach diesem zehrenden jahrelangen Vorscheidungskonflikt bedingt durch ihre eigene emotionale wie organisatorische Überforderung nicht möglich war, für Bettina selber eine entsprechende Prozessbegleiterin für ihre emotionale Integration zu sein, hätte sie auf beide der oben genannten Fragestellungen mit einem sehr konkreten *Nein* antworten müssen und daraus ableitend einen entsprechenden Handlungsbedarf erkennen können.

Alexander oder der Mythos, dass die Wut des Kindes ein Zeichen unserer Schuld wäre

Alexander reagiert auf die Ankündigung der Scheidung seiner Eltern mit einem überschäumenden Wutausbruch. Die Eltern sind darüber zwar sehr betroffen, doch sehen sie darin, dass er sich in seinem Zimmer einschließt, Heavy Metal bis an die Belastbarkeitsgrenze seiner Stereoboxen durchs Haus dröhnen lässt und das Inventar auf seinem Schreibtisch zerlegt, eine nachvollziehbare Reaktion.

Beide Elternteile sind überaus gebildet, intellektuell, können sich präzise verbalisieren und trennen sich nach einem vorausgegangenen Einsichtsprozess in bestem Einvernehmen, das Wohl ihres Kindes als Leuchtfeuer für ihr weiteres Tun vor Augen. Sein Vater wird das sehr verlockende Angebot einer Gastdozentur in den

Vereinigten Staaten nicht annehmen und weiter als Professor an der heimischen Universität arbeiten, um für den Sohn verfügbar zu sein. Die Mutter, eine internationale Personalberaterin, zeigt sich ihrerseits in jeder anfallenden Fragestellung, die den Sohn und seinen Zugang zum Vater betrifft, äußerst kooperationsbereit. Wenn die beiden angesichts des emotionalen Ausbruchs des Sohnes etwas wirklich bestürzt, so sind das die Zweifel, ob sie das Gespräch mit dem Sohn ausreichend gut vorbereitet haben, obwohl sie dazu bereits im Vorfeld fachliche Beratung aufgesucht hatten und sich genau an die diskutierten Abläufe gehalten haben.

Monate verstreichen, der Vater ist in eine neue Wohnung umgezogen, die Mutter im gemeinsamen Haus geblieben, das, um Alexander seinen gewohnten Lebensraum zu erhalten, vorderhand für die nächsten Jahre im Rahmen der Vermögensaufteilung ausgenommen wurde. Beide Eltern haben sich selbstverständlich auf die gemeinsame Obsorge geeinigt, eine grundsätzliche Zeitverteilung vereinbart und sich darüber hinaus als sehr flexibel und kooperativ erwiesen, sachlich begründeten Abweichungen vom vereinbarten Betreuungsschema sowie speziellen Wünschen vonseiten ihres Sohnes zu entsprechen. Der Austausch zu Belangen rund um den Sohn wird monatlich im Rahmen einer Verabredung zu einem gemeinsamen Mittagessen gepflegt, dazwischen gibt es Mailverkehr. Schulveranstaltungen und Familienfeste werden weiterhin gemeinsam besucht, neue Partnerschaften sind für beide Elternteile, da sie als mögliche Belastung für ihren Sohn eingestuft werden, nicht aktiv angestrebt.

»Wir sind uns bewusst, dass wir Alexanders Lebenswelt vollkommen umgekrempelt haben und er jetzt Zeit und unsere Unterstützung braucht, damit sein innerer Kompass wieder einen sicheren Norden finden kann.«

Doch Alexander macht seinen Eltern Sorgen. Seine wütende Erstreaktion hat sich zu einer Dauerhaltung von Aggressivität und Respektlosigkeit ausgewachsen. Er verweigert jede Mithilfe im Haushalt, beschimpft beide Eltern aufs Gröbste, geht äußerst nachlässig mit seinen persönlichen Gegenständen wie auch dem Inventar der unterschiedlichen Lebensräume seiner Eltern um und macht ihnen beständig Vorwürfe, sein Leben zerstört zu haben.

Betrachten die Eltern die Entwicklung seiner Wut und Respektlosigkeit, so müssen sie zugeben, dass seine Provokationen beständig an Intensität zunehmen. Beide Elternteile fühlen sich zunehmend in seiner Gegenwart unsicher, angespannt, bisweilen sogar ängstlich und seinen Angriffen verteidigungslos ausgesetzt – und beide Elternteile tappen in »die Schuldfalle«.

Gleichzeitig ist Alexanders Eltern klar, dass der Prozess ihres Sohnes, die Annahme und Gestaltung der neuen Lebensrealität betreffend, ganz im Unterschied zu ihrem eigenen ins Stocken geraten ist, ja sogar in einer Wutfixierung eingefroren scheint. Das *Nein*, das sie im Zusammenhang mit den beiden obigen Fragestellungen erkennen können, alarmiert sie und führt dazu, dass sie Beratung aufsuchen.

Erst während dieser wird beiden klar, dass Alexander ihnen ihre eigenen ungelösten Schuldgefühle spiegelt – über sein sie in Verzweiflung bringendes Verhalten. Das Verhalten seiner Eltern verwirrt ihn zutiefst. Einerseits stehen seine Eltern zu dem Schritt der Scheidung, nachdem sie in ihrer Beziehung eine tiefe Entfremdung erlitten haben und bereits seit einem halben Jahrzehnt nur mehr wie Bruder und Schwester zusammenleben. Andererseits fühlen sich beide von enormen Schuldgefühlen bis hin zur Selbstanklage geplagt, weil sie das Auseinanderdriften der Beziehung nicht aufhalten konnten und damit ihrem Sohn die Familie raubten.

»Wir sind daran schuld, dass Alexander nun in einer geteilten Familie aufwachsen muss. Wir haben uns nicht ausreichend um unsere Beziehung gekümmert, als es vielleicht noch möglich gewesen wäre, sie wieder als Mann-Frau-Beziehung aufzusetzen. Wir haben das beide einfach so hingenommen, haben es verleugnet, auf den Job, die Karriere, die Anforderungen rund ums Kind geschoben – und schließlich sind wir irgendwann zu weit weg voneinander gewesen.

In den letzten drei Jahren haben wir dann einfach noch so weiter ge-
macht, aber es war alles irgendwie künstlich, wie zwei Geschäftsfreunde,
die ein gemeinsames Projekt leiten. Da haben wir gemeint, und uns auch
dazu beraten lassen, dass diese Paarbeziehung auch kein wirklich gutes
Rollenmodell für Alexander ist. Wir hatten nie Streit, doch es war alles
nur höflich und unterkühlt. Aber das Ganze ist und bleibt unsere Schuld.«

Im Verlauf der Beratung von Alexanders Eltern wird es zum wesentlichsten Dreh- und Angelpunkt einer Veränderung, ihre Fixierung auf ihre Schuld hin zu einer Haltung des »verantworteten
Scheiterns« zu entwickeln. Ihre Schuldgefühle haben sich bisher
in Form einer »Bußbereitschaft« als Unmöglichkeit, ihrem Sohn
und seinen ungerechtfertigten Angriffen entgegenzutreten, manifestiert und damit gleichzeitig Alexander zutiefst verwirrt. Die ge-
fügte und seinen Bedürfnissen entgegenkommende neue Lebenssituation, in der die Eltern kooperativ ihre jeweilige Liebe zu ihrem
Kind leben können, ohne weiter die Farce einer funktionierenden
Paarbeziehung aufrechterhalten zu müssen, wird von ihren gleich-
zeitigen Schuldgefühlen überschattet und widerspricht so in ihrer
emotionalen Botschaft der gelebten Alltagsrealität.

Alexander quittierte dies mit einer Fixierung auf seine Wut.
Erst mit diesem Paradigmenwechsel wurde es Alexanders Eltern
nachfolgend möglich, ihrem Sohn die entsprechenden Grenzen
sozialen Verhaltens zu verdeutlichen und erfolgreich dafür einzutreten. Alexander seinerseits konnte im Gegenzug über das in seiner Botschaft nun eindeutige Erziehungsverhalten seiner Eltern
in seinem eigenen Prozess der Bewältigung des Lebensphasenwechsels mit seinen grundsätzlich sehr gut ausgebildeten Copingstrategien anschließen.

Julia oder der Mythos, dass »unauffällige Kinder« die Scheidung ihrer Eltern besser verkraften

Julia begegne ich zwei Jahre nach der Scheidung ihrer Eltern in
der Therapie. Nach Berichten ihrer Mutter, bei der sie ihren Lebensmittelpunkt hat, hat Julia die Scheidung ihrer Eltern sehr gut

verkraftet. Schon zum Zeitpunkt der Bekanntgabe hätte sie sehr vernünftig reagiert. Julia hat weder größere Gefühlsausbrüche an den Tag gelegt, noch wütend oder mit sonst einer belastenden Verhaltensauffälligkeit reagiert. Ehrlich gesagt, war ihre Mutter, die sich selber als eher wenig belastbar beschreibt, von dieser »Erwachsenheit« ihrer Tochter auch sehr angetan.

Die Scheidung vom Kindesvater war zwar auch von Julias Mutter als die richtige Lösung angestrebt gewesen für die verfahrene Situation, in der sich die zehnjährige Beziehung befand, doch Julias Bruder war zum damaligen Zeitpunkt erst drei Jahre alt, und die neue Situation erforderte, dass Julias Mutter, die bisher nur einer Teilzeittätigkeit nachgegangen war, wieder vollzeitig ins Berufsleben einsteigen musste. Eine »pflegeleichte« Tochter war also neben dem stark regressiv reagierenden kleinen Sohn, der seine bereits gewonnene Sauberkeit für mehr als ein Jahr wieder aufgab und in der Anfangszeit nach der Trennung der elterlichen Haushalte kaum durchschlief, eine enorme Entlastung.

Julia entwickelte sich, in der Rückschau der Mutter, zu einer zuverlässigen Partnerin, um Stromschnellen des Alltagslebens besser bewältigen zu können. Sie übernahm den Bruder zum Spielen, wenn ihre Mutter zu erschöpft war, und schien auch in vielen Belangen der eigenen Organisation weitaus reifer und ernster als ihre Altersgenossinnen. An den Wochenenden, die die Kinder beim Vater zubrachten, kümmerte sie sich um den kleinen Bruder, der immer wieder über Heimweh nach der Mama klagte, und dolmetschte seine Bedürfnisse dem Vater.

Doch all das hat seinen Preis. Mir sitzt in Gestalt von Julia ein altkluges, von ihren Altersgenossinnen und Schulfreundinnen gemiedenes, extrem übergewichtiges Kind gegenüber, ein Kind, dessen Gewicht ein Hilfeschrei ist.

Julia hat ihr Kindsein verfrüht aufgegeben und ihrem eigenen emotionalen Prozess, der für die letztendliche Akzeptanz der neuen Lebenssituation notwendig ist, keinen Raum geben können. Stattdessen entstand, entsprechend dem von ihr erlebten Druck der Umgebungsumstände, eine kleine Erwachsene, die gezwungen war, die Stufen der Integration ihrer eigenen Gefühle zu überspringen.

Jetzt hatte der Kinderarzt angesichts Julias enormen Übergewichts Alarm geschlagen und auf die Möglichkeit einer seelischen Komponente hingewiesen. Die Klagen der klassenführenden Pädagogin, dass Julia mit ihrem besserwisserischen Verhalten, das ihr nicht aufzufallen schien, immer mehr an den Rand der Klassengemeinschaft geriet, waren dann der noch nötige Anstoß zur Therapie.

Für Julia ging es in der Folge darum, sie aus ihrer Überforderung zu entlassen, die sich aus der selbst gegebenen und von der Mutter unterstützten Rolle ergeben hatte. Julias Mutter schrieb sich gemeinsam mit ihr in einen Zumba-Tanzkurs ein. Julia wurde im Einvernehmen mit den Eltern einer speziellen Gruppentherapie für Kinder, die mit Verlusterlebnissen zurechtkommen müssen, zugewiesen. Im Schutz dieser Gruppe und der strukturierten Übungen, die in hohem Ausmaß kreatives Gestalten nutzten, um ihr zu Gefühlsausdruck zu verhelfen, gelang es Julia, ihre eingefrorene Haltung aufzugeben und letztendlich, nach Gestaltwerdung ihrer Traurigkeit und einem Konglomerat von eigenen Schuldgefühlen und Wut, zu einer emotional integrierten Akzeptanz der Scheidung ihrer Eltern zu gelangen. Ihre Gewichtsprobleme verbesserten sich dabei und sie erlangte als wesentlichsten Indikator, bedingt durch die Aufgabe ihres altklugen Verhaltens, eine intensive Verbesserung der sozialen Integration in ihrer Klasse.

Auch Julias Geschichte ist ein Beispiel dafür, dass jedes von einer Scheidung der Eltern betroffene Kind entsprechenden Raum und entsprechende Möglichkeiten für das stufenweise emotionale Durchlaufen dieses krisenhaften Prozesses des Verlusts der gewohnten Lebensrealität benötigt, um letztendlich in einer stabilen Akzeptanz ankommen zu können, die die Voraussetzung dafür bildet, die neuen Chancen, die mit der Veränderung der Lebenssituation einhergehen, erkennen und gestalten zu können.

Wie reagieren Kinder auf die Scheidung der Eltern?
Die ersten Stunden und die Zeit danach – Families in transition

* Die Scheidung der Eltern ist als krisenhafter Lebenseinschnitt zu sehen, der einen nachfolgenden, stufenweisen emotionalen Integrationsprozess benötigt, um zu einer emotional beruhigten Anerkennung zu gelangen, die die Voraussetzung dafür ist, die mit der Lebensveränderung einhergehenden neuen Chancen nützen zu können.

* Dabei wird ein Spektrum von Starre und Verleugnung, Wut, Traurigkeit sowie möglichen Schuldgefühlen durchlaufen, dem der notwendige Raum gegeben sein muss.

* Intensität, Dauer und Ausdruck der einzelnen Phasen variieren je nach persönlichem Temperament, Lebensalter und situativen Gegebenheiten der Familie deutlich.

* Wesentlich bleibt, dass Kinder die grundsätzliche Möglichkeit eines persönlichen Ausdrucks ihrer Gefühle erleben können.

* Häufig fällt es den beteiligten Erwachsenen auf Basis des eigenen krisenhaften Erlebens der Situation schwer, die notwendige Präsenz für die emotionale Situation ihres Kindes aufzubringen.

* Zwei orientierende Fragestellungen vermögen eine Handlungsnotwendigkeit zu erheben:

  ~ Hat mein Kind genügend Raum, um seine Gefühle in Form von Gesprächen mit seinen vertrauten Erwachsenen oder in einer anderen Form des Selbstausdrucks, sei es durch kreatives Gestalten, Zeichnen, Musik und Tanz oder auch Sport, Gestalt werden zu lassen?

  ~ Ist am Verhalten meines Kindes eine Entwicklung im vorherrschenden Gefühlsspektrum zu erkennen?

  Muss eine der beiden Fragen mit *Nein* beantwortet werden, so ist konkreter Beratungsbedarf gegeben.

7.

Was bedeutet die Scheidung der Eltern für unterschiedliche kindliche Altersgruppen?

Unsere Haltung zu Kindern, unser Konzept von dem, was es heißt, ein Kind zu sein, was von ihm zu erwarten ist, was es verstehen kann, was ihm zumutbar erscheint und was es zu einem gesunden Aufwachsen braucht, hat sich als Gesellschaft, wagt man einen kulturhistorischen Blick auf das Thema Kindheit, stark verändert. Niemand sieht heute noch in einem Kind einen unfertigen kleinen Erwachsenen. Die Abbildungen von Miniatur-Infanten, die in ihren steifen Roben und ernsten Blicken eine seltsame Befremdung beim heutigen Betrachter auslösen, geben noch Zeugnis von diesem Bild vom Kind.

Kindheit wird im heutigen Verständnis als eine eigenständige Periode unseres Lebens mit spezifischen Entwicklungs- und Reifungsaufgaben gesehen. Die Forschungen von Psychologie, Sozialpsychologie und den in den letzten Jahren unseren Erkenntnisstand enorm erweiternden Neurowissenschaften demonstrieren und illustrieren sehr eindeutig, dass Kindheit als eine weichenstellende Periode unseres Lebens angesprochen werden muss, die von sorgfältigem Umgang und Begleitung profitiert. Dabei ist es das zentrale Anliegen, Bemühungen zu setzen, die sich auf das Verstehen des Kindes richten – darauf, wie das Kind auf Basis seiner aktuellen Entwicklungssituation die Welt um sich herum begreift –, um ihm in seiner Potenzialentwicklung von Eltern- und Betreuerseite her entsprechend entgegenkommen zu können.

Familie ist der Nährboden für die Entwicklung der in den Kindern schlummernden Talente und Potenziale. Unsere Kinder- und Spielstuben entscheiden durch ihr erzieherisches Klima, das Vorhandensein oder aber Fehlen einer empathischen Grundhaltung den Bedürfnissen der ihnen anvertrauten Kinder gegenüber nicht unwesentlich das Gesicht unserer Zukunftsgesellschaft.

Kann also irgendjemand ernsthaft der Meinung sein, dass ein so einschneidendes Erlebnis wie die Scheidung der Eltern, das den gewohnten Lebenskontext mit seinen Selbstverständlichkeiten und Verbindlichkeiten vollkommen verändert – und das bedauerlicherweise, wie zahlreiche Fälle demonstrieren, mit einer drastischen Einschränkung, wenn nicht sogar dem Verlust des Kontakts zu einem Elternteil einhergehen kann –, nicht auch unterschiedliche Auswirkungen in den verschiedenen Lebens- und damit Entwicklungsaltern hat?

Die sich dem Lebensalter entsprechend verändernde Bedürfnislandschaft, das erst heranwachsende Selbstbild und das sich gerade erst entwickelnde Weltbild werden von der Herausforderung der Scheidung der Eltern je nach Lebensalter des Kindes auf der Achse von 0 bis 18 Jahren in sehr verschiedener Form belastet. Dem Kind wiederum steht ein sehr unterschiedliches, grob lebensaltersabhängiges Instrumentarium zur Verfügung, um mit dieser Aufgabe erfolgreich zurechtzukommen.

Eltern in Scheidung bewegt natürlich aus einer grundsätzlichen Ahnung heraus, dass dem Lebensalter ihres Kindes eine wesentliche Bedeutung für die Bewältigung der Situation zukommt, die Frage: Was bedeutet gerade dieser Zeitpunkt unserer Scheidung für unser Kind?

Bekommt ein Säugling wirklich nichts davon mit und ist es zum Beispiel in diesem Lebensalter vielleicht grundsätzlich besser, dass der Vater aus dem Leben des Kindes verschwindet?

Ist die schwierigste Zeit einer Scheidung jene, in der Kinder gerade die Volksschule besuchen, weil sie schon sehr deutlich ihre eigenen Überlegungen tätigen und ihre Meinungen kundgeben, jedoch logischen Argumenten gegenüber oft noch verschlossen bleiben?

Kann man dann im Teenageralter aufatmen und sich getrost scheiden lassen und in dieser emotional so aufreibenden Periode der eigenen Scheidung seine Energien für sich selber einsetzen, da es den jugendlichen Kindern sowieso schon egal ist, was die Eltern machen, weil sie ihre eigenen Bezugsgruppen haben und höchstens froh darüber sind, nicht mehr mit den streitenden Eltern gemeinsam in den Urlaub fahren zu müssen?

Fundiertes Wissen zu den Entwicklungsphasen und ihren Aufgaben sowie zu den Funktionen, die Eltern und Familie einnehmen müssen, damit das Kind einen entsprechenden Entwicklungsrahmen und Halt vorfindet, belehrt uns in vielen Punkten eines Besseren.

Sich drei Fragen zu diesem Thema zu stellen, mag für Eltern dabei hilfreich sein:

* Was sind die Entwicklungsziele jener Lebensphase, in der sich mein Kind gerade befindet?
* Läuft der Modus unserer Scheidung diesen Entwicklungszielen entgegen? Wenn ja, in welcher Weise?
* Zeigt mein Kind irgendwelche Anzeichen von Stress? (Bei Säuglingen und Kleinkindern: Zunahme von Weinen und Schreien, Veränderungen im Schlafmuster, Verdauungsprobleme, Appetitverlust?)

Die erste Frage dient der Bewusstmachung der eigentlichen Entwicklungsaufgabe, in der das Kind sich gerade zum Zeitpunkt der Konfrontation mit dem Lebenseinschnitt der Scheidung der Eltern befindet. Vielen Eltern ist zum Beispiel nicht unbedingt klar, dass das große Thema des Säuglingsalters »Vertrauen in die Welt finden« ist und Vorschulkinder noch in einem magisch-mystischen Erklärungskontinuum der Welt leben, in dem erste, noch wenig der Logik verpflichtete Konzeptionen zu dem Raum außerhalb der Familie getätigt werden.

Wird eine der beiden weiteren Fragen mit Ja beantwortet, so empfiehlt es sich, entsprechende Beratung aufzusuchen.

Säuglinge und Kleinkindalter –
Ein Leben beginnt

»Mama ist traurig, das heißt, ich bin auch traurig. Sie singt dieses spezielle Lied nicht mehr, das mich so ruhig werden lässt und dieses herrliche Geborgenheitsgefühl vermittelt. Irgendetwas hat sich auch an der Art, wie sie mich hält oder mir die Windel wechselt, verändert. Sie sieht mich oft nicht wirklich dabei an, ist ganz in sich gekehrt und manchmal sogar ungeschickt. Dann fühle ich mich ganz elend und allein.

Wo ist Dada? Ich höre seine tiefe Stimme, die so fein in mir nachschwingt, gar nicht mehr. Er hebt mich auch nicht mehr hoch oder wirft mich in die Luft. Ich bin schon so lange nicht auf seiner breiten Brust gelegen und dabei eingeschlafen. Er kommt nicht.

Ich schreie jetzt viel mehr. Ich mag auch nicht in meinem Bettchen liegen. Mama hat zu Oma gesagt, dass ich jetzt dauernd unter Blähungen leide. Was passiert nur?« (So könnte Markus, 6 Monate, schreiben.)

Was in diesem Alter Sache ist

Das erste Lächeln, das erste Wort, das wir meinen, aus dem Gebrabbel unseres Kindes zu erkennen, die ersten Schritte – magische Momente der Eltern-Kind-Beziehung. Nichts scheint weniger zu dieser frühen Phase der Familie zu passen als eine Scheidung. Wir können uns diese erste Zeit am allerschlechtesten als Alleinerzieherszenario vorstellen – und haben, man ist geneigt es als einen Versuch eines Trostpflasters zu sehen, den Mythos geschaffen, dass Säuglinge und Kleinkinder bis etwa drei Jahre die Trennung/Scheidung ihrer Eltern nicht mitbekommen würden.

Haltbar ist diese Mär vonseiten der Datenlage her ganz sicher nicht, aber verbal mitteilen können es uns die betroffenen Kinder ebenfalls nicht. Die beteiligten Erwachsenen versuchen sich mit Aussagen wie den folgenden zu beruhigen:

»Markus ist mit seinen sechs Monaten doch noch viel zu jung, um überhaupt verstehen zu können, was geschieht.«

»Er wird sich an die Scheidung der Eltern gar nicht erinnern.«

»Sein Vater wird ihm nie fehlen, er hat ihn ja kaum kennengelernt.«

Doch Säuglinge und Kleinkinder nehmen viel mehr um sich herum wahr, als wir noch vor einem Jahrzehnt vermutet hätten. Sich heute hinter den oben genannten Aussagen verstecken zu wollen, gleicht einem Vogel-Strauß-Gehabe par excellence. Faktum ist vielmehr, dass bereits Säuglinge alles um sich herum und jede substanzielle Veränderung im Besonderen wahrnehmen. Das macht Sinn, wenn man in den Dimensionen und Erkenntnissen von Evolutionsbiologie und Neurowissenschaften denkt. Säuglinge kommen höchst unreif und mit einer Art »Vorprogrammierung« zur Welt, um auf die Reize ihrer jeweiligen Umgebung antworten und mit ihrem Umgebungsfeld bereits im allerersten Abschnitt ihres Lebens sinnvoll in Interaktion treten zu können. Dies bewirkt, dass sie sich auf jene Menschen ihrer unmittelbaren Umgebung, die ihre Bezugspersonen sind, einstellen, kalibrieren.

In diesen frühen Abschnitten des Lebens werden die ersten tiefen Grundprogramme unseres inneren Betriebssystems geschrieben, die erste Ausformung dessen entwickelt, was später ein Weltbild sein wird. Dabei geht es nicht um kognitive Kategorien, sondern darum, ob die Welt als ein zuverlässiger und sicherer Ort eingeschätzt werden kann, in dem wir uns dann etwas später frei explorierend bewegen werden, und darum, wie erwünscht wir uns in dieser Welt fühlen, welchen Selbstwert, welches Selbstbild wir entwickeln werden.

Die »Moderation« dieser »Welterkenntnis« und unserer erlebten Positionierung liegt in den ersten Erfahrungen, die wir machen, in unserem frühen Erleben des Umgangs mit uns. Die moderne Wissenschaft hat diesen »Umgang mit uns«, also den »Umgang der Betreuungsperson mit dem Säugling« in seine kleinsten Einheiten zerlegt und diese mit dem genauso klingenden wie Verwirrung stiftenden Begriff der »reziproken-koregulativen-affektiven Kommunikationseinheiten« belegt.

Worum handelt es sich dabei und warum ist dies für unser Thema so interessant? Genau hingeblickt, verbirgt sich hinter der monströsen Wortschöpfung etwas jedem Menschen Vertrautes: die aufmerksame, empathische Hinwendung zum Kind, die Bereitschaft, in einen »Dialog« miteinander zu treten. Gemeint sind das Wiegen, Schmusen, Knuddeln, gemeinsames Gurren oder Babybrabbeln, das Auffangen und Rückspiegeln des Blicks oder des Lächelns, das Kitzeln und Vorsingen und noch viele, viele Gesten, Töne, Berührungen mehr, die wir in enger Abstimmung mit dem Kind, in der uns und unserem Kind jeweils ganz individuellen Eigenheit unserer Persönlichkeiten als gemeinsamen verbindenden Kommunikationsstrom entwickeln, der unserem Kind bis hinein in die Art des Aufbaus seiner synaptischen Verschaltungen genau folgende Botschaft vermitteln soll: Die Welt ist ein guter, ein zuverlässiger, ein sicherer Ort, und du bist erwünscht.

Wer hier noch meint, dass das Wegfallen einer bisherigen Bezugsperson von einem Säugling nicht wahrgenommen wird und zu keiner Irritation führt, unterschätzt die Evolution im Allgemeinen und sein Kind im Besonderen, und zwar in fataler Weise.

Das Kleinkindalter wiederum hält ganz besondere Freuden und Herausforderungen bereit – Kleinkinder sind eben nicht einfach größere Babys. Kleinkinder sind geborene Entdecker und Experimentatoren, die an Ausdauer und Intensität sowie an Bereitschaft zur persönlichen Hingabe, oft unter bereitwilliger Vernachlässigung der eigenen Sicherheit, jeden habilitierten Wissenschaftler in die Tasche stecken. Hat das Kleinkind in seiner Säuglingsperiode die Möglichkeit gehabt, genügend Vertrauen in die Sicherheit, Konstanz und emotionale Zuverlässigkeit seiner Umgebung zu entwickeln, so wird nun der Fokus und Handlungsradius laufend erweitert. Die Natur der Dinge muss in und mit allen Sinnesmodalitäten unermüdlich erforscht und überprüft werden. Der hemmungslosen Erforschung der Gravitation, der ungerührt alle in Reichweite gelangenden Objekte geopfert werden, folgt ein Aktivitätsreigen aus Werfen, Zerreißen, Annagen, Lutschen, Zerren, Beklettern und welche weitere Annäherungsweise auch immer geeignet erscheint, um sich der »Natur der Dinge« erstmals »begreifend« nähern zu können. Voraussetzungen für diesen – mit heroischen Selbstversuchen wie »Erde aus Blumentöpfen zu essen« begleiteten – Ritt durch das sich anbietende Universum sind das Vertrauen und die Sicherheit, dass die liebenden und schützenden Eltern und Betreuungspersonen in Reichweite sind. Dies ist auch die Basis für ein erstes Gefühl von aufkeimender Autonomie, das dem Kleinkind zuerst das Wegkrabbeln und dann etwas später das Losmarschieren in den zu explorierenden Raum ermöglicht.

In der emotionalen Entwicklung erleben Kleinkinder bereits eine von den Eltern und nahen Bezugspersonen getrennte eigenständige Gefühlswelt, die nicht mehr wie beim jungen Säugling in Konfluenz an die Mutter, den Vater oder die nächste Bezugsperson angekoppelt ist. Ein Kleinkind vermag ganz aus sich selbst heraus und ausgelöst durch eine für das Kind unbefriedigende Situation in der Umgebung in heftige Wut zu verfallen.

Der Gefühlsausdruck ist beim Kleinkind noch wenig »getuned«, verhält sich also nicht unbedingt proportional zum Auslöser, sondern ist oft fulminant. Der ganze Körper tritt in Resonanz und produziert eine ganzheitliche Reaktion, die dann in einem beeindruckenden und Erwachsene nur zu oft überfordernden »Tantrum« letztendlichen Ausdruck findet. Es gehört zum normalen Repertoire, dass Kinder dieses Alters ihrem Ärger oder ihrer Irritation über eine Situation mit lautem Schreien, Beißen, Schlagen oder Zwicken Ausdruck verleihen bzw. sich auch in »tödlicher Beleidigung« kurz einmal von ihren nächsten und liebsten Menschen abwenden.

Die Veränderungen der Trennung/Scheidung der Eltern aus dem Blickwinkel des Säuglings und Kleinkinds

Das große Thema von Säuglingen ist Vertrauen – Vertrauen in die Welt um sich herum und damit in sich selber. Der junge Säugling vermag sich in seinem ersten halben Lebensjahr von seiner unmittelbar betreuenden Umgebung nicht zu unterscheiden.

Entsprechend reagiert jeder Säugling mit der Stimmung seiner engsten Bezugsperson, zumeist der Mutter, wie eine parallele Welle mit. Wut, Trauer um den so frühen Verlust eines Familienbilds, Kummer, Sorge um die Zukunft, die Frage, wie die wirtschaftliche Situation zu meistern ist und die organisatorischen Verantwortungen für eine 24-Stunden-Rundumbetreuung zu leisten sein sollen, sind wohl unvermeidliche Gefühle für alle jene, die so früh und zumeist ungeplant Alleinerzieher werden.

Das junge Kind vermag das sich durch die Konfluenz mit der Bezugsperson ergebende Spektrum an bedrängender Emotion nicht von sich getrennt zu erleben. Es kann nur auf einer sehr unmittelbaren vegetativen Ebene mit körperlichem Ausdruck reagieren, wenn die Belastung zu groß wird: in Form von unruhigem Schlafmuster, Appetitstörungen, Verdauungsbeschwerden oder Ausschlägen. Säuglingen ist es nicht möglich, in einer Art innerem Selbstdialog festzustellen: »Hey, meine Alten haben sich zerkriegt, meine Mutter ist jetzt ganz durch den Wind und mein Vater, der hat sich völlig vertschüsst. Hat aber alles nichts mit mir zu tun.« Für den Säugling ist das Erleben seiner Betreuungsperson sein eigenes Erleben, und die Gefühle seiner engsten Betreuungspersonen sind seine eigenen Gefühle. Wer sich also als Alleinerzieher in dieser frühen Lebensphase des Kindes nach einer konflikthaften Trennung mit bedrängender Emotionslage wiederfindet, sollte möglichst danach trachten, jede Hilfe und Entlastung seiner Umgebung bereitwillig zum Wohle seines Kindes anzunehmen.

Dass die Paarbeziehung so früh bereits in die Brüche gegangen ist, löst bei einer erheblichen Zahl von Elternteilen besondere Gefühle der Scham aus. Man hat versagt, die eigenen Eltern haben vor der Ehe gewarnt, Freunde haben es besser gewusst – ein Umstand, der dann in einer Art von reflektorischem Widerstand oft mit einem Jetzt-erst-recht-Heldentum einhergeht oder damit, dass man sich gegen die Umgebung verschließt, sich einigelt und die Überforderung nicht zugeben kann. Doch die Entlastung der Betreuungsperson, ein paar Stunden zu sich kommen zu können, all das ist *für das Kind* wesentlich, denn eine entspanntere Bezugsperson bedeutet in dieser frühen Phase auch ein entspannteres Kind.

Kleinkinder reagieren auf die Situation rund um die Scheidung ihrer Eltern bereits mit einem eigenen emotionalen Spektrum. Das Kleinkind mag verunsichert und beängstigt darüber sein, dass der Vater plötzlich nicht mehr zu Hause auftaucht und sich der Kontakt nach einem aus seinem Blickwinkel unkontrollierbaren und unvorhersehbaren Muster gestaltet, doch es vermag seine Gefühle nicht zu verbalisieren. Die Ausdrucksschiene des Kleinkinds ist sein Verhalten. Es reagiert mit Wut, leichter Reizbarkeit, gehäuftem Weinen oder Quengeln, doch es vermag den Grund dafür nicht anzugeben.

Hier sind die Eltern gefordert, durch genaue Beobachtung und Achtsamkeit die Zusammenhänge zu erfassen und entsprechend steuernd einzugreifen. Andererseits ist die Verstehensebene oftmals doch bereits weitaus breiter, als Erwachsene dies oft einschätzen, wenngleich das Kleinkind sich und sein Erleben sprachlich noch nicht in wohlgeformten Sätzen zum Ausdruck zu bringen weiß. Wichtig ist es, Situationen und Sachverhalte in kindgerechter Form, also mit der entsprechenden Wortwahl und in kurzen Sätzen, zu vermitteln.

Wesentlich ist es, dem Kind zu vermitteln, dass ...

* es immer sicher und geliebt ist: »Ich passe auf dich auf und liebe dich. Es gibt noch eine Menge andere Menschen, die dich lieb haben.«

* es in einer Umgebung lebt, die es liebt: »Lass uns einmal schauen, wer aller für dich da ist und dich lieb hat; Mama, Papa [je nachdem, welcher Elternteil als Bezugsperson erhalten bleibt], Oma, Opa, Onkel Thomas, Tante Silvia, dein Cousin Michael, dein Freund im Kindergarten. Dominique ...«

* es den anderen Elternteil regelmäßig sehen und mit ihm Zeit verbringen wird [so dies stimmt]: »Du wirst mit Papa/Mama immer wieder zusammen sein und Zeit verbringen. Ich möchte das so, dass du mit Papa/Mama auch viel zusammen bist. Papa/Mama hat dich sehr lieb.«

* sich Dinge verändert haben, aber gut bewältigbar sein werden: »Ich weiß, dass jetzt vieles anders geworden ist und das manchmal schwierig ist, aber ich weiß, dass wir das gut schaffen werden und du ein ganz tolles Kind bist.«

Eine besondere Herausforderung, die eine Scheidung für Eltern mit einem Kind im Kleinkindalter bereithält, soll hier noch gesondert angesprochen werden. In ihr drückt sich die spezifische Belastungssituation aus, in der sich die Erwachsenen befinden – mit dem imperativen Muster und der ungebremsten Heftigkeit, mit der Kleinkinder ihre Emotionslage ausdrücken, unglücklich verknüpfen und aufschaukeln. Während der Umbruchphase der Trennung und nachfolgenden Scheidung haben die beteiligten Erwachsenen häufig das Gefühl, die Kontrolle über ihr Leben zu verlieren. Sie finden sich plötzlich, bisweilen sogar unerwartet, mit einer gänzlich neuen Lebensrealität konfrontiert und erleben unter Umständen, wenn zum Beispiel der Partner einseitig die Beziehung aufkündigt oder in verschiedenen anstehenden Fragestellungen eine gemeinsame Kommunikationsebene aus eigener Kraft des Paares nicht gefunden werden kann, ein überwältigendes Gefühl von Ohnmacht. Das Zusammenleben mit einem Kleinkind, das seinerseits mit hoher Reizbarkeit oder rasch entzündbarem Widerspruch seine eigene Betroffenheit über die atmosphärische Verunsicherung während des Umbruchs in der Familie im Alltagskontext zum Ausdruck bringt, kann von Eltern in dieser Zeit als eine schwere Anforderung erlebt werden und im Gegenzug zu Ärger und starken Disziplinierungsbestrebungen reizen.

»Nicht einmal über meinen zweieinhalbjährigen Sohn habe ich Kontrolle. Es ist einfach alles in Auflösung begriffen und geht den Bach hinunter. Ich kann mich nicht einmal bei ihm durchsetzen und begreiflich machen, dass er die Fernbedienung des TV-Geräts nicht auf den Boden werfen soll. Er macht es dann noch absichtlich«, beschrieb zum Beispiel eine Mutter in der Beratung ihre Verzweiflung. Gefolgt von der Schilderung des eigenen situativen emotionalen Zusammenbruchs, eines Kapitulierens vor dem Fehlverhalten des Kindes oder von der Beschreibung einer schamhaft eingestandenen und in der Retrospektive als überzogen bewerteten Disziplinierung.

Es ist wesentlich, sich vor Augen zu führen, dass das Kleinkind mit seiner an den Tag gelegten Sturheit oder der Zunahme seines

Fehlverhaltens nicht der Exekutor unserer Unfähigkeit ist, sondern sich darin seine eigene Verunsicherung bezüglich der Stabilität seiner Lebenssituation ausdrückt. Ein Spalier von Regeln und Geboten, das die Verhaltensabläufe des Tages genauestens festlegt, ist allerdings keine Lösung, um mit diesem Problem fertigzuwerden. Auf diese Weise ein Gefühl der Wiederherstellung der elterlichen Autorität erreichen zu wollen, bewährt sich ganz sicher nicht.

Bewährt hat sich im Bestreben, die Eltern-Kind-Interaktion in dieser schwierigen Zeit nicht zusätzlichen Belastungen zu unterwerfen, eine Haltung, die wenige, klare und gut durchdachte Regeln als Wegweiser des Zusammenlebens postuliert. Weiters Rituale, die fixe Sicherheit spenden, wie feste Essenszeiten, Zu-Bett-geh-Abläufe und eine möglichst strukturierte und von Gefahrenquellen bereinigte Umgebung, die dadurch einfach weniger Interventionsnotwendigkeit in sich trägt. Wenn wir über das schöne Sofa, das wir bei der Güteraufteilung der Scheidung gewonnen haben, einfach eine triviale Schutzhülle für einige Monate breiten, nachdem wir festgestellt haben, dass unser kleiner Sohn nun plötzlich die bereits erlernte Achtsamkeit im Umgang damit wieder vergessen zu haben scheint, macht diese es zwar weniger attraktiv – sie bedeutet jedoch eine enorme emotionale Umwegrentabilität und Einsparung von Ärger zwischen Elternteil und Kind.

Damit kann das Thema »Grenzen setzen« in dieser komplexen Situation der Scheidung der Eltern von der Seite der Begrenzung von Freiheit hin zu einem Rahmen wechseln, der Sicherheit spendet. Dem Kind wird in seinem Glauben an die Verlässlichkeit elterlicher Führung Stabilität und Sicherheit vermittelt.

Die besondere Rolle von Vätern

Das Selbstverständnis einer neuen väterlichen Identität und eines geänderten männlichen Geschlechtsentwurfs hat sich in unserer Gesellschaft ins Alltagsleben integriert. Aber stimmt dies wirklich?

Überall werden die neuen Väter gefordert. Über Männer, die nicht zur aktuellen Windelgröße ihrer Kinder referieren können, rümpfen aufgeklärte Frauen, ob des damit zur Schau gestellten Desinteresses an ihren Kindern, die Nase, und selbst Schwiegerväter und Großväter fahren heute, ohne mit der Wimper zu zucken, wenngleich bisweilen recht ungelenk, mit dem Enkel im Kinderwagen durch unsere Parks, um zu zeigen, dass sie nicht bei den Ewiggestrigen abgeblieben sind.

Gleichzeitig jedoch haben sie es schwer – die frischgebackenen »neuen Väter«. Nicht nur, dass sie dieses »neue Vatersein« im Windschatten eines weiblichen Forderungskatalogs entwickeln müssen und somit der unbefangenen eigenen Entfaltung und Gestaltung schon ein enger Spielrahmen von Zielvorgaben abgesteckt wird, nein, sie scheitern vielfach auch noch an den Gegebenheiten der sogenannten harten Realität. Trotz der Forderung nach Papamonat und Väterkarenz, für die die Politik, in heroischer Demonstration von Offenheit sozialpsychologischen Strömungen gegenüber, offizielle Absegnung geschaffen hat, scheitert so mancher der frischgebackenen enthusiastischen Jungväter, wenn er nicht gerade im Staatsdienst ein verständnisvolles Arbeitsrecht vorfindet, als Student die heimischen Universitäten bevölkert oder sich in der Jungakademikerschwemme wiederfindet, an den Anforderungen der Privatwirtschaft. Wer kann sich schon einen indirekt ausgesprochenen Karrierestopp für seine Zukunft leisten? Wer lebt gerne als Warmduscher oder Weichei unter den restlichen Alphamännchen, die ebenfalls nach oben drängen? Und dann existiert da noch nach wie vor ein beträchtliches Lohngefälle zwischen Männern und Frauen, das den Bestrebungen eines paritätischen Geschlechteransatzes im Bereich der Kinderbetreuung endgültig den Garaus macht. In einer institutsinternen Untersuchung, die junge Paare vom letzten Schwangerschaftsdrittel bis in das zweieinhalbte Lebensjahr ihres Kindes verfolgte, traten die genannten Stolpersteine der Alltagsrealität junger Familien deutlich zutage.[10]

Aber es gibt sie, die neuen Väter, und sie haben es schwer, besonders schwer, wenn Scheidung unvermeidbar wird – und noch einmal so schwer, wenn dabei Säuglinge oder Kleinkinder involviert sind. Denn kaum löst sich das traditionelle Familiengefüge von Vater-Mutter-Kind auf, in dem sie ihre neue Rolle als Beziehungsvater spielen sollen, offenbart sich die Doppelbödigkeit der gesellschaftlichen Ordnung. Was ihnen droht, ist nichts weniger, als rundum entsorgt und in den Rang des »Zahlvaters« verwiesen zu werden. Dies ist menschlich tragisch, denn in meinem Sprechzimmer sind mir schon zahlreiche über die alltägliche Pflege und Betreuung hinaus emotional intensiv an ihre Kinder gebundene Männer gegenübergesessen, die mit den Tränen und mit Fassungslosigkeit ob der plötzlichen Unerreichbarkeit ihrer Kinder kämpften.

Noch tragischer und dramatischer ist allerdings die Bilanz für die betroffenen Kinder. Es geht nämlich in Wirklichkeit nicht um die Rechte von Vätern oder jene von Müttern, um eine Bewerbungskonkurrenz um den Posten der Kinderbetreuung, sondern um das Kinderrecht auf beide Eltern, das, besonders wird dies in der Alterskohorte der Säuglinge und Kleinkinder offenbar, vielfach unter unterschiedlichsten Argumentationen vollkommen verkannt wird.

Dabei sind sowohl Forschungsstand wie Empirie eindeutig in ihrem Befund. Väter und Mütter tragen in unterschiedlicher und nicht austauschbarer Weise ihren jeweiligen Beitrag zur Identitätsbildung und zum Weltverständnis ihrer Kinder bei. Die frühe Triangulierung, die Entwicklung einer intensiven Beziehung des Kindes zu Mutter und Vater, darf für das Gedeihen und die Stabilität des Kindes nicht unterschätzt werden. Aus dem Blickwinkel von Kindern ist die Bemühung um kooperative Elternschaft über die Trennung/Scheidung des Elternpaares hinaus besonders wichtig. Dies gilt in besonderem Maß für diese ganz frühe Periode, in der, wie schon ausgeführt, die »tiefsten ursprünglichsten Betriebsprogramme« von Vertrauen und Identität angelegt werden.

Väter mit ihrem sehr geschlechtsspezifischen Betreuungsstil spielen eine zentrale Rolle für die Ausbildung von Selbstwert und Selbstsicherheit ihrer Kinder. Darüber hinaus weist die Forschung darauf hin, dass frühe Involviertheit von Vätern in die Betreuung ihrer Kinder die Raten von Missbrauch, gänzlicher Abwendung und Kontaktabbruch sowie Problematiken mit den Alimentationszahlungen hintanhält.[11]

Dennoch hält sich die Überzeugung nach wie vor äußerst zäh, dass Scheidungsväter in dieser frühen Lebensperiode unnötig und unfähig sind. Eine Einstellung, die das Kind darin behindert, zu dem zu kommen, was sein Recht ist und zur Entwicklungsförderung beiträgt.

Die Frage, die hier entsprechend dem Stand aktueller Forschung gestellt werden muss, lautet: Wie lässt sich die Vater-Kind-Beziehung im Säuglings- und Kleinkindalter unterstützen? Derzeit kann man drei unterschiedliche beratungsbedürftige Konstellationen zu diesem Thema unterscheiden:

* Engagierte Beziehungsväter, die bis zum Trennungszeitpunkt in die Pflege und Betreuung ihrer Kinder intensiv einbezogen waren, auf der einen Seite – und auf der anderen Seite Mütter, die im Zuge der Trennung/Scheidung ihr Vertrauen in die Kompetenz der Väter verlieren, reflektorisch einem noch immer kolportierten »kleine Kinder gehören zur Mutter« nachgeben.

* Väter, die ihre Kinder im Stich lassen, sich deren Betreuung selber nicht ausreichend zutrauen und sich hinter einer Idee der späteren Kontaktaufnahme verschanzen oder sogar meinen, es wäre besser, aus dem Leben ihrer Kinder grundsätzlich zu verschwinden, auf der einen Seite – und auf der anderen Seite Mütter, die das fehlende Engagement der Väter ihres Kindes zutiefst bedauern.

* Väter, die ihre Kinder im Stich lassen, sich deren Betreuung selber nicht ausreichend zutrauen, sich hinter der Idee einer späteren Kontaktaufnahme verschanzen oder sogar meinen, es wäre besser, aus dem Leben ihrer Kinder grundsätzlich zu verschwinden, auf der einen Seite – und auf der anderen Seite Mütter, die dieser Haltung zustimmen.

In all den genannten Fällen ist das Kind der Verlierer. Nur im folgenden Fall wird der Versuch unternommen, den Bedürfnissen des Kindes zu entsprechen:

* Engagierte Beziehungsväter, die bis zum Trennungszeitpunkt in die Pflege und Betreuung ihrer Kinder intensiv einbezogen waren, auf der einen Seite – und auf der anderen Seite Mütter, die dieser Haltung zustimmen und kooperative Elternschaft entwickeln wollen.

Leider sind derartige Lösungsansätze derzeit noch eine Rarität. Es gilt zu verdeutlichen – und zunehmend werden auch vonseiten des Gesetzgebers dazu Anstrengungen unternommen –, dass hier zum Wohle des Kindes von allen Betroffenen ein Lernprozess angestrebt werden muss.

Sind es in der ersten Gruppe die Mütter, die ihre Vorherrschaft *nicht* zu Gunsten der Väter, sondern um der Entwicklungsmöglichkeiten ihres Kindes willen zurücknehmen müssen, so sind in der zweiten Gruppe die Väter gefordert, ihre Position und Bedeutung als Quelle von Beziehung und spezifischer, von der Mutter einfach nicht leistbarer Erfahrungen zu überdenken und eine Position des »Rauszahlens«, um ihres Kindes willen, aufzugeben.

In der dritten Gruppe, die »still« und ohne mit Konflikthaftigkeit aufzufallen ihren Alltag organisiert, sind aus anwaltlicher Perspektive des Kindes beide Eltern aufgerufen, dafür zu sorgen, dem Kind die zustehenden Erfahrungen mit beiden Elternteilen zu ermöglichen.

Berührungsängste sind da, wo Anforderungen gesetzt werden, normal. Überall dort, wo wir gefordert sind, über unser derzeitiges Spektrum an Kenntnissen und Fähigkeiten lernend hinauszuwachsen, entsteht nun mal leicht Befangenheit, Beängstigung – und als leichtester Weg Vermeidung.

Doch der Zugang zu beiden Elternteilen bedeutet dem Kind ausgesprochen viel – könnte es sich zu diesem Zeitpunkt verbalisieren, so würde jedes Kind ein Plädoyer für seinen Zugang zu beiden Elternteilen halten. Um eine entsprechende stressfreie Beziehungskontinuität mit beiden Elternteilen aufrechtzuerhalten oder wieder entwickeln zu können, sind verschiedene Rahmenbedingungen äußerst hilfreich:

* Genaue Übergabe der aktuellen Befindlichkeit des Kindes.

* Genaue Einhaltung von gewohnten Zeitschemata und Ablauf-routinen, an die das Kind gewöhnt ist, etwa Essensrhythmus, Schlafrhythmus.
* Erhaltung einer Atmosphäre, die dem Kind Kontinuität ver-mittelt. Mitgabe von Übergangsobjekten, Kuscheltieren, Lieb-lingsdecken etc.
* Eventuell Erhaltung räumlicher Konstanz, indem der nicht mit dem Kind hauptsächlich zusammenlebende Elternteil das Kind in seiner gewohnten Umgebung besuchen kommt und dort die Betreuung für ein paar Stunden übernimmt.

Viel Aufwand, wird so mancher Leser hier einwenden. Das stimmt, doch unsere Kinder sind es wert und ihre Entwicklung belohnt die Mühe. Dazu die Geschichte eines Vaters, der auf eine Weise reagiert, wie sie heute noch viel zu selten vorkommt.

Gregor und Miriam

Gregor ist 34 Jahre, als er mich in meiner Praxis konsultiert. Auch wenn ihn Schwermut zu plagen scheint, ein toller Mann sitzt mir da in mei-nem Sprechzimmer gegenüber. Das offenbart sich auf den ersten Blick und wird nicht nur durch die akademischen Pokale eines Studiums mit nachfolgender postgradueller Ausbildung an einer amerikanischen Eli-teuniversität und einer bisher steilen Berufslaufbahn bei einem der re-nommiertesten global operierenden Personalberatern unterstrichen. Der Mann, der gerade zwischen seinem Arbeitsort in Deutschland und Wien pendelt, ist darüber hinaus von blendendem Aussehen und könnte in jeder Basketballmannschaft anheuern.

Was ihn allerdings so besonders attraktiv macht, kommt aus einer anderen Ecke. Er ist sensibel und macht sich Gedanken. Zur Zeit sogar besonders viele – allerdings solche, die ihn in einen schwarzen Strudel von Ohnmacht, Traurigkeit und Sehnsucht hinabzuziehen drohen.

Ein Kollege hat gemeint, es wäre der Stress seines Hochleistungsjobs – Burn-out im Anmarsch sozusagen. Er hat ihm ermunternd auf die Schulter geklopft und ihm meine Praxisdaten zugesteckt. Doch Gregor hat den Verdacht, dass die Quelle für seine miserable Befindlichkeit an-derswo zu verorten ist.

Seine Geschichte ist schnell erzählt und nicht wirklich neu – neu und ungewöhnlich ist allerdings etwas anderes. Bei einem seiner Aufenthalte in Wien begegnete Gregor Manuela, knapp unter 30, attraktiv und seit Kurzem ungebunden, so wie Gregor. Die Frühsommernächte sind lau, über ein Glas Rotwein lässt sich inspirierend plaudern und es gibt keine anderen emotionalen Verbindlichkeiten. In den nächsten Wochen entwickelt sich eine nicht wirklich stürmische, jedoch angenehme und bequeme erotische Freundschaft nach harter Arbeitswoche.

Für Gregor ist unter diesen Umständen Verhütung so selbstverständlich, dass er, da Manuela das Thema nie erwähnt, als gesichert davon ausgeht, dass sie die Angelegenheit übernommen hat. Für Manuela ist das allerdings ganz anders, und drei Monate später, gerade als Gregor auf Basis des Zutagetretens zu unterschiedlicher Interessen und einer gewissen Abkühlung der erotischen Anziehung den möglichen Beziehungsplafond als erreicht ansieht, ist Manuela schwanger.

Gleichzeitig damit verkündet sie, da auch ihr eine zunehmende Entfremdung in der Beziehung aufgefallen ist, eventuell wieder zu ihrem früheren Freund, der zwischenzeitlich wieder heftig vorstellig geworden ist, zurückzukehren und mit ihm das gemeinsame Kind von Gregor und ihr bekommen zu wollen.

Manuela sieht den Zeitpunkt für ihre Mutterschaft aus verschiedenen Blickwinkeln heraus zwar nicht als ideal, jedoch als gekommen. Die Idee, als Alleinerzieherin zu starten, erscheint ihr sehr plausibel und durchaus zu bewältigen. Ihre Familie, ihre Eltern und beide Schwestern haben bereits Unterstützung zugesagt.

Für Gregor wird als »Mann mit Gewissen« die Position dessen, der seinen monatlichen Obolus zu leisten hat, vorgesehen, oder aber, wenn er sich seiner Verantwortung entziehen möchte, eine Bereitschaft signalisiert, ihn bei der Geburt des Kindes nicht zu benennen.

Gregor fühlt sich wie vor den Kopf geschlagen. Die dieser Eröffnung nachfolgenden Tage beschreibt er als ein beständiges Verwirrspiel einander widersprechender Gefühle: »Ständig lief es in meinem Kopf im Kreis«, beschreibt er diese Periode. »Betrug – sie hat mir ein Kind untergeschoben, aber ich war selber zu blöd, um zu verhüten; Rührung – da wächst ein neuer Mensch heran, an dem ich beteiligt bin; Traurigkeit – dieses Kind wird einen schlechteren Start haben als alle anderen, es hat nicht einmal zu Beginn Vater und Mutter gemeinsam; Wut und Hilflosigkeit – wenn ich nicht der Mann in dieser Situation wäre, könnte ich über alles entscheiden; Zufriedenheit – eigentlich bin ich ja fein heraus; sie ist sogar so fair, mich selber entscheiden zu lassen, ob ich Alimente zahlen will oder nicht, ich kann mein Leben ganz unbehindert weiterleben, sie ist zumindest die nächsten 18 Jahre mit dem Kind angehängt.«

In irgendeiner dieser schlaflosen Nächte trifft Gregor plötzlich die Erkenntnis wie ein körperlicher Schlag: »Ich werde Vater! Hier wächst mein Kind heran!« Und der Tonfall, in dem er »mein Kind« sagt, klingt ganz und gar nicht nach besitzanzeigendem Fürwort. Manuela ist inzwischen im siebenten Schwangerschaftsmonat angekommen, längst hat sich Gregor zur Alimentationszahlung verpflichtet und ein Ultraschallbild seiner Tochter ist ständiger Begleiter. »Ich will für sie da sein, da ist so viel, das ich ihr zeigen möchte«, schildert er sein Dilemma, denn er und seine zukünftige Tochter scheinen, so sehr er sich ihr in seiner zukünftigen Vaterschaft bereits jetzt verbunden fühlt, Bewohner zweier Universen ohne Schnittmenge zu sein.

Im weiteren Verlauf von Gregors Beratung verfestigt sich seine Entscheidung, für seine Tochter als Vater zur Verfügung stehen zu wollen. Mit der Geburt seiner Tochter, die er bereits wenige Minuten, nachdem sie auf die Welt gekommen ist, zum ersten Mal in seinen Armen hält, sucht er zur Verwunderung seines Dienstgebers um seine Versetzung in das wesentlich weniger renommierte Wiener Büro an. Obwohl Manuela seinem Wunsch nach einer gemeinsamen Obsorge nicht stattgibt, ist sie von seinen Argumenten der Vorteile seiner gelebten Vaterschaft im Hinblick auf die gemeinsame Tochter so weit zu überzeugen, dass er ein regelmäßiges Kontaktmuster zu seiner Tochter Miriam entwickeln kann. Zuerst sind es mehrmals die Woche nur wenige Stunden, die er im gewohnten Umfeld des Kindes bei der Kindesmutter mit der Versorgung seiner Tochter zubringt, in den Folgemonaten werden die Perioden länger. Seine Routine und Sicherheit, die Zeichen und Bedürfnisse seines Kindes richtig zu deuten, werden größer. Kleinere Ausflüge, die auch die Mutter in ihren Betreuungsverpflichtungen entlasten, stehen auf dem

Programm. Daneben hat Gregor begonnen, für seine Tochter ein Tagebuch zu schreiben, in dem er alles, von dem er meint, es könnte später für sie wichtig sein und ihr die speziellen Umstände seiner Vaterschaft erläutern, festhält.

Miriam ist jetzt zweieinhalb Jahre alt. Ihr Vater ist ein selbstverständlicher Bestandteil ihrer Welt, eine wesentliche Quelle für Sicherheit sowie Geborgenheit und eine Person, mit der sie große Innigkeit und zahlreiche Erlebnisse vertrauensvoll verbinden. Wenn er kommt, um sie abzuholen, läuft sie ihm mit strahlendem Lächeln entgegen, um sich in seine Arme zu werfen ... denn diese Welt ist eine gute.

Kindergartenkinder und Vorschulkinder – Das magische Zeitalter

»Lieber Weihnachtsmann! Ich wünsche mir zu Weihnachten eine Power-Ranger-Figur und diese bunten Karten, die alle im Kindergarten haben, ein Fahrrad, eine Carrera-Autobahn, ein Wii-Spiel und das Spiel mit dem Fuchs für meine PlayStation. Und am Wichtigsten wünsche ich mir, dass du den Papa wieder ganz sicher zurückbringst.« (Wunschzetteldiktat der Oma, Thomas, 5 Jahre)

* * *

»Ich habe Mama und Tante Regina miteinander in der Küche reden gehört. Sie haben nicht bemerkt, dass ich zugehört habe. Mama hat die ganze Zeit über geweint und Tante Regina hat gesagt, dass diese neue Freundin von Papa ihn verhext hat. Sie kann jetzt auch nicht mehr vernünftig mit ihm reden, obwohl er doch ihr jüngerer Bruder ist und immer auf sie gehört hat. Ich glaube das auch, dass sie eine Hexe ist. Ich war mit Papa und ihr vergangenes Wochenende im Zoo. Sie hat die ganze Zeit über gelächelt und mir alles gekauft, was ich wollte. Zuckerwatte, Gummischlangen und dann auch noch ein Stofftier. Das machen die Hexen immer so. Bevor sie die Kinder fangen, sind sie immer ganz freundlich.« (Isabella, 5 Jahre)

* * *

»Ich glaub, dass Papa ganz sicher wegen mir weggegangen ist. Mama sagt auch immer, dass ich nicht zum Aushalten bin, wenn ich nicht alleine einschlafen kann.«

»Wieso glaubst du das? Wenn sich Eltern trennen, dann tun sie das doch, weil sie miteinander nicht mehr sein wollen, und nicht wegen der Kinder.«

»Vielleicht ist das bei den anderen so, aber bei uns ist das sicher wegen mir passiert. Wir waren im Haus des Meeres und ich bin so lange bei den Haien stehen geblieben. Die finde ich so toll, aber auch irgendwie gruselig. Und dann hat Papa zu mir gesagt: ›Jetzt komm doch endlich weiter, es ist eh so heiß hier‹, und ich bin aber stehen geblieben. Dann hat Mutti zu ihm gesagt: ›Jetzt lass sie doch, du musst immer drängen, du hast gar kein Gefühl.‹ Und dann hat Papa meine Mama ganz böse angeschaut und ist weitergegangen.

Das war ein ganz schlechtes Gefühl in meinem Bauch. Am Abend haben sie dann wieder gestritten, als ich schon im Bett war. Und dann ist Papa ausgezogen.« (Katharina, 6 Jahre)

Was in diesem Alter Sache ist

In den Kindergartenjahren bis zum Einschulungszeitpunkt und damit dem Erreichen der Schulreife durchlaufen Kinder einen enormen physischen, emotionalen und kognitiven Entwicklungsschub. Mit Siebenmeilenstiefeln wandern sie durch einen neuen Kosmos, der erstmals auch das Verständnis der äußeren Welt jenseits der unmittelbar vertrauten Familie einschließt. Während dieser Periode werden so wesentliche und Unabhängigkeit vermittelnde Aufgaben wie die eigenständige Bewältigung des Toilettengangs oder auch selbstständiges Ankleiden erobert. Neugier an sozialer Interaktion, ein beginnender solider Ansatz von empathischem sozialen Verhalten und damit einhergehend die Entwicklung von ersten noch sehr situativ gebundenen Einschätzungskriterien, was vom jeweiligen Gegenüber zu halten ist, treten auf: »Jonathan zwickt andere Kinder – Jonathan ist böse, mit ihm mag ich nicht spielen«, oder aber »Sibylle hat kleine Kuchen mitgebracht und wir haben sie alle zusammen gegessen – Sibylle ist nett«, das sind die ersten Ausläufer eines später immer feineren sozialen Einschätzungs- und Kalibrierungssystems. Das Spiel miteinander nach gemeinsam geteilten und akzeptierten Regeln und Vorgaben ersetzt das frühere Parallelspiel von Kleinkindern.

Kindergartenkinder und Vorschulkinder erwerben auch bereits die Fähigkeit, ihre Wünsche zu argumentieren, bedingte Selbstkontrolle zu üben und ihre Emotionen verbal auszudrücken: »Wenn Mama und Papa streiten, dann fürchte ich mich und will ich mich in meinem Bett verstecken.«

Besonders Vorschulkinder sind sehr stolz darauf, eigene Geschichten zu erzählen, Dinge durchzudenken und ihre Ideen und Thesen zur Natur und Funktionsweise der sie umgebenden Welt anderen mitzuteilen. Logik ist dabei noch von untergeordneter Bedeutung – Sprache hingegen die Fahrkarte in diese neue Welt unendlicher Möglichkeiten. Gleichzeitig entwickelt sich eine grobe Konzeption für die sie umgebenden physikalischen Alltagsrealitäten, Rhythmen und Zeitabschnitte: Tag und Nacht; Sonne, Mond und Sterne.

Ist entwicklungsmäßig bisher alles gut gegangen und besteht ein solides Fundament von Vertrauen gegenüber der Welt und damit auch sich selbst gegenüber, so ist die »Entwicklungsmission« unseres Kindergarten- und Vorschulkinds die Eroberung der umgebenden weiteren Welt. Enthusiastisch und neugierig wird beständig daran gearbeitet, die eigenen Grenzen zu erweitern. Das Zeitalter der permanenten Warum-Frage und des »Wie funktioniert das?« ist angebrochen: »Warum sind die Sterne während des Tages nicht zu sehen? Wo sind sie da?«

Parallel dazu wird das Kindergarten- und Volksschulkind von einem eruptiven Aufbrechen von Kreativität und Fantasie gestalterisch zu Höchstleistungen der Selbstexpression angetrieben. Malen, Zeichnen, Formen, Basteln, Bauen, Tanzen und Singen wollen beständig im gerichteten Handeln des Kindes Ausdruck finden, Gestalt annehmen und brauchen ausreichenden Raum. Ein paar Kartons werden zur Ritterburg, aus ein paar Tüchern zaubert man sich eine Prinzessinnenrobe, eine Schuhschachtel wird zur Schatzkiste der Piratencrew und ein Stein dient als Goldklumpen. Rollenspiele werden mit größter Hingabe und bemerkenswerter Ausdauer inszeniert, dem Fantasiespiel ist keine Grenze gesetzt. Dies ist auch die Zeit, in der unerschütterlich an den Weihnachtsmann, den Nikolo, das Christkind, die Zahnfee oder den Osterhasen geglaubt wird, aber auch Hexen, Zauberer, Monster, Riesen und eine ganze Reihe anderer Kreaturen der dunklen Seite können äußerst real auftreten und sich in dieser Lebensperiode als unanzweifelbar in ihrer Existenz erweisen.

Das Kind dieser Entwicklungsphase ist in seinem Erleben während dieser Eroberung der erweiterten Welt sehr selbstzentriert. Es erlebt sich als Ursache und Grund der Phänomene der es umgebenden Welt. Diese Form der »gigantomanisch« anmutenden Einschätzung entspricht dem Wunsch, Kontrolle über die umgebende Welt zu erlangen und spiegelt gleichzeitig ein noch mangelnd entwickeltes Kausalitätsprinzip wider. Die Vorstellung, mit einem Zauberstab eine Situation beeinflussen zu können, vermittelt einfach ein sichereres Gefühl, als zu akzeptieren, dass Dinge einfach so geschehen und außerhalb unseres Einflusses liegen. Diese Erkenntnis annehmen zu können, wird noch Zeit brauchen.

Die Veränderungen der Trennung/Scheidung der Eltern aus dem Blickwinkel des Kindergarten- und Vorschulkinds

Das große Entwicklungsthema des Kindergarten- und Vorschulkinds ist, eine erste Kontrollfähigkeit zu erlangen. Zuallererst in Gestalt von Autonomie im Hinblick auf das Management der eigenen Körperlichkeit, wie auch eine gewisse Kontrolle über eigene Bedürfnisse.

Parallel dazu geht es darum, Orientierung und Einschätzungsfähigkeit zu sozialen Gruppen außerhalb der Familie zu bekommen sowie Verhaltensweisen und soziale Spielregeln zu erlernen, die zu einer gewissen Vorhersage und damit Kontrolle über soziale Situationen führen. Das Kind vermag seinen Platz in der Gruppe einzunehmen. Die Phänomene der umgebenden Welt mit einer Haltung, die einer deutlichen Selbstzentriertheit statt der

Logik verpflichtet ist, begreifen und einordnen zu können, ist ein weiterer Aspekt dieser Mission, »sich die Erde Untertan zu machen«.

Dies erweist sich im Hinblick auf die Trennung/Scheidung der Eltern als ein ziemlicher Pferdefuß, denn das vorherrschende Erklärungsmodell von Kindern dieser Entwicklungsgruppe basiert auf der autopoietischen (aus sich selbst begründeten) Annahme, in mystischer Weise Grund und Ursache für alle sie umgebenden Phänomene zu sein. So liegt für viele Kinder die Annahme nahe, an der Scheidung der Eltern schuld zu sein. Für die Untermauerung dieser Hypothese reichen dem Kindergarten- und Vorschulkind oft minimale, aus der Erwachsenenperspektive nicht nachvollziehbare Anlässe. So wie der kleinen Katharina ihr zu langes, den Vater irritierendes Verweilen beim Haifischbecken und eine situativ genervte Bemerkung ihrer Mutter als Grundlage der Trennung der Eltern als völlig plausibel erscheinen, so ergeht es vielen Kindern dieser Altersgruppe.

Obwohl die soziale Welt sowie die Kontrollfähigkeit über die Welt dramatisch gewachsen sind und das Kindergarten- und Vorschulkind jeden Tag neues Terrain erobert und an Selbstbewusstsein gewinnt, bleiben die Eltern noch immer der unangetastete Bezugsrahmen der persönlichen Lebenssicherheit. Mama und Papa bedeuten noch immer einfach alles. Papas starke Arme vermögen noch immer im schlimmsten Sturm absolute Sicherheit zu vermitteln, Kuscheln mit Mama ist noch immer imstande, die Welt weit draußen zu halten und ultimative Geborgenheitsgefühle aufsteigen zu lassen. Das Kindergarten- und Vorschulkind bezieht seine eigene Selbsteinschätzung noch immer in hohem Ausmaß davon, wie seine Eltern auf seine Lebensäußerungen und sein Verhalten reagieren. Entsprechend erlebt sich ein Kind, dessen Eltern es liebevoll behandeln, ihm Aufmerksamkeit schenken und auf es eingehen, in der Folge in seiner eigenen Selbsteinschätzung, also in seinem eigenen Selbstbild, als »in Ordnung«.

Wenn Eltern, bedingt durch die eigene Anspannung des Lebensphasenwechsels der Scheidung, gereizt oder ungerechtfertigt abweisend reagieren, dem Kind vermitteln, dass es sie nervt, oder sie zu erschöpft sind, um auf die Bedürfnisse von liebevollem Körperkontakt eingehen zu können, zum Beispiel keinen Nerv haben, um beim Einschlafen noch mit dem Kind zu kuscheln, dann bezieht sich dies für das Kind auf seine gesamte Person. Ein Kind dieser Entwicklungsstufe ist nicht fähig zu denken: »Oh, meine Mama ist jetzt so angespannt, die hat jetzt keinen Kopf, um mir noch vorzulesen oder mit mir zu kuscheln, das hat nichts mit mir zu tun.« Oder: »Mein Papa ist traurig wegen der Scheidung von Mama und will deswegen mit mir nicht herumtollen.« Für ein Kind dieser Altersgruppe bedeutet es schlicht und einfach: »Ich bin nicht okay. Ich bin für Mama und Papa nicht liebenswert.«

Kinder dieses Alters entwickeln eine stabile Wahrnehmung der unterschiedlichen Geschlechter sowie der eigenen Geschlechtszugehörigkeit und benötigen die Interaktion mit beiden Elternteilen für die Ausbildung ihrer eigenen stabilen Geschlechtsidentität. Die Scheidung der Eltern kann hier eine beeinträchtigende Wirkung entwickeln, wenn der Zugang zu beiden Elternteilen nicht ungehindert erhalten bleibt.

Als Kleinkind erlebte das Kind die Eltern als zwei besondere, Sicherheit und Bezug spendende Personen, nun im Kindergarten- und Vorschulalter richtet sich die Aufmerksamkeit mehr auf die spezielle Geschlechtsrolle des Elternteils des eigenen Geschlechts, um zu lernen, was es heißt, ein Bub oder ein Mädchen zu sein. Gleichzeitig ist es für Vorschulkinder dann nicht unüblich, eine besondere Beziehung und Nähe zum Elternteil des anderen Geschlechts zu entwickeln. Wird diese Periode der »Werbung um den gegengeschlechtlichen Elternteil« in einer aufrechten Familienkonstellation mit Vater und Mutter zumeist mit einem gewissen Schmunzeln quittiert, so vermag das analoge Verhalten im Fall von getrennt lebenden Elternteilen bisweilen Sprengstoff zu entwickeln. Hier erscheint es wesentlich, sich die Entwicklungsbedingtheit vor Augen zu führen und darauf zu vertrauen, dass sich das Blatt auch wieder ganz sicher wendet.

Die hohe Fantasieverhaftung von Kindern dieser Altersgruppe wird im Rahmen der Trennung/Scheidung der Eltern bisweilen auch in Form von Verleugnung in den Dienst einer Abwehr, einer Vermeidung der Akzeptanz der Situation gestellt. Kinder wollen, wie es dann erscheint, die bittere Wahrheit der Scheidung der Eltern nicht anerkennen. In einer Art von Selbstaffirmierung behaupten sie auch durchwegs Verwandten und anderen nahestehenden Personen gegenüber, dass die Eltern wieder zusammenkommen und wieder heiraten werden oder der weggezogene Elternteil wieder zurückkommen wird. Auch hierin ist eine Kausalitätsbeziehung zu ihrem eigenen Verhalten oft nicht zu übersehen: »Wenn ich brav genug bin, werden Mama und Papa einander wieder heiraten und wir werden wieder eine glückliche Familie sein.«

Im Unterschied zu Kleinkindern leben Kindergarten- und Vorschulkinder nicht mehr in einem rein augenblicksgesteuerten Gegenwartskontinuum, sondern verfügen bereits über eine gewisse Konzeption des Begriffs der Zukunft. Diese führt bei manchen Kindern dieser Altersgruppe, gemeinsam mit einer noch sehr archaischen Logik und einer nach wie vor bestehenden hohen Abhängigkeit zu beiden Elternteilen, zum Auftreten von Ängsten, die entsprechend dem magisch-mystischen Weltbild oft den Charakter von Traumgestalten oder Monstern annehmen können.

Das Wegziehen eines Elternteils wird nicht als durch die Trennung der Eltern begründeter Sachzwang erlebt, sondern, vor allem dann, wenn der neue Lebensraum dieses Elternteils nicht auch dem Kind erschlossen wird, als persönliche Zurückweisung. Ein Kindergarten- oder Vorschulkind mag aus seinem Blickwinkel auch die Hypothese bilden: »Papa ist weggegangen, Mama wird auch noch weggehen, dann bin ich ganz alleine.« Es wird dies als absolut plausibel empfinden, womit für eine Vielzahl von Ängsten der Weg gebahnt wird.

Eine Mutter konsultierte mich bezüglich ihres dreieinhalbjährigen Sohnes. Der Bub hatte nach dem Auszug des Vaters seine bereits erreichte Windelfreiheit wieder aufgegeben und hing an ihr wie eine Klette: »Ich kann nicht einmal den Raum verlassen, ohne dass er zu brüllen beginnt. Überall muss er mit, sogar bis aufs Klo; es ist nicht zum Aushalten. Abends braucht er meine Hand zum Einschlafen, und wenn er dann nicht schon sehr tief schläft und ich meine Hand wegziehe, wacht er davon wieder auf.«

Es liegt auf der Hand, dass in einer derartigen Situation nicht straffe Disziplinierungsmaßnahmen oder Beschämung wegen des vorübergehenden Verlustes schon erworbener Fähigkeiten, wie des selbstständigen Toilettenganges, das Mittel der Wahl sein können, um hier Abhilfe zu schaffen. Das betroffene Kind signalisiert seine Überforderung mit der Situation und braucht elterliche Unterstützung.

Regression, das heißt das verhaltensmäßige Zurückfallen in frühere Lebensalter, teilt uns mit, dass die Anforderungen zur Zeit zu hoch sind. So gelesen liegt die Lösung darin, gewähren zu lassen. Besondere Achtsamkeit, Vermittlung liebevoller Wertschätzung, mehr Körperkontakt und Umarmungen, mehr Versicherung (»Ich bin für dich da«, »Ich liebe dich«) – wenn wir als Erwachsene ganz ehrlich sind, so ist es auch unser Rezept, uns liebevollen Zuspruch von Verwandten oder nahen Freunden zu holen, wenn uns das Leben einmal einen Schlag versetzt. So gestärkt vermögen wir dann den Anforderungen wieder mit mehr Glauben in unsere eigenen Kräfte zu begegnen. Dies gilt für unsere Kinder mindestens genauso.

Aber auch durch Wut fallen Kinder dieser Altersgruppe in der Phase der Trennung und Scheidung der Eltern auf. Dies wird für Eltern zumeist zu einer weiteren, die bereits entzündliche Grundstimmung negativ beeinträchtigenden Zusatzbelastung. Diese Wut, die sich sowohl gegen sich selber (»Ich bin schuld, dass Papa weggegangen ist«) wie auch auf die Eltern richten kann, die den Rahmen einer als naturgegeben erlebten Lebenskonzeption bricht, wird sowohl innerhalb der Familie mit dem Elternteil, mit dem das Kind hauptsächlich lebt, wie auch in seinem sonstigen sozialen Kontext gelebt. In scheinbar paradoxer Weise, aber bei genauerer Betrachtung sehr einleuchtend, tendieren Kinder eher dann dazu, ihrem Ärger im Rahmen des Familiensystems freien

Ausdruck zu gestatten, wenn sie sicher gebunden sind und sich angenommen fühlen.

Häufig jedoch oder auch zusätzlich trifft es »die Falschen«. Das bisher in seiner Kindergarten- oder Vorschulgruppe aufmerksam Anordnungen ausführende, gegenüber anderen Kindern rücksichtsvolle Kind beginnt aufmüpfig zu werden, Abläufe zu stören, sich vorzudrängen, andere zu stoßen, Streit vom Zaun zu brechen, andere unvermutet zu treten, zu boxen, zu schlagen, oder es verfällt in die noch regressiveren Verhaltensweisen des Spuckens, Beißens und Zwickens. Die Elastizität sozialer Bezugssysteme für dieses Kind, das seine Verzweiflung und Überforderung in derartig anti-sozialer Weise zur Schau trägt, ist bei allem Verständnis zumeist begrenzt.

Wie geht man mit dieser Situation in einer für das Kind konstruktiven Form um? Eindeutig falsch, wenngleich immer wieder zu beobachten, sind die beiden Varianten, aus dem Kind entweder einen Täter oder ein Opfer zu machen.

Im ersten Fall erfährt das Kind negative Stigmatisierung: »Jetzt habe ich schon genug um die Ohren und du machst mir jetzt auch noch im Kindergarten Sorgen. Ich muss schon zum zweiten Elterngespräch, weil du so schlimm bist.« Dies bedeutet Wasser auf die Mühle der Verunsicherung, eine weitere Beschädigung des Selbstbilds und Ängste, den betreffenden Elternteil, von dem man so abhängig ist, zu verlieren.

Der zweite Fall gibt einen scheinbar harmonischeren Weg zwischen Elternteil und Kind vor, indem in einer gemeinsamen Allianz das soziale Bezugssystem des Kindergartens als zu verständnislos, starr oder zu strikt bewertet, Nachsicht aufgrund der besonderen Umstände gefordert und zur Not der Kindergarten gewechselt wird. Manche Kinder werden auf diese Weise zu Wanderpokalen in der Kindergartenlandschaft. Obwohl in diesem Fall vordergründig kein Windhauch die Eltern-Kind-Beziehung beeinträchtigt, wird hier eine grundsätzlich falsche Botschaft gesetzt und ein Sprengzünder hoher Explosionskraft für die späteren Entwicklungsjahre gelegt. Denn soziales Verhalten, die Akzeptanz von entsprechenden Spielregeln, die mit dem berühmten »Hinten anstellen!« beginnt, sowie der Respekt und die Grundachtung vor den Körpergrenzen anderer Menschen sind nicht verhandelbar und unser wesentlichstes grundsätzliches Ziel, wollen wir unsere Kinder fit für ein eigenständiges Leben erziehen.

Wesentlich ist also einerseits mit gebührender Deutlichkeit und unter Beibehaltung eines eigenen respektvollen Umgangsstils vom Kind die Berücksichtigung der sozialen Grenzen, die es gerade überschritten hat, wieder einzufordern. Darauf aufbauend gilt es, ohne eine Attitüde von Verärgerung oder Abwertung, für dieses Kind nach Möglichkeiten zu suchen, die einen geeigneteren und sozial tolerablen Rahmen bieten, um seine überbordenden Gefühle auszudrücken. Es kann dies »Matschen« mit Sand und Wasser sein, mit den Fingern malen, Tanzen bzw. laute Schreiduelle im Garten. Nährt sich die Wut eigentlich im Hintergrund aus Traurigkeit, sollte man Möglichkeiten bieten, das Kind im Zentrum von Aufmerksamkeit und Fürsorge stehen zu lassen.

Welche Botschaften sind für ein Kindergarten- und Vorschulkind bei einer Scheidung der Eltern wesentlich?

* Das Kind trägt nie die Schuld an der Scheidung der Eltern: »Mama und Papa haben es nicht fertiggebracht, ihre Probleme miteinander zu lösen. Unsere Fähigkeiten und Möglichkeiten haben nicht ausgereicht.«
* Eine Scheidung passiert, weil etwas zwischen Müttern und Vätern passiert, und hat nichts mit dem zu tun, was ein Kind sagt, tut oder sich gedacht hat, egal was es ist.
  »Mama und Papa lieben dich genauso weiter wie bisher. Daran ändert die Scheidung nichts.«
  »Wir bleiben weiter für dich verantwortlich. Wir werden immer für dich sorgen, bis du erwachsen bist.«
  »Du wirst immer zu Mama bzw. Papa [dem wegziehenden Elternteil] Kontakt haben [wenn dies der Wahrheit entspricht].«
  »Du wirst deinen Vater bzw. deine Mutter in dieser Form

[möglichst genaue Beschreibung] treffen und mit ihm bzw. ihr telefonieren bzw. skypen [möglichst genaue Form].«

»Du wirst bei deinem Vater bzw. deiner Mutter in der neuen Wohnung deinen Platz haben [wenn dies stimmt].«

»Es ist in Ordnung, wenn du dich traurig oder wütend über die Situation fühlst; lass uns darüber reden. Du kannst es immer sagen.«

»Mama und Papa werden immer versuchen, dir in allem beizustehen.«

Welche Fragen haben Kindergarten- und Vorschulkinder zum Thema Scheidung?

* *Was ist eigentlich eine Scheidung?*
»Eine Scheidung ist eine Sache, die nur zwischen Erwachsenen, zwischen Müttern und Vätern, vorkommt. Eine Scheidung passiert, wenn Mütter und Väter sehr unglücklich und unzufrieden miteinander geworden sind. Dann ziehen Mama und Papa auseinander. Sie wohnen nicht mehr miteinander, jeder lebt in einer eigenen Wohnung. Das hat aber nichts mit den Kindern zu tun. Mütter und Väter lieben die Kinder genauso weiter wie bisher und sorgen für sie.«

* *Warum passiert eine Scheidung?*
»Weil Mütter und Väter große Fehler machen oder in ihrem Tun eine schlechte Wahl treffen und einander damit sehr weh tun. So weh, dass sie dann nicht mehr miteinander leben wollen. Egal was Kinder tun, sie können damit bei Müttern oder Vätern nie bewirken, dass sich diese scheiden lassen: Das ist alleine eine Sache zwischen Müttern und Vätern.«

* *Wann wird diese Scheidung vorbei sein?*
»Die Scheidung wird nicht vorbeigehen. Das ist nichts, was wieder aufhört, sondern so bleibt, wie es ist. Mama und Papa werden nicht mehr zusammenleben, sondern jeder wird immer in seiner eigenen Wohnung leben, aber wir werden dich jeder lieben und du wirst bei jedem von uns deinen eigenen Platz haben.«

* *Habe ich jetzt noch immer eine Familie?*
»Ja natürlich. Auch wenn Mama und Papa geschieden sind und in anderen Wohnungen oder auch an anderen Orten leben, bleibst du immer ein Teil von uns.«

Die Geschichte von Jonathan, unter dessen Bett ein Monster wohnte

Jonathan war fast vier und lebte ein sehr behütetes Leben, als er eines Tages aus dem Kindergarten heimkam und seinen Vater nicht mehr vorfand. Dann eröffnete ihm auch noch seine Mutter, dass Paul, sein Vater, nie mehr kommen würde. Jonathan lief in sein Zimmer und versteckte sich unter dem Bett. Dort kam er erst nach Stunden wieder hervor.

Dabei war schon sein Start in die Welt nicht wirklich einfach gewesen. Sein Vater litt an einer Verminderung der Spermienzahl, die noch dazu nur ziemlich träge vom Platz kamen, sodass seine Eltern lange, bevor er das Licht der Welt erblickte, beschlossen hatten, die moderne Reproduktionsmedizin um Hilfestellung in ihrem großen Kinderwunsch zu ersuchen. Bettina und Paul, Jonathans Eltern, sehnten sich nämlich ganz besonders nach einem kleinen Sohn oder einer kleinen Tochter, dem bzw. der sie auch das kleine Königreich, das beide Familien jeweils mit Immobilien und einem Winzerbetrieb aufgebaut hatten, dereinst übergeben würden.

Da hatte es sich nämlich wirklich gut getroffen zwischen Bettina und Paul, alleine der Sohn bzw. die Tochter ließ auf sich warten. Die nächsten Jahre verbrachten Bettina und Paul mit vielen unangenehmen Untersuchungen und einigen peinlichen Situationen, obwohl das Personal der Fertilitätsklinik immer sehr neutral und professionell vorging – mit vielen Spritzen und Hormontabletten, vielem Warten und Bangen, Enttäuschungen, Mutlosigkeit und dem Bezahlen hoher Rechnungen. Doch ein Sohn bzw. eine Tochter war noch immer nicht in Sicht.

Sechs winzige Babys hatten Paul und Bettina in der Zwischenzeit verloren, kaum dass sie auf dem Schirm des Ultraschallgeräts aufgetaucht waren. Endlich, als Bettina, von der Paul meinte, dass sie zu verkrampft wäre und deswegen die Babys verlöre, und Paul, von dem Bettina meinte, dass sie schließlich ihm die ganze Kacke verdankte, wirklich tief verzagt waren, geschah das Wunder.

Sie hatten gemeinsam eine Psychotherapie besucht – und dort hatte man ihnen geraten, sich von dem Wunsch, unbedingt ein Kind zu wollen, zu verabschieden. Bettina hatte gerade zu dieser Zeit noch ihre letzte In-vitro-Fertilisation gemacht. Da schon alles auf Linie war, zog sie das Ganze eben noch ein letztes Mal durch, jedoch ohne etwas zu erwarten. Dann wuchs Jonathan endlich in ihrem Bauch heran. Paul und Bettina waren überglücklich und auch die zukünftigen Großeltern begannen schon alles rund um Jonathan zu planen, als Bettina in der Schwangerschaftsmitte Blutungen bekam und dann die nächsten Monate bis wenige Wochen vor der Geburt im Krankenhaus zubringen musste.

Das war wieder ein großes Bangen von Untersuchung zu Untersuchung, Kontrolle zu Kontrolle, und Bettina bekam ständig Medikamente, die ihr sehr starkes Herzklopfen bereiteten. Erst in den letzten Wochen vor Jonathans Geburt schien alles ganz normal zu laufen und Bettina wollte Jonathan sogar ganz natürlich zur Welt bringen. Doch alle rieten ihr heftig davon ab, und so kam Jonathan, obwohl sich Bettina schrecklich bevormundet vorkam, mit einem Kaiserschnitt zur Welt.

Jonathan war kerngesund, bis auf ein kleines Loch im Herzen, das sich nicht zu schließen bereit war. So musste er operiert werden, was wieder alle enorm mit Besorgnis erfüllte. Dann schien endlich alles in Ordnung zu sein, als Bettina in eine tiefe und ihr unerklärbare Traurigkeit verfiel. Sie fühlte sich so, als wäre sie nicht Jonathans Mutter. Ihre eigene und ihre Schwiegermutter runzelten bedenklich die Stirn, und Bettina bekam wegen ihrer Seelenerkrankung Medikamente sowie eine Behandlung.

Auch Paul konnte das gar nicht richtig verstehen, obwohl man ihm erklärt hatte, dass dies manchmal vorkommen könne. Er fühlte einen tiefen Groll gegen Bettina. Eine gute Freundin tröstete ihn, und ansonsten kümmerte er sich mit großer Freude um seinen Sohn.

Jonathan war der Augenstern seiner vier Großeltern, die ihn sehr verhätschelten, mit Spielzeug überschütteten und zahlreiche gute Vorschläge für Bettina hatten, die immer wieder das Gefühl hatte, dass man ihr die Versorgung von Jonathan nicht zutrauen würde.

Jonathan war in seinen ersten beiden Jahren von zarter Gesundheit, litt oft an Ohrenentzündungen und bekam manchmal ganz unvermutet hohes Fieber, das dann von allen kommentiert wurde, dessen Ursache aber auch keiner der zugezogenen Spezialisten finden konnte.

Paul und Bettina hatten zunehmend Streit. Sie wollten gar nicht mehr gemeinsam zu Bett gehen und Paul zog, da das Haus ja groß war, einfach einmal in ein anderes Zimmer. Sie hatten es sich ganz anders vorgestellt, Eltern zu sein. Zusätzlich mussten sie feststellen, dass sie in ihren Überzeugungen, was gut für Jonathan wäre, sehr verschieden waren. Paul war fast immer der Meinung seiner Mutter, die praktischerweise auch gleich ein paar Gassen weiter wohnte und aus Jonathan einen wohlerzogenen kleinen Mann machen wollte.

Bettina sah vieles, das ihr quirliger Sohn den ganzen Tag über anstellte, sehr viel großzügiger. Zunehmend schien es ihr unannehmbar, weiterhin beständig kritisiert zu werden. An Jonathans drittem Geburtstag kam es zu einem offenen Streit zwischen Bettina und Pauls Mutter. Bettina verbot ihr, sehr zu deren und Pauls Bestürzung, weiterhin unangemeldet ins Haus zu kommen. Auch zwischen Paul und Bettina entzündete sich ein furchtbarer Streit, in dessen Verlauf Paul Bettina viele unschöne Sachen an den Kopf warf und sie es genauso hielt. Ein Detektiv hatte Bettina nämlich Bilder von Paul mit seiner alten Freundin gezeigt und eine lange Liste von Pauls Telefongesprächen mit ihr, obwohl er so etwas eigentlich nicht dürfte.

Nun reicht Bettina die Scheidung ein und beansprucht die alleinige Obsorge für Jonathan. Paul gibt nach. Das Kontaktrecht, das sein Anwalt erwirkt hat, gestaltet sich jedoch äußerst schwierig in der Umsetzung. Jedes Mal, wenn er Jonathan abholen möchte, ist niemand zu Hause, oder er erfährt, dass Jonathan gerade krank ist und er ihn deswegen nicht sehen kann, denn hereinbitten will Bettina Paul sicher nicht.

Und was erlebt Jonathan?

Jonathan vermisst seinen Papa, mit dem er so viele Schmusestunden, aber auch Wildes im Garten beim Herumtollen erlebt hat, sehr, und ist auch gleichzeitig sehr verunsichert. Der Papa ist einfach weggegangen und er sieht ihn nicht mehr.

Seine Mama Bettina hat gesagt, dass der Papa leider sehr böse ist und jetzt auch mit einer anderen Frau zusammenlebt, die schon ein anderes Kind hat. Ob Papa ihn jetzt nicht mehr braucht, wenn er ein anderes Kind hat? Ob er dieses Kind lieber hat als ihn, Jonathan?

Jonathan bekommt jetzt häufig Bauchweh und bemerkt es manchmal gar nicht, wenn er sich in die Hose macht. Wenn das zu Hause passiert, ist das nicht so schlimm, weil ihn die Mama dann in den Arm nimmt und tröstet, obwohl sie selber ganz traurig dabei ist. Aber im Kindergarten hat ihn der blöde Anton ausgelacht, und den hat er dann auch richtig geschubst. Überhaupt ist Jonathan die letzte Zeit ziemlich rasch wütend, wirft Sachen herum oder stößt andere Kinder und beißt auch manchmal. Die Kindergartentante hat gemeint, dass das so nicht weitergeht. Die Mama hat gesagt, dass sie Jonathan eben in einen besseren Kindergarten geben wird, wenn dieser kein pädagogisches Konzept hat, um mit schwierigen Situationen umzugehen. Eigentlich will Jonathan ja nicht in einen anderen Kindergarten. Hier kennt er schon alle Tanten und Kinder – wenn er nur nicht so wütend werden würde.

Aber das Schlimmste ist die Geschichte mit den Monstern unter seinem Bett. Zuerst waren sie nur in seinem Traum da. Da ist er aufgewacht und zur Mama ins Bett gegangen – und damit war es dann gut. Aber dann haben die Monster begonnen, nicht nur aufzutauchen, sondern ihn auch zu jagen. Und seit ein paar Wochen weiß Jonathan, dass das Schlimmste davon, das mit den brennenden Augen und dem schwarzen haarigen Fell, unter seinem Bett wohnt und nur darauf lauert, ihn zu überfallen. Manchmal ist er so panisch, dass er sich gar nicht traut, einen Fuß aus dem Bett zu stellen.

Jonathans Mutter sucht mich mit dieser Geschichte in meiner Praxis auf. Bitterkeit und Erschöpfung lassen sich zwischen den Zeilen herauslesen und Jonathans übergroße Not steht in Leuchtschrift über allem.

»Wir haben alles versucht«, versichert sie mir. »Ich habe ihm erklärt, dass es keine Monster gibt, gebettelt, ihn versucht zu bestechen, war sogar streng mit ihm, habe sein Bett umgestellt. Nichts hilft. Das Ganze wird immer mehr zu einer fixen Idee von ihm. Ich mache mir schon wirklich Sorgen, weil das Ganze für ihn total real ist und es immer schlimmer wird.«

»Der Junge braucht seinen Vater«, bringe ich ziemlich direkt an. Das will sie nicht hören, aber als Monsterjägerin für ihren kleinen Sohn will sie mich engagieren, zumal er bereits mehrmals den Kindergartenbesuch verweigert hat – aus Angst, sein Bett zu verlassen.

Jonathan beobachtet mich aufmerksam und mit respektvoller Vorsicht – ein sensibles, erschöpft wirkendes Kind. Aber da ich ihm als erfahrene Monsterjägerin vorgestellt wurde, seinen Ausführungen ohne Widerspruch lausche, zuweilen mit genaueren Nachfragen noch nachsetze und alles auf meinem Block mit gespitztem Bleistift festhalte, wirke ich glaubwürdig für ihn und er taut auf. Gemeinsam gehen wir die Entwicklung der Machtzunahme und der möglichen Ziele des ihn verfolgenden Monsters und potenzielle Abwehrstrategien durch.

Ich entscheide mich für ein höchst wirksames »Monsterabwehrpulver«, Marke Salinen Austria, abgepackt in kleinen, gefälligen Säckchen, das unter das Bett gestreut und als Talisman im Bett unter dem Kopfkissen platziert noch jedes Monster fernzuhalten vermocht hat. Das wirkt tatsächlich, allerdings nur für einige Tage.

Ich habe dies nicht wirklich anders erwartet, doch jetzt ist Bettina bereit, meinen ursprünglichen Einwand zu diskutieren. Das gestaltet sich zu Beginn allerdings als schwierig, da Bettina und Paul als wohlsituierte Eltern bereits jede wechselseitige Kommunikation an ihre Anwälte übergeben haben. Doch Jonathans Gesundheit und Zukunft liegen laut meinem Dafürhalten im Talon. Das überzeugt schließlich beide, und eine schmerzensreiche, aber erlösende Aufarbeitung der Geschichte, in der nun Jonathans Blickwinkel endlich zum Tragen kommt, folgt nach.

Am Ende steht die Einsicht des gemeinsam zu verantwortenden Scheiterns und der Verantwortung dem gemeinsamen Sohn gegenüber, dessen Signale den Eltern verdeutlichen, wie dringend er sie beide für seine Entwicklung braucht. Seine Eltern erzielen eine vorsichtige Einigung in der Kontaktregelung, und seinem Vater – der »richtigen Person« – gelingt es mit einigen wenigen

Versuchen, das so hartnäckig unter Jonathans Bett einquartierte Monster mit meinem »legendären Monsterabwehrpulver« nachhaltig von einer Rückkehr abzuhalten.

Schulkinder bis etwa zum neunten Lebensjahr – Die Entdeckung des Selbst

»Seit Papa ausgezogen ist, bin ich sehr oft traurig, besonders am Abend. Ich vermisse ihn so sehr. Am meisten vermisse ich, dass er nicht da ist, um mich zu halten oder mit mir und Blacky [dem Meerschweinchen] gemeinsam zu spielen. Das war immer so lustig.

Mama ist auch sehr traurig. Sie lacht ganz wenig. Darum denke ich auch, dass es besser ist, dass ich ihr gar nicht sage, wie traurig ich bin. Ich war immer so ein schlimmes Kind und jetzt sind meine Eltern geschieden. Wenn ich meine Schulaufgaben alleine gemacht hätte und nicht erst am Abend mit Mama, hätten sie nicht so oft gestritten und Papa wäre sicher noch bei uns. Mama hat gesagt, dass alles gut werden wird und jetzt wenigstens Ruhe ist, weil sie nicht mehr dauernd miteinander streiten.« (Monika, 8 Jahre)

* * *

»Ich wollte bei dem Fußballspiel einfach deswegen nicht mitmachen, weil sonst alle gesehen hätten, dass meine Eltern geschieden sind. Darum habe ich vergangenen Sonntag in der Früh gesagt, dass ich so Bauchweh habe. Ich will nicht, dass die anderen wissen, wie es in meiner Familie aussieht.« (Andre, 8 Jahre)

* * *

»Am allermeisten wünsche ich mir, dass meine Eltern wieder zusammenkommen. Ich bemühe mich ganz toll, alles richtig zu machen. Jeden Abend bete ich zum lieben Gott, dass wir wieder eine richtige Familie sein können. Ich glaube, dass das sicher funktionieren wird.

Beim letzten Mal, als ich bei Papa war, hat er mit seiner neuen Frau ziemlich Streit gehabt. Sabine [Name der neuen Gattin] ist aus dem Zimmer gelaufen und hat geschrien, dass sie sich das nicht gefallen lässt, so wie Papa mit ihr spricht. Es war genauso wie früher mit Mama.

Ich glaube, er wird sich bald von ihr scheiden lassen, und dann wird sicher auch Kurt wieder verschwinden [Lebensgefährte der Mutter]. Wenn ich sie dann ganz fest bitte, werden meine Eltern sicher wieder zusammenkommen und sich ineinander verlieben.« (Markus, 9 Jahre)

* * *

»Mein Vater ist ein echter Idiot. Zu dem geh ich doch nicht mehr. Da bringt mich jetzt keiner mehr hin. Meine Mutter tut mir echt noch immer leid, dass sie es so lang mit dem ausgehalten hat. Nur wegen uns Kindern, meinem kleinen Bruder [5 Jahre] und mir.

Der schaut beständig anderen Frauen nach, wenn ich mit ihm bin. Auch jetzt, neben seiner neuen Freundin, die eh dünn wie eine Spinne ist. Das hat meine Mutter immer so gestört, und dann hat er noch blöde Witze über ihr Aussehen gemacht. Er hat gemeint, sie hätte einen breiten Hintern. Das braucht man sich von niemandem sagen zu lassen, hat meine Mutter gesagt. Schon gar nicht von einem wie ihm. Als ich letztes Mal bei ihm war, hat er beim McDonald's zu mir gesagt, ich soll aufpassen, dass ich nicht anfange, dick zu werden. Seine Freundin hat dazu genickt. Jetzt reicht's mir. Ich geh nie mehr zu ihm.« (Dora, 9 Jahre; Dora hat seit der Trennung der Eltern stark zugenommen)

Was in diesem Alter Sache ist

Ist die erste Kontaktnahme mit einer Welt außerhalb der Familie und das Erlernen grundsätzlicher sozialer Spielregeln das Arbeitsfeld von Kindergarten- und Vorschulkindern, so tauchen Schulkinder regelrecht in das soziale Bezugsfeld ihrer Mitschüler ein. Dazu gehört es, seinen Platz behaupten zu lernen und erste Freundschaften bewusst zu wählen. Das verfeinerte Spiel von Kommunikation mit all ihren Gesetzmäßigkeiten, den Verführungen zu Machtausübung und Gelegenheiten, sich ohnmächtig zu fühlen, wird ausprobiert. Dies alles erfolgt zwar noch in der Überblickbarkeit des Klassenzimmers, jedoch bereits in relativer Unabhängigkeit von den Eltern und wird zu einem Kardinalthema dieser Lebensperiode.

Die Entdeckung des eigenen Selbst, der individuellen Persönlichkeit, der persönlichen Wirkung auf die Gleichaltrigen der Klassengemeinschaft beschäftigt das Schulkind enorm. Dies ist auch der Zeitpunkt der ersten Lektionen – das Kind erfährt, was es bedeutet, die Führung in einer Gruppe zu übernehmen oder aber eine untergeordnete Rangposition einzunehmen. Es macht erste Erfahrungen, was es heißt, für einen Schwächeren einzutreten, und beginnt sich damit auseinanderzusetzen, ob es überhaupt aus diesem Holz geschnitzt ist.

Lernen Kinder jüngeren Lebensalters noch, ohne dies eigentlich wahrzunehmen, eben einfach durch ihr Tun, so wird dem Schulkind erstmals der bewusste Erwerb von Kompetenzen und Fähigkeiten, ein bewusst erlebtes und als solches speicherbares Erfolgserlebnis möglich. Damit einhergehend tritt der Vergleich mit anderen und die Bewertung mit auf den Plan: »Ich kann schneller laufen als Christine, ich bin darin besser als sie«, oder: »Markus ist bei den Rechenaufgaben immer als Erster fertig, er kann viel besser rechnen als ich.«

Erste noch sehr instabile Cliquen finden sich zusammen, um die Machtspiele von Ausschluss und Einbeziehung zu erproben.

Das Schulkind ist, im Unterschied zu jüngeren Kindern, schon recht gut fähig, ein differenziertes Gefühlsspektrum zu beschreiben, und gewinnt in dieser Fähigkeit der Selbstwahrnehmung und bewussten emotionalen Kontrollfähigkeit von Jahr zu Jahr an Meisterschaft. Der Gefühlsausdruck ist nicht mehr imperativ, die eigene Befindlichkeit nicht mehr auf die Konfluenz mit der Emotionalität der Eltern oder naher Bezugspersonen beschränkt, sondern bekommt zunehmend Unabhängigkeit und unterliegt bereits einer gewissen Kontrollfähigkeit. Ein junges Schulkind vermag emotional zu unterscheiden zwischen:

»Mama ist wütend auf mich, weil ich meine Aufgabe nicht geschrieben habe.«

»Mama streitet mit Papa und ist wütend auf ihn.«

Dennoch ist die wirkliche Fähigkeit zur eigenen emotionalen Abgrenzung erst dem älteren Schulkind vorbehalten. Die hier angesprochene Altersgruppe verfügt demgegenüber noch nicht über die entsprechende psychische Reife und reagiert häufig trotz der Unterscheidungsfähigkeit noch mit eigener emotionaler Betroffenheit mit.

Die Veränderungen der Trennung/Scheidung der Eltern aus dem Blickwinkel des Schulkinds bis zum neunten Lebensjahr

Auch wenn zwischen Kindergarten- sowie Vorschulkindern und der hier thematisierten Gruppe der Volksschulkinder ein gigantischer Zuwachs an Reife, Vernunft, Logik, Deduktionsfähigkeit, Voraussicht, Selbstmanagementfähigkeit, Selbstbewusstheit, Verständnis für soziale Prozesse und persönlicher emotionaler Ausdrucksfähigkeit zu verzeichnen ist, so bleibt die sich gerade bewusst etablierende Entdeckung des eigenen Selbst, das Selbstimage noch in hohem Ausmaß an das Bild der Eltern gekoppelt. Kinder dieses Alters identifizieren sich noch bemerkenswert stark mit ihren Eltern und benötigen ein unbeschädigtes Bild beider Eltern für den Aufbau eines intakten Selbstbilds. So wie etwa der achtjährige Thomas vom Bild seines verlässlichen, starken Vaters Stärke für sein eigenes Selbstbild bezieht, wird er auch jede Abwertung oder negative Kritik an seinem Vater persönlich auf sich selber beziehen.

Kinder dieser Altersgruppe erleben bereits sehr bewusst ihre Emotionalität. Damit einhergehend verfügen sie über eine begrenzte Kontrolle, ob sie ihre Gefühle zeigen wollen, und zwar im Sinne einer Wahlmöglichkeit. Da der Druck zur Zugehörigkeit bereits als sehr bedrängend erlebt werden kann (man will nicht »anders« sein), führt dies bisweilen dazu, dass es Kindern wichtig ist, vor ihrem sozialen Bezugsfeld den Umstand der Scheidung zu verleugnen, besonders, wenn sie meinen, durch die Scheidung der Eltern in eine Außenseiterposition zu kommen.

Andererseits liegt hierin auch der Grund, dass das Kind zum Beispiel entscheiden mag, seiner Mutter zu verheimlichen, wie traurig es über den Auszug des Vaters oder eine mangelhafte Besuchssituation ist. Diese Kinder wirken dann seltsam unberührt, manchmal sogar betont aufgeräumt oder altersinadäquat vernünftig und sehen in der ganzen Scheidung der Eltern »kein Problem«: »Ich sehe meinen Vater doch eh fast jedes zweite Wochenende, das langt völlig, und bei Mama und mir läuft alles ganz easy«, beschrieb dies die fast neunjährige Gabriela, deren Mutter nach der Trennung vom Vater eine depressive Periode durchlief. Die dahinter verborgene Angst und Trauer über die Kontakteinschränkung zum Vater war bei diesem bereits so vernünftig anmutenden und in seiner Emotionalität bereits so beherrschten Mädchen für kaum jemanden in ihrer Umgebung zu vermuten gewesen. Diese Diskrepanz zwischen äußerem Auftreten und entwicklungsbedingten Möglichkeiten, die sich dann in Form eines hartnäckigen Kontaktekzems bei Gabriela ihren Weg bis an die Oberfläche gegraben hatte, konnte erst in der Therapie transparent gemacht werden und in der Folge einer Entlastung zugeführt werden. Eine wesentliche Rolle spielte dabei die Erhöhung der Kontaktfrequenz mit dem Vater, die die Etablierung einer bedingten Alltagsnormalität ermöglichte.

Neben der Problematik, Gefühle bereits verbergen zu können und das auch zu tun, wenn dies aus der kindlichen Perspektive heraus sinnvoll erscheint, sowie der Schwierigkeit nach konstanter emotionaler Nähe bedürftiger zu sein, als man dies dem Auftreten nach vermuten würde, zeigen Kinder dieser Altersgruppe nach wie vor eine starke Neigung der Schuldübernahme an der Scheidung der Eltern.

Die Idee, an der Scheidung der Eltern schuld zu sein, wirkt für das Volksschulkind immer noch weniger beklemmend, als zu akzeptieren, dass Dinge sich außerhalb des eigenen Wirkkreises und Zutuns ereignen. Die einfache Rechnung lautet: Lieber Schuld als Ohnmacht. Und führt damit zu einem weiteren sehr hartnäckigen Phänomen: dem Glauben, die Eltern wieder zusammenbringen zu können. Für Kinder dieser Altersgruppe drückt sich darin der Wunsch aus, alles, was im Zusammenhang mit der Scheidung der Eltern steht, zu einem Ende bringen zu wollen – ein konfliktbelastetes Alltagsleben, alle Veränderungen, wie

Umzug und Schulwechsel, neue Partnerschaften der Eltern, die dem Kind abverlangt werden, und die Zukunftsunsicherheit. Oft werden diese Träume entgegen jeder Aussicht auf den schmalsten Schimmer einer Erfüllbarkeit weiter aufrechterhalten, entgegen jeder Logik, oft selbst dann, wenn Vater oder Mutter bereits in einer neuen Beziehung leben, sogar mit einem neuen Partner bzw. einer neuen Partnerin verheiratet sind oder ein weiteres Kind in dieser Beziehung geboren wurde.

Oftmals ist es für Eltern schwer, in ihren Kindern, wenn sie in dieser Altersgruppe sind, zu lesen, ihre wirkliche emotionale Befindlichkeit, ihre eigentlichen Nöte oder wahren Bedürfnisse zu erkennen. Rollenspiele, die Beobachtung, zu welchen Freunden sich ihre Kinder hingezogen fühlen oder welche Probleme ihre Kinder damit Gestalt werden lassen, dass sie »Stellvertretergeschichten« berichten, vermögen bei achtsamer Wahrnehmung Eltern oft erstaunlichen Einblick in die Seelenlandschaft ihres Kindes zu gewähren. Sie können so erkennen, ob das Schiff auf Bewältigungskurs der Lebensumstellung Scheidung ist.

Im – zum Unterschied von Vorschulkindern – sehr viel bewussteren Rollenspiel eines Siebenjährigen kann zum Beispiel damit, dass immer wieder eine Spielsequenz durchlaufen wird, in der eine bestimmte Power-Ranger-Figur von einer anderen Figur verjagt wird, die eigentliche Bedrängnis des Kindes und die Angst des Vaterverlustes Ausdruck bekommen, während dasselbe Kind sich äußerlich völlig unauffällig einem restriktiven Besuchsmodus unterwirft. Oder aber es ist wie bei der achtjährigen Larissa: Sie kommt immer wieder auf die Geschichte einer Klassenkameradin und deren unbeherrschbare Traurigkeit zu sprechen. Die Familie der Klassenkameradin durchläuft gerade eine äußerst problematische Scheidung der Eltern, während sie die Scheidung der eigenen Eltern als »eh cool, weil es jetzt keinen Streit mehr gibt« beschreibt.

Was sind Anzeichen dafür, dass Kinder dieser Altersgruppe ihre Traurigkeit zu verbergen trachten

* Das Kind erwähnt die Trennung der Eltern überhaupt nicht mehr.
* Es scheint unter der Trennung vom weggezogenen Elternteil überhaupt nicht zu leiden.
* Es hinterlässt in übertrieben häufiger Form Nachrichten an den Elternteil, mit dem es lebt, die beständig bestätigen sollen, wie wichtig dieser Elternteil ist: »Mami bzw. Papi, ich habe *dich* so lieb«, »Mami bzw. Papi, ich werde immer für dich da sein und für dich sorgen, wenn du alt bist« (gesteigerte Verlustangst).
* Das Kind bietet beständig seine Unterstützung an.
* Es erscheint generell in seiner Gefühlswelt gedämpft bis sogar abgestumpft.
* Für das Kind scheint es egal zu sein, wenn ein Besuchswochenende des anderen Elternteils ausgelassen wird oder aus sonst einem Grund nicht zustande kommt.
* Es zeigt Interesse an Filmen, Büchern etc. mit traurigem Inhalt, oder bevorzugt diese anderen Unterhaltungsmöglichkeiten gegenüber.
* Das Kind zeigt weniger Begeisterungsfähigkeit für seine Hobbys oder bevorzugten Spielzeuge und reagiert auf Menschen, die es bisher mochte, reservierter.

Vanessas Kampf um ihr Selbstbild und ihre Mutter

Vanessa ist achteinhalb, als wir einander in meinem Sprechzimmer begegnen, und hat schon einiges in ihrem kurzen Leben hinter sich gebracht. Ihr Papa und ihre Mama waren noch recht jung, als sie sich unerwartet plötzlich vor die Aufgabe gestellt sahen, in absehbarer Zeit für einen kleinen Menschen sorgen zu müssen. Sie hatten einander gerade erst einmal kennengelernt und noch gar nicht darüber nachgedacht, ob sie, über den Spaß des Moments hinaus, auch weiter zueinander passen würden.

Für Vanessas Mutter, Ranka, war das Planen einer Zukunft sowieso eine schwierige, mit vielen Zweifeln besetzte Sache, nachdem sie als klei-

nes Mädchen im Krieg in Ex-Jugoslawien erlebt hatte, wie alle ihre Verwandten zusammengetrieben und einfach so hingerichtet worden waren. Zukunft ist also eine instabile Sache, genauso wie Vertrauen in den Nächsten, der gerade noch dein Nachbar war ...

Vanessas Mutter hatte sich, irgendwie bei einer in Wien lebenden Verwandten aufwachsend und nie psychotherapeutisch betreut, entschlossen, ohne dass ihr das je zu Bewusstsein gekommen wäre, den Moment zu leben – am liebsten jenen, der sie spüren ließ, dass das Blut in ihren Adern noch floss und ihr Herz im Unterschied zu dem ihrer Eltern und Großeltern und ihrer älteren Brüder noch schlug. Da sie jung war und hübsch noch dazu, machte sie das zu einer begehrten Gefährtin des Moments – auch für Harald, den die Zerbrechlichkeit hinter der so auffordernden äußeren Schale an jenem Abend so fasziniert hatte und der nach einem positiven Schwangerschaftstest beschloss »dranzubleiben« und sich der Vaterschaft zu stellen. Sehr zur Rührung von Ranka machte er ihr einen Heiratsantrag. Das Paar zog, entsprechend seinen Möglichkeiten und nicht wirklich mit dem Segen von Haralds Eltern, die sich eine respektablere Schwiegertochter gewünscht hätten, in eine Sozialwohnung. Auf Seiten Vanessas Mutter gab es zumindest keinen, der den Segen verweigern hätte können.

Aber auch so hat es das junge Paar nicht wirklich leicht. Vanessas Eltern haben mehr als Geldsorgen, um ihre kleine Familie über Wasser zu halten. Vanessa zerrt mit ihrem stundenlangen Schreien an den Nerven ihrer Eltern und zeigt damit, dass sie weit mehr Aufmerksamkeit braucht als die Babypuppe, die sich ihre Mutter in der Tiefe ihres Herzens erhofft hat.

Rasch nimmt Ranka, der dieses »Schreibaby« zu viel wird, wieder bei ihrem früheren Leben Zuflucht, zieht mit ständig wechselnden Freunden durch die Nacht und ist zumeist zu sehr alkoholisiert, um sich um Vanessa ausreichend kümmern zu können. Das Paar gerät zunehmend in Konfrontation. Harald wirft Ranka Unfähigkeit und Amoralität vor, diese erlebt ihn zunehmend als unmännlich und schlichtweg unattraktiv.

Ohne es geplant zu haben, mutiert Harald zur Hauptbezugsperson der kleinen Vanessa, und als er knapp vor ihrem dritten Geburtstag das Handtuch wirft und die Scheidung beantragt, geht er davon aus, dass

ihm auch die Obsorge für Vanessa zugesprochen wird – was sich als ka-
pitaler Irrtum herausstellt.

Knapp zwei Jahre, in denen Harald immer wieder Eingaben bei der
zuständigen Jugendwohlfahrtsbehörde bezüglich Vanessas mangelhaf-
ter Versorgung bei der Mutter macht, vergehen, bevor das Mädchen auf
Veranlassung der Nachbarn von Vanessas Mutter dieser entzogen und
ihrem Vater zur Betreuung übergeben wird. Vanessa lebt seither in seiner Obhut und wird von ihm, ihren Großeltern väterlicherseits und der
Lebensgefährtin des Vaters betreut.

Vieles hat sich in ihrem Leben damit geändert. Ein regelmäßiger Tagesablauf, kindgerechte Alltagsstrukturen und Bettgehzeiten, Konsequenz in der Körperpflege, eine klare Betonung von Ordnung und der
Wichtigkeit der Schule für ihre Zukunft haben ein vormals chaotisches,
defizitäres Management ersetzt. Vanessa malt und tanzt gerne, die
Großeltern und der Vater, der zur Zeit an einer Fachhochschule seine
Akademisierung nachholt, ermöglichen ihr den Besuch fördernder
Kurse. Vor ein paar Monaten durfte sie dann auch noch mit Reitstunden
beginnen.

Die Kontakte zur Mutter sind in den vergangenen drei Jahren, trotz
eines eingeräumten wöchentlichen Besuchsrechts für einen Wochenend-
tag, sporadisch und unspektakulär, immer auf nur wenige Stunden beschränkt und außerdem von mehreren monatelangen gänzlichen Be-
suchspausen unterbrochen. Ginge es nach den Großeltern und dem
Vater, wären auch die wenigen Kontakte gut verzichtbar. Die Grundstimmung der Kindesmutter gegenüber ist von tiefer Abneigung und
einer beständig präsenten Abwertung geprägt. Alle Vanessa umgebenden Erwachsenen lassen keinen Zweifel daran, was von ihrer Mutter zu
halten sei: nämlich absolut nichts.

Von der sehr um Vanessa besorgten Familie werde ich wegen
Vanessas zunehmend problematischer Situation in ihrer Schul-
klasse aufgesucht. Vanessa hat sich bisher als eine äußerst begabte
und fleißige Schülerin erwiesen und ihrem Vater und den mit ihr
häufig lernenden Großeltern nur Anlass zur Freude gegeben. Nun
gerät sie zunehmend unter den Druck ihrer Mitschülerinnen, die

sie als Streberin bezeichnen und sie auf vielerlei Weise ausgrenzen. Alarmiert ist die Klassenpädagogin davon, dass Vanessa scheinbar über keinerlei Fähigkeit verfügt, für sich selbst einzutreten. Hündisch läuft sie den anderen Mädchen nach, die sich einen Spaß damit machen, sie immer wieder willkürlich abzuweisen. Sie unterwirft sich vollkommen deren Urteil, verrichtet unterschiedliche Dienste für sie und scheint auch absichtlich während der Klassenarbeit Fehler zu machen, um Angriffe zu vermeiden.

Der Vater und die Großeltern sind alarmiert. Zeichnen sich hier erste Anzeichen derselben »Labilität« ab, die von ihnen als die Ursache des missglückten Lebens von Vanessas Mutter, Ranka, gesehen wird?

Vanessa selbst ist ein etwas pummeliges Mädchen, das gerade die dritte Volksschulklasse besucht und sehr höflich bemüht ist, meine Fragen »richtig« zu beantworten. Sie entschuldigt sich gleich zu Beginn für ihre schmutzigen Schneestiefel, die sie wohl nicht ausreichend abgestreift habe. Auffallend ist der Anschein einer emotionalen Flachheit. Alles ist »nett«, auch die Besuche bei Mama. Die Situation zwischen ihren Eltern verleugnet sie, ihre eigene Geschichte erzählt sie als monotonen Tatsachenbericht. Die Situation in der Schule scheint ihr gar nicht bewusst zu sein. Sie macht das, was die anderen Mädchen wollen, weil sie mit ihnen befreundet sein will und sie dann »nett« sind. Dass dabei vieles ist, das sie demütigt, dass sie ausgenützt wird – all das scheint sie paradoxerweise als normal zu befinden. Eine stark defensive, ein positives eigenes Selbstbild vermissende Grundwahrnehmung ihres Selbst ist nicht zu verleugnen.

Mein Wunsch, die Mutter in einen zu Vanessas Vorteil verlaufenden Prozess mit einzubeziehen, stößt bei ihrem Vater zuerst auf Unverständnis. Trotzdem sitzt mir etwa eine Woche später eine ein paar Jahre vor ihrem 30. Geburtstag stehende junge Frau gegenüber, in deren Gesicht viel ehemalige Verwirrung und Kummer geschrieben stehen.

Kurz nach der Kindesabnahme hatte sie einen endgültigen Zusammenbruch erlitten, der zu einem stationären Aufenthalt in einer Entzugsklinik führte. Die letzten Jahre waren hart, doch jetzt schafft sie es erstmals, unabhängig zu leben, ohne sich an jemanden hängen zu müssen, und geht einer geregelten Tätigkeit im Lebensmittelhandel nach. Sie kommt mit rund zehn Zigaretten pro Tag aus, kein Alkohol, keine Drogen. Das ist ihr klar.

Auf Vanessa angesprochen, treten tiefe Schuldgefühle zutage und gleichzeitig das Gefühl, nicht gut genug zu sein, um vom Vater mehr Zeit für ein Zusammensein mit der Tochter zu verhandeln, obwohl dies ihrem tiefen Wunsch entsprechen würde. »Ich möchte ihr so gerne zeigen, dass ich heute eine ganz andere geworden bin und auch etwas fertigbringe. Aber er spricht nicht einmal mit mir und will auch sicher nichts davon wissen. Sie ist jetzt *seine* Tochter.«

Vanessa wird auch jedes Mal im Stiegenhaus alleine hinaufgeschickt, Termine werden nur per SMS vereinbart. Das ändern wir die Woche darauf in meinem Sprechzimmer, indem wir für ein neues Zeitschema »Sicherheitsbedingungen« ausverhandeln. So werden Vanessa mehr Besuchskontakte mit ihrer Mutter ermöglicht. Nur widerstrebend hat Vanessas Vater die These akzeptieren können, dass mit dieser Maßnahme eventuell eine Verbesserung in der Störung ihres Selbstbilds erreicht werden könnte. Entsprechend schwierig und bedenkenreich gestaltet sich die Umsetzung unserer Übereinkunft, die als wesentlichste Begleitmaßnahme eine wöchentliche Arbeit mit beiden Eltern gemeinsam beinhaltet und in der es Harald nach und nach gelingt, die Reifung der Kindesmutter zunehmend wahrzunehmen und ihr in der Betreuung der gemeinsamen Tochter Vertrauen zu schenken.

Am Ende der vierten Volksschulklasse, bevor wir beide in die Ferien gehen, vertraut mir Vanessa, die sich auf eine erste gemeinsame Urlaubswoche mit ihrer Mutter freut, in bereits aufgeräumter Ferienstimmung an: »Ich bin schon so gespannt auf die neue Schule, aber ›herum bossen‹ lass' ich mich von keinem mehr.«

Die Vorpubertät – Pre-Teens, der Zeitraum der Wandlung

»Mama und Papa haben gesagt, dass die Scheidung nichts mit mir zu tun hat. Das ist etwas, was nur zwischen ihnen passiert. Aber wie kann das sein? Wenn wir doch eine Familie sind – und das habe ich immer geglaubt –, dann betrifft uns das doch alle? Außerdem haben sie gesagt, dass sie mich beide weiterhin ganz genauso lieb haben. Aber irgendwie macht mich das wütend. Wenn sie mich so lieb haben, warum strengen sie sich nicht an, dass sie alles wieder hinbekommen und wir zusammen eine Familie bleiben und nicht zwei halbe?« (Ilona, 10 Jahre)

* * *

»Als mir meine Eltern gesagt haben, dass sie sich scheiden lassen, bin ich enorm wütend geworden. Ich habe sie angebrüllt, ihnen gesagt, dass sie Loser sind, und bin in mein Zimmer gerannt. Jetzt bin ich noch immer meistens wütend, wenn mich jemand darauf anspricht. Aber eigentlich bin ich auch sehr traurig. Was soll das für eine Familie sein? Die Erwachsenen machen sowieso nur das, was sie wollen.

Nun lebe ich bei meiner Mutter und sehe meinen Vater manchmal am Wochenende. In der letzten Zeit fällt das immer mal aus. Wir tun dann so, als ob eh alles cool wäre, gehen ins Kino und dann zu irgendeinem Burger. Da kann ich mir dann bestellen, was ich will. Dann fragt er mich, ob eh alles in Ordnung ist. ›Klar‹, sag ich dann. Was soll ich denn sonst sagen?« (Tim, 12 Jahre)

* * *

»Meine Eltern haben sich getrennt und werden sich scheiden lassen. Sie haben mir und meinem kleinen Bruder gesagt, dass sie schon lange nicht miteinander glücklich wären. Aber früher haben sie gesagt, dass alles in Ordnung ist, wenn ich gefragt habe, warum sie miteinander streiten.

Jetzt hat sich Papa in die Mama von Tanja verliebt und ist bei ihr eingezogen. Meine Mama hat gesagt, dass das schon in Ordnung ist, da sie und Papa einander ja nicht mehr lieben und er jetzt machen kann, was er will. Aber treffen mag sie jetzt Tanjas Mama auch nicht, obwohl sie doch immer beste Freundinnen waren.

Ich habe zu Mama gesagt: ›Wenn für dich alles in Ordnung ist, warum kommt dann Tanjas Mama nicht mehr zweimal die Woche zu uns rüber, wie früher? Und warum gehst du nicht weiter mit ihr ins Fitnessstudio?‹ Da hat sie dann gar nichts darauf gesagt und ist nur rot geworden.

Wieso ist das für Tanja nicht auch ganz komisch, dass jetzt mein Papa bei ihnen wohnt? Sie strahlt nur immer so megafröhlich und tut ganz lässig und cool, wenn ich bei ihnen bin. So, als ob das alles ganz normal und easy ist. Ich finde das Ganze aber urpeinlich.

Ich will deswegen nicht in die Schule gehen. Wie soll ich das meinen Freundinnen erklären? Das ist doch so urgrindig, dass mein Papa jetzt der Lover von Tanjas Mama ist und die sich küssen. Tanja hat das gesehen und mir erzählt. Ich geh ganz sicher nicht in die Schule!« (Antonia, 11 Jahre)

Was in diesem Alter Sache ist

Bis vor wenigen Jahren wären Kinder dieser Altersgruppe, kraft der überlegenen Autorität ihrer Eltern, noch als der zuvor beschriebenen Gruppe »im oberen Entwicklungsrand zugehörig« beschrieben worden.

Gesellschaftliche Veränderungen billigen den Kindern heute jedoch eine frühere Selbstständigkeit zu und bringen das in einer gelebten Alltagskultur zum Ausdruck. Dies und die Demontage der autoritären Erziehungskultur als der allgemein gesellschaftlich akzeptierten sowie ihr Ersatz durch ein mehr sozial integratives, die Selbstbestimmung innerhalb altersadäquater Grenzen förderndes Erziehungsmodell rechtfertigen es, die Gruppe der Pre-Teens heute als gesonderte Altersgruppe herauszugreifen und ihre besonderen Reaktionsweisen und Bedürfnisse im Hinblick auf die Scheidung ihrer Eltern zu reflektieren.

Pre-Teens haben ein anderes Selbstbild und ein unterschiedliches Kompetenzportfolio als Kinder dieser Altersgruppe Generationen davor – sie funktionieren ein wenig anders.

Kinder im Alter von Ende neun bis zur Vollendung des zwölften Lebensjahres scheinen sich, von außen betrachtet, eingefroren in einer Art Verpuppungsstadium zu befinden. Der Kokon der familiären Einflusssphäre bietet nach wie vor einen festen Bezugsrahmen, wiewohl es für alle Beteiligten spürbar ist, dass unter dieser familiären Hülle fieberhaft daran gearbeitet wird, in jenes Stadium zu gelangen, in dem die Flügel zum ersten selbstständig freien Flug in die weite Welt ausgebreitet werden können.

Noch immer gilt das Wort der Eltern in hohem Ausmaß, ist Richtschnur und bietet Identifikation, doch gleichzeitig rumort es ganz heftig. Grenzkonflikte, die die elterliche Autorität herausfordern, und bisweilen rebellisches Verhalten, wie es gern Teenagern zugeordnet wird, aber bereits in dieser Altersgruppe mit hoher Konsistenz auftritt, flackern auf und können zur Belastungsprobe elterlicher Geduld werden. Die elterliche Souveränität muss täglich neu bewiesen werden, Gehorsamsgefolgschaft kann nicht mehr einfach beansprucht werden, sondern benötigt Erarbeitung, die »besseren Argumente« sowie eine gehörige Portion Kontenance – denn Pre-Teens verstehen sich außerordentlich gut darauf, die »richtigen Knöpfe« bei ihren Eltern zu drücken.

Pre-Teens sind Wunderwaffen der taktischen Kriegsführung. Jeder kleinste Konsistenzmangel, jede elterliche Schwäche wird messerscharf und mit chirurgischer Präzision aufgedeckt und in den Dienst des Beweises der Überlegenheit des eigenen Intellekts gestellt.

Wenn Sie zum Beispiel Ihre zwölfjährige Tochter korrigieren, dass sie sich doch bitte etwas kultivierter benehmen könnte und beim Gähnen bitte die Hand vor den Mund halten möge, dann vermag sie ohne Weiteres damit zu antworten, dass sie schnippisch nachfragt, ob denn Ihr gestriges ausgiebiges Nasenbohren im Auto auf der gemeinsamen Fahrt nach Hause Ihrer Auffassung von Kultiviertheit entspräche.

Auch wenn diese Jahre vor der Pubertät oft rau im Dialog sind, Kraft, Präsenz und gleichzeitig Bereitschaft zur Nachsicht und großzügigen Versöhnung vonseiten der Eltern benötigen, ist die »Investition« mehr als gut getätigt, da nun endgültig das Fundament der späteren Kommunikation auf Basis von wechselseitigem Respekt gelegt wird.

Konnten Sie Ihrem Sechsjährigen vor wenigen Jahren noch mit einem strengen »Du gehst jetzt auf dein Zimmer und die Sache ist erledigt« Einhalt gebieten, so wird dies heute bei Ihrem Zwölfjährigen in einer analogen Situation kaum mehr möglich sein, oder nur unter Aufbietung einer besonders einschüchternden Konfrontation. Respekt wird in dieser Altersgruppe nicht mehr durch körperliche Überlegenheit oder die enorme Abhängigkeit des Kindes vom Erwachsenen begründbar. Auch all jene, die auf Einschüchterung und Drohung gesetzt haben, werden alsbald am Ende ihrer Macht angelangt sein. Respekt muss verdient werden – im Prinzip gilt das immer, doch wenn Kinder in der Altersgruppe der Pre-Teens angekommen sind, fallen einfach alle anderen Möglichkeiten als unbrauchbar weg.

Während also jener Einfluss von Eltern, der sich auf ein autoritäres Einfordern eines Gehorsamsgebots beruft, immer mehr im Schwinden begriffen ist und Einflussnahme auf das Leben unseres Kindes zunehmend davon bestimmt wird, ob es uns gelingt, eine kommunikative Ebene auf Augenhöhe zu etablieren, die es uns ermöglicht, unseren Leitungsanspruch durch unsere Erfahrungsüberlegenheit aufrechtzuerhalten, gewinnt eine andere Gruppe von Menschen täglich mehr Bedeutung für unsere Kinder: die Gruppe der Gleichaltrigen oder auch Peergroup. Sie wird zum Gradmesser der Welt. Was in der Peergroup unter dem Label »cool« läuft, gilt als abgesegnet und Gradmesser eines »must have«, »must do«.

Die Akzeptanz in der Gruppe der Gleichaltrigen, die Meinung und Lösungsstrategien der Clique für alle anstehenden Lebensfelder, die der Pre-Teen so bespielt, sind sakrosankt. In seinem Bestreben nach früher Unabhängigkeit wird die Abkopplung von den Eltern und die Hinwendung zu der »eigenen Gruppe mit starkem *Wir*-Gefühl« als Autonomiezeichen gesehen, ohne dass die Auslieferung an den oft noch viel härteren Gruppendruck für den jungen Menschen, der noch nicht wirklich autonom sein Leben zu diesem Zeitpunkt zu gestalten weiß, erkennbar ist. Das Ganze gleicht dem Versuch, den Teufel mit dem Beelzebub austreiben zu wollen.

In dieser entwicklungsmäßig sehr explosiven und fragilen Grundsituation, die Eltern in den letzten Jahren zunehmend Kopfzerbrechen macht und in der bisweilen der berühmte Blinde den Lahmen zu führen scheint, trägt die Trennung/Scheidung der Eltern, wenn sie in diesen Zeitpunkt fällt, zu einer weiteren Aufladung bei.

Die Veränderungen der Trennung/Scheidung der Eltern aus dem Blickwinkel von Pre-Teens

Im Unterschied zu jungen Volksschulkindern tendieren Pre-Teens dazu, als tragende Emotion Wut über die Scheidung ihrer Eltern zu entwickeln. Dies heißt allerdings nicht, dass sie nicht genauso verunsichert oder traurig wären wie jüngere Altersgruppen. Wut erscheint in dieser Altersgruppe einfach die bessere Wahl, denn Wut signalisiert auch Kraft und Macht.

Ärgerlich durchs Haus zu brüllen und lautstark Vorwürfe zu machen, wirkt einfach sehr viel besser, als zusammenzubrechen, zu weinen, auf den Schoß von Mama zu klettern oder sich in Papas Arme zu flüchten. Oft gelingt diese »List« – so wie übrigens auch im Erwachsenenleben viele von uns nicht darüber hinausgewachsen sind, ihrer Betroffenheit oder Traurigkeit anders als durch Wut und Machtgehabe Ausdruck verleihen zu können –, und Scheidungseltern halten diese rebellische bis zurechtweisende Reaktion ihres Kindes auf ihre Scheidung fälschlicherweise für einen Ausdruck von Reife.

Die dramatische Lebensveränderung der Scheidung andererseits mit besonderer Coolness und emotionaler Unberührbarkeit zu quittieren, ist dabei nur die andere Seite ein und derselben Medaille, die Betroffenheit symbolisiert. Besonders provozierendes Auftreten ist zumeist der Ausdruck von Sorge um zu wenig Aufmerksamkeit, wenn auch in indirekter Form, und ein Weg, wie die Angst vor einem möglichen Liebesverlust zum Ausdruck gebracht wird. Dies offen zuzugeben, würde in der Wertewelt des Pre-Teens jedoch als so kindisch angesehen werden, dass es für die meisten Kinder dieses Alters indiskutabel ist.

Vorpubertäre Kinder haben, neben einer rapiden körperlichen Reifung, die sich in den letzten 150 Jahren aus unterschiedlichen Ernährungs- wie umweltbedingten Gründen stetig in frühere Altersgruppen vorverlegt hat, bereits erste Konzepte zu Mann-Frau-Beziehungen. Allerdings gehen sie in ihrer Beurteilung von ihrem eigenen Erfahrungshorizont aus, was zwangsläufig zu einer Schwarz-Weiß-Sichtweise führt. Die komplexen Aspekte und das oft tief verborgen zum Tragen kommende Ballett der jeweiligen psychischen Strukturen ihrer Eltern sind ihnen in ihrer Differenziertheit nicht erschließbar, ihr Urteil ist noch sehr rudimentär.

»Warum habt ihr die Probleme zwischen euch nicht lösen können?«, mag ihre Frage lauten, und angeschlossen daran: »Ihr seid echte Loser.« Entsprechend tendiert diese Altersgruppe auch stark zu Parteinahme und Polarisierung im Sinne von »guter« versus »böser« Elternteil. So schmeichelhaft es im Moment sein mag, das Kind als bedingungslosen Fußsoldaten an der eigenen Seite und als Bestätigung des eigenen Standpunkts zu wissen, so desaströs ist dies für das Kind selber, das von beiden Elternteilen Identität bezieht.

Komplizenschaft einzugehen, rächt sich hier zweifach: einerseits in der Beschädigung des Kindes selber – und andererseits auf der Ebene der eigenen Beziehung zum Kind, denn natürlich dreht sich das Blatt im Zuge des späteren Zugewinns an kognitiver und emotionaler Reife, und im jungen Menschen entsteht dann das Gefühl, ehemals Schachfigur gewesen zu sein.

Auch ist es wichtig, bei all dem erwachsenen Gehabe vor Augen zu haben, dass emotionale Reife und Belastbarkeit, die tatsächliche Autonomie des Kindes also, noch weit hinter der Anmutung des situativen Auftretens zurückbleiben. Nicht wenige Kinder dieser Altersgruppe erleben die Scheidung der Eltern, auch bei bereits vollzogener Verankerung in ihre Freundesgruppe, als persönliche Zurückweisung: »Meine Eltern lieben mich nicht wirklich. Wenn ich wirklich wichtig für sie wäre, hätten sie sich mehr angestrengt, um die Familie zu erhalten.« »Ich bin es einfach nicht wert, dass sie sich noch einmal anstrengen und alles versuchen, dass wir eine Familie bleiben können.«

Das im Gegensatz zur tieferen emotionalen Befindlichkeit stehende erwachsene Auftreten und vernünftige Reagieren auf den Umstand der Trennung/Scheidung der Eltern ist auch dafür verantwortlich, dass sich nicht wenige Kinder als Unterstützung, Ratgeber, als starke Schulter, an der sich Mama bzw. Papa ausweinen können, als Freundin – ja sogar als Partnerersatz – anbieten. Allzu leicht lässt man sich als Elternteil von seinem so reifen, vernünftigen Kind verführen, seine Hilfe anzunehmen, und rationalisiert dann etwa damit: »Dass mir Josef helfen kann, gibt ihm einfach ein Gefühl, wichtig zu sein. Das kann ja gar nicht schlecht für ihn sein.«

Gleichzeitig übersehen Erwachsene in dieser auch für sie turbulenten emotionalen Zeit leicht, dass sie hier ihr Kind mit einer schweren Hypothek beladen, wenn es sich indirekt dazu gedrängt fühlt, zu rasch erwachsen werden zu müssen.

Ein weiterer, besonders hervorzuhebender Aspekt findet sich in dem Reaktionsmuster von Pre-Teens, sich als Reaktion auf die Scheidung ihrer Eltern »problematische Freunde« zu suchen. Scheidungskinder dieser Altersgruppe sind speziell sensibel für Gruppendruck, da durch das Zerbrechen der bisherigen familiären Bühne und die Situation des Umbruchs bisweilen ein situatives, emotionales Vakuum der Zugehörigkeit entsteht. Hier springt die Peergroup nicht immer positiv fördernd ein. Für das Gefühl der Zugehörigkeit ist oftmals ein hoher Preis im Sinn von selbstgefährdendem Verhalten, Mutproben oder persönlicher Grenzüberschreitung zu bezahlen. Manche Eltern ziehen es hier vor, eine Haltung des Abwartens zu wählen, womit sie auf die durch die Scheidung bereits strapazierten Bewältigungsstrategien ihres Kindes setzen. Dies stellt sich nicht selten als risikoreich heraus.

Wesentlich zielführender erscheint mir hingegen – elterlicher Beauftragung entsprechend –, selbst in einer konflikthaften

Scheidungssituation zu erkennen, dass das gemeinsame Kind mit seinem Verhalten einen lauten Appell nach Hilfe setzt – und alles daranzusetzen, einen Waffenstillstand im eigenen Scheidungskrieg zu erzielen sowie gemeinsam als Eltern vorzugehen.

Andrea, Soldatin auf Mission

Herbert, gutaussehender Mitvierziger und Inhaber einer florierenden Anwaltskanzlei für Wirtschaftsrecht, ersucht um einen Termin gemeinsam mit seiner Lebensgefährtin, Claudia, einer Pädagogin.

Das Paar kam vor rund zweieinhalb Jahren zusammen und lebt seit vier Monaten in einem gemeinsamen Haushalt. Herbert hat zwei Kinder aus einer früheren Ehe mit Sabine: seine Tochter Andrea, elf Jahre, und einen kleinen Sohn, Philip, knapp sechs Jahre. Deswegen hat er auch einer neuen Beziehung gegenüber eine sehr langsame Gangart gewählt. Die Eltern teilen sich die gemeinsame Obsorge für die Kinder, der Hauptwohnsitz ist bei der Kindesmutter. Die Kinder sind jedes zweite Wochenende von Freitag nach der Schule bzw. nach dem Kindergarten bis Montag früh beim Vater, sowie in den Wochen mit Besuchswochenenden einen Tag während der Woche, in den anderen Wochen zwei Tage. Den Kontakt mit der Exfrau bezeichnet er als kompliziert, vordergründig freundlich. Sie bietet ihm beim Abholen oder Bringen der Kinder gerne eine Tasse Kaffee an, ist aber dahinter aggressiv abwertend und belauernd.

Sabine hat vor drei Jahren auf die Scheidung bestanden, da sie ihn der rezidivierenden Untreue verdächtigte. Sein intensives berufliches Engagement in den Vorjahren, eine Akkumulation von Dienstreisen, Essensbelege für zwei Personen (Geschäftsessen mit potenziellen Partnern wurden als Essenseinladungen von anderen Frauen interpretiert) und eine massive Hetze seiner Schwiegereltern, von denen sich seine Exfrau nie gelöst hat, wie er es bezeichnet, führten zu einer unhaltbaren Situation: stundenlange Beweisführungen seiner Untreue auf Basis von vagen Behauptungen, völlige Irrationalität in der Argumentationslinie, theatralische Auftritte und gegen die Wand geschleuderte Rotweingläser, Szenen, die zum tränenreichen Verbarrikadieren im ehelichen Schlafzimmer führten, und nicht zu vergessen das mitternächtliche Auftreten des von seiner Exfrau zur Rettung gerufenen Schwiegervaters. »Ich hatte immer mehr das Gefühl, Akteur in einer Inszenierung zu sein, die mit mir persönlich nichts zu tun hat – und das in der Rolle des Bösewichts.«

Also packte er kurzerhand die nächste Gelegenheit, bei der ihm Sabine wieder mit der Scheidung drohte, und willigte sofort ein. »Ich hatte das Gefühl, dass sie damit nicht wirklich gerechnet hatte, aber nun konnte sie nicht mehr zurück«, beschreibt er die Situation rund um die nun drei Jahre zurückliegende Scheidung. »Sie bekam offiziell genau das, was sie und ihre Eltern die ganze Zeit doch gewollt hatten: die Scheidung von mir.«

Seitdem schien es für Herbert so, als würde Sabine die Rolle der »kooperativen Vernünftigen« spielen, während sie sich auf unterschwellige Kriegsführung gegen ihn verlegt hätte. Was sie ihm nicht verzeihen konnte und in das Gewand einer ihm vorzuwerfenden pädagogischen Unreife gesteckt hatte, war die Tatsache, dass er ihr im Zuge eines der Exzesse, die allesamt im Beisein der Kinder abgelaufen waren, da Sabines Drang, ihm Vorwürfe zu machen, stets aus einer imperativen Gefühlslage resultierte, an den Kopf geworfen hatte, dass sie ja psychisch krank wäre.

Er hatte damit in Sabines tiefe Wunde eines psychiatrischen Aufenthalts nach einem juvenilen Suizidversuch gestoßen. Sie als paranoid und psychisch krank vor den Kindern anzusprechen, war ein Beweis seiner erzieherischen Inkompetenz und Untergrabung ihrer Position bei den Kindern. Deswegen, und nicht aus persönlichen Gründen, wäre sie ihm gegenüber reserviert. Angriffe auf seine pädagogische Kompetenz, die Sabine ausgiebig vor allem mit der Tochter Andrea gemeinsam mit einer moralischen Evaluation seiner Person diskutierte, waren seit der Trennung das übliche Tagesprogramm. Darauf von Herbert angesprochen, hatte sie ihm mehrmals versichert, dass sie ja nur für die Fragen ihrer Tochter, die eben ein intelligentes Kind wäre und Augen im Kopf habe, als Mutter bereitstünde. Sabine schien auf Unterwanderung der feindlichen Linien in einem Krieg, in dem Kinder die Verlierer sind, zu setzen.

Grund seiner Vorsprache bei mir ist die Sorge um seine Tochter – ihre Reaktionen auf die Scheidung und ihre seitherige Entwicklung. Ein Ge-

spräch mit dem Klassenvorstand von Andrea hätte zwar ausgezeichnete intellektuelle Begabung, aber ein zunehmendes soziales Integrationsproblem in der Klasse zutage gebracht. Andrea würde durch ihre besondere Neigung zur Analyse von »Beziehungen« zwischen den Klassenkameraden sowie den diversen ersten Schwärmereien neigen. Ihr Urteil würde sie für ihre jeweiligen Freundinnen als verbindlich ansehen und ein stark bevormundendes Verhalten an den Tag legen.

Die Pädagogin riet dringend zu einer psychotherapeutischen Vorstellung des Kindes. Dies wäre bereits erstmalig im vorigen Semester geäußert, von der Kindesmutter jedoch abgetan worden. Seit er und seine Lebensgefährtin nun ihren Status bekanntgegeben haben und zusammengezogen sind, hat die ganze Situation weitere Verschärfung erlitten. Der »Gratulation« durch Sabine waren heftige Attacken vonseiten der Tochter gefolgt, sowie Unterstellungen, dass die Beziehung zu Claudia schon während der Ehe bestanden habe und der eigentliche Grund der Scheidung gewesen wäre.

Andrea sitzt mir in der darauffolgenden Woche gegenüber. Sie ist sehr dünn, blickt mich aufmerksam aus forschenden, großen braunen Augen an, trägt ihr Haar wohlgeordnet unter einem Stirnreifen und wirkt in ihrem Gesichtsausdruck und ihrer Gestik weit älter als das kleine elfjährige Mädchen, das sie ist. Ihr Blick scheint mich nach der Fragestellung »Verbündete oder Feindin?« abzuqualifizieren. Etwas anderes scheint in ihrer Welt nicht vorkommen zu können.

Andrea wird vom Vater und dem kleinen Bruder begleitet, der die ersten Minuten mit ihr im Sprechzimmer verbleibt, weil sie ihn mir vorstellen möchte. Dabei übernimmt Andrea die Position einer strengen Gouvernante, die den kleinen Bruder beständig zurechtweist und sich bei mir für sein schlechtes Benehmen entschuldigt, das sie sofort als dadurch bedingt psychologisiert, dass heute Freitag ist und der kleine Bruder sich erst wieder an den Vater gewöhnen müsse.

Als wir dann unter uns sind, kommen wir rasch ins Gespräch, eigentlich in »kollegiales Fachsimpeln« zur Scheidung der Eltern und zur aktuellen Lebenssituation. Andrea ist in ihrer Exploration kaum zu stoppen und breitet eine »wohlgeformte Hypothese« vor mir aus, die zwar in wesentlichen Punkten unbeirrbar auf freien Annahmen basiert, jedoch einen tiefen Einblick in ihre eigene Bedrängnis ermöglicht. Dabei ist ihre mehr als altklug anmutende, scheinbar logische Argumentation, die sorgfältig darauf bedacht ist, Emotionalität zu vermeiden, und stattdessen willkürliche Sachverhalte postuliert, besonders auffällig. Auch in ihrer Wortwahl entspricht sie eher einer zum Teil etwas direkt auftretenden Erwachsenen. Es scheint, als säße hier eine zu klein gewachsene Erwachsene oder aber ein Supervisionskandidat, der mir von seinem härtesten Fall berichtet – oder aber Andreas' Mutter.

Der Vater hätte eben ein Problem, führt sie es aus. Er könne »seinen Schwanz« nicht im Zaum halten. Solche Männer gebe es. Das sei eine »Charakterschwäche«, die auf seine Kindheit und seine Beziehung zu seiner Mutter zurückzuführen sei, erklärt sie mir rundheraus mit dem strahlenden Blick eines Kindes, das gerade eine Eidechse gefangen hat. Kein Wunder aber. Er tue ihr ja leid, denn sie kenne ja ihre Großmutter. Ihre Mutter hätte während der Ehe auch unter ihr gelitten. Die Großmutter habe immer gegen die Mutter gekämpft und ihren Sohn beeinflusst. Unvorstellbar, unter solchen Umständen eine gute Ehe zu führen. Er war einfach zu schwach, konnte sich nicht gegen die Mutter durchsetzen. Die Mutter habe daher aus Verständnis die ganzen Eskapaden des Vaters immer wieder verziehen und er habe ihr versprochen, sich zu bessern. So wäre dann auch noch ihr Bruder entstanden.

Aber die Gutmütigkeit ihrer Mutter habe sich nicht rentiert. Der Vater habe dann auch noch mit Claudia, dieser Schlampe, die es nur auf sein Geld abgesehen hat, etwas angefangen, doch diesmal perfiderweise ganz heimlich. Auf Männer sei einfach kein Verlass, erklärt sie mir zum Schluss und enthebt mich eines Kommentars, indem sie gleich weiter munter darüber referiert, dass sie ihre Freundinnen zu warnen versucht: »Ich sag dann: ›Ina, der Typ ist nichts für dich, mit dem kannst du nicht gehen, der macht sich bestimmt auch an andere heran. Der betrügt dich bestimmt. Das ist auch so einer, der jedem Hintern nachschaut!‹«

»Genau so sagst du das zu deinen Freundinnen in der Klasse?«, vergewissere ich mich – und bekomme das heftige Nicken eines völlig verstörten Kindes zurück.

Wir parlieren weiter, und ich seufze innerlich. Es wird einiges an Arbeit brauchen und zu Beginn ist es ein ungewisses Unternehmen, ob es gelingen kann, diesem kleinen Mädchen sein Leben zurückzuerobern.

Teenager – Das endgültige Ringen um Autonomie

»Meine Eltern können mir eigentlich beide gestohlen bleiben. Meine Mutter ist gleich nach der Scheidung wieder zu ihrer Familie nach Schweden gezogen. Ich soll bei meinem Vater bleiben, hat sie gemeint, weil ich mich mit ihm besser verstehen würde, und außerdem wegen der Schule. In Schweden würde ich wegen der Sprache die Schule nicht packen ...

Aber mein Vater ist genauso ein Idiot. Ich kann im Wohnzimmer auf der Couch schlafen, soll jeden Tag alles wegräumen und seine ›Neue‹ hat ja jetzt das Baby von ihm bekommen. Er wird sie heiraten! Echter Trottel, hat gar nichts dazugelernt. Gefällt ihm einfach. Da habe ich überhaupt keinen Bock darauf, bei der ›heiligen Familie‹ das fünfte Rad am Wagen zu sein. Ich hänge dann meistens mit meinen Freunden ab und geh gar nicht heim zu denen. Ist eh egal, und meine Clique ist total cool. Wir lassen uns von niemandem den Kanal vollscheißen. Die Schule werde ich wahrscheinlich schmeißen.« Robert, 15 Jahre (vorstellig auf Betreiben des Anwalts der Familie nach einem Akt von Vandalismus)

* * *

»Meiner Mutter und uns Kindern geht es seit der Scheidung echt besser. Wir sind so froh, dieses Schwein los zu sein. Sie hat mir erzählt, was mein Vater so alles die letzten Jahre über aufgeführt hat. Ist eigentlich unglaublich.

Bei uns hat er immer den tollen Familienvater herausgekehrt. Mit mir ist er jede Woche Tennis spielen gegangen und hat getan, als würde ihn meine Schule interessieren. Mir graust richtig vor ihm. Er ist bisexuell und geht gerne zu solchen komischen Themen-Partys. Seit ein paar Jahren ist er damit richtig ›druckig‹ geworden, hat unsere Mutter immer bedrängt, mitzumachen – echt ekelig. Aber sie ist da nicht darauf eingestiegen. Dann hat er es eben alleine gemacht!

Das muss man sich vorstellen – und meine Mutter hat das alles ausgehalten, wegen meinem kleinen Bruder und mir. Aber jetzt ist das aus. Und wir wollen ihn überhaupt nicht mehr sehen. Der soll zahlen, und sonst will ich den gar nicht mehr kennen. Das kann ich nicht mal in meiner Clique erzählen, da schämt man sich ja für den eigenen Vater.

Als sie jung waren, war er nicht so, hat meine Mutter gesagt. Ich glaube, ich werde mir das gut überlegen, je zu heiraten.« (Martha, 17 Jahre)

* * *

»Meinem Vater geht es nach der Scheidung echt mies. Der ist total durch den Wind. Muss immer wieder in den Krankenstand gehen und schluckt jede Menge dieser Psychopillen. Er hat nicht gerechnet, dass sie [gemeint ist die Mutter] das durchziehen würde. Sie hat ja schon früher Affären gehabt, aber er hat ihr immer wieder verziehen. An eine erinnere ich mich. Da war ich noch in der Volksschule und sie war für drei Monate überhaupt weg.

Das mit diesem Mann jetzt ist ihr aber wirklich ernst gewesen. Mit meinem Vater ist es natürlich auch nicht ganz easy – er war immer schon so auf depressiv drauf, hat ihr nie zeigen können: ›Hey Baby, das geht rein, aber mehr nicht‹ – wie sich das eben für einen echten Typen gehört. Und im Bett war er auch nicht der King. Hab ich mal in einem Streit mitgekriegt.

Außerdem hat er ein paar Mal den Arbeitsplatz gewechselt. Kohle war also auch ein Thema. Sie hat immer gut verdient, ihre Karriere weiter vorangetrieben. In Wirklichkeit sind sie beide Loser, haben es nicht auf die Reihe gebracht miteinander. Aber mein Vater braucht mich jetzt wirklich. Den kann ich jetzt nicht allein lassen. Darum bin ich auch zu ihm gezogen, obwohl meine Mutter das Haus behalten hat und das schon cooler wäre.« (Markus, 16 Jahre)

Was in diesem Alter Sache ist

Ein Punkt, in dem Eltern im Allgemeinen einer Meinung sind, ist die Tatsache, dass das Zusammenleben mit Teenagern eine strapaziöse Aufgabe ist. Schwer nachvollziehbare Stimmungsschwankungen, existenziell anmutende Konflikte, die in ebenso intensiven Versöhnungen enden können, gepaart mit einer grundsätzlichen Haltung, »die Eltern draußen zu lassen«, bilden ein Bukett, das Qualitäten einer emotionalen Hochschaubahn annehmen kann. Unser Teenager ist kein Kind mehr, sondern pocht laut hörbar an die Pforte des Erwachsenenlebens. Sex, Drugs & Rock 'n' Roll – so könnte man kurzgefasst jene Problemfelder definieren, in denen sich Eltern mit Kindern im Teenageralter täglich bewähren müssen.

Wie wir alle entscheiden auch Teenager kraft ihres Erfahrungshorizonts – doch leider ist dieser noch äußerst begrenzt, was wiederum Eltern in Unruhe versetzt. Zähe, enervierende Verhandlungen um Ausgehzeiten, Alkohol oder Rauchen, vorsichtige Bemerkungen zu Themen wie Verhütung oder sexuell übertragbare Erkrankungen prägen den Alltag und werden nicht selten mit einem gelangweilten Abwinken oder auch offener Rebellion, die uns rät, uns nicht in »ihr Leben« einzumischen, quittiert.

Es ist unübersehbar: Die Machtsphäre der Eltern neigt sich dem Ende zu. Was an Einflussnahme erzielbar ist, braucht Diplomatie, die Übernahme der Rolle des Beraters – und viel Geduld.

Jetzt werden auch alte Rechnungen aus einem vormals autoritären Erziehungsregime beglichen, indem ein 16-jähriger Sohn seinen Vater bei einem Disput zu seinem Rauchkonsum möglicherweise mit einem breiten Grinsen auf seinen Platz verweist: »Du hast mir da gar nichts mehr zu verbieten, das brauche ich mir nicht einmal anzuhören!« – und siegessicher den Kampfplatz verlässt. Wer immer auf respektvollen Grundumgang gesetzt hat und sich darin als konsistent und zuverlässig erwiesen hat, wird von einer Eltern-Kind-Beziehung besser durch diese stürmische Zeit zu einer späteren Ebene zweier ebenbürtig erwachsener Partner gelangen und seinem Kind als Ratgeber im Sinne eines »Extended Memory« seinen Erfahrungsschatz zur Verfügung stellen können.

Aber auch Eltern, die auf permissive, hyperindividualistische Erziehung gesetzt haben, erleben mit ihren Teenagern ein böses Erwachen aus dieser Disneyland-Diktatur – wenn Teenager zum Beispiel eine eigene Leistungsverweigerung durch Zugang zu den Ressourcen der Eltern kompensieren wollen und es sogar als angemessen erachten, sich selbst zu bedienen.

Haben unsere Pre-Teens mit dem Thema Autonomie und Abkopplung vom Elternhaus noch experimentiert und stand das Thema im Rang von liebevoller Koketterie, so ist es für unsere Teenager todernst.

Die zweite Seite der Medaille Selbstständigkeit, sozusagen die dunkle Seite, hält für den Teenager jedoch enorme Herausforderungen bereit: »Du willst mitspielen und ernst genommen werden? – Gut, dann zeig, wer du bist und was du kannst. Und vergiss nicht das Kleingedruckte: Du bist auch zunehmend alleine verantwortlich für das, was du tust. Willkommen in der Realität der Erwachsenen!«, wirft die Gesellschaft dem Jugendlichen entgegen. Man will wissen, welche berufliche Richtung er einschlagen möchte, beginnt ihn nach der Wahl seiner Hobbys und Freunde zu taxieren – und die ganze Welt der Mann-Frau-Beziehung bricht mit ungehinderter Vehemenz auf den Teenager nieder.

Es liegt auf der Hand, dass der Teenager seine Eltern braucht, die Verfügbarkeit allerdings eine andere, mehr indirekte Präsenz annehmen muss. Es wäre weit gefehlt, anzunehmen, dass die so demonstrativ zur Schau gestellte Abwendung, das Desinteresse an familiären Zusammenkünften, die Genervtheit, mit der mangelnde Gesprächsbereitschaft gerne garniert wird, und die oft hysterisch markierte Grenze der eigenen Privatheit tatsächliche Autonomie signalisieren würden und wir uns als Eltern endlich bequem in unseren Lehnstuhl zurückziehen dürften.

Die Veränderungen der Trennung/Scheidung der Eltern aus dem Blickwinkel des Teenagers

Teenager wollen und müssen letztendlich hinaus in ein selbstständig verwaltetes eigenes Leben. Bei Licht betrachtet, ist dies eine der allergrößten Herausforderungen, die das Leben bereithält.

Bald wird der Teenager ein junger Erwachsener sein, seinen eigenen Haushalt führen müssen, samt Putzen, Kochen, Geschirrabwaschen und Wäschebesorgen, seine Berufswahl treffen und damit auch fähig sein müssen, seine Rechnungen zu bezahlen; er wird wissen müssen, wie seine Werte und Moralkonzepte aussehen, wie er mit Sexualität umgehen mag, und er wird die Kompetenzen entwickeln müssen, einen Partner zu finden, mit dem das Zusammenleben eine Bereicherung ist, und nicht Bürde. Er wird sich darüber hinaus all dem stellen müssen, was das Erwachsenenleben noch bereithält. Die Scheidung der Eltern zu diesem Zeitpunkt nimmt sich, entgegen der oft demonstrativ zur Schau getragenen Ungerührtheit, nicht wirklich günstig aus.

Einerseits erhebt sich für den Teenager die grundsätzliche Frage nach der Glaubwürdigkeit des Mann-Frau-Konzepts als langfristige Form des Zusammenlebens, andererseits verliert der Teenager gerade dann, wenn Eltern seine Bindungsbedürfnisse in diesem Entwicklungsabschnitt verkennen und für den Teenager von der Neugestaltung ihres eigenen Lebens aufgesaugt erscheinen, den sicheren Rückzugsort – in einer Zeit, da die ersten Blessuren dieses selbstständigen Lebens zu pflegen sind.

Beides hat Konsequenzen für das Zusammenleben in einer Scheidungsfamilie. Während jüngere Kinder generell weiter ihre Eltern lieben und die »Scheidung« als den Feind betrachten, den es zu besiegen gilt, tendieren Teenager dazu, ihren Eltern rückhaltlos und oft mit enormer Brutalität ihr Versagen und ihre Schwächen vorzuhalten, die sie als Ursache der Scheidung erkennen. Dies manifestiert sich bisweilen in einem dramatischen Respektverlust, in Gehorsamsverweigerung, echter Abwendung und konsequenter Abwertung eines, im schlimmsten Fall beider Elternteile und kann dazu führen, dass Teenager meinen, sie müssten die Führung in der Familie übernehmen.

Die Leidtragenden dieses Imageverlustes der Eltern sind jedoch letztendlich die so verletzlichen Teenager selber, die dadurch, dass sie die Eltern damit automatisch der Ratgeberposition entheben, eine wesentliche Stütze für ihren eigenen anstrengenden Prozess verlieren.

Teenager fahnden im Unterschied zu jüngeren Altersgruppen mit hoher Intensität und entgegen der von ihnen gesetzten Forderung nach Respekt der Privatsphäre nach den »wirklichen Gründen« für das Zerwürfnis der Eltern. Lässt man sich hier vom scheinbar so verständnisvollen Sohn oder von der Tochter breitschlagen und kehrt die Innenmechanik des eigenen Desasters nach außen, tut man damit weder sich noch seinem Kind einen guten Dienst.

Zum einen ist ein Respektsverlust gewiss, denn kein Teenager mit seinen beschränkten Beziehungserfahrungen vermag die Komplexität einer langen Ehe mit ihren »ups und downs« und der letztendlichen Einsicht des gemeinsam zu verantwortenden Scheiterns nachzuvollziehen. Gleichzeitig ist der Teenager aber in der persönlichen Identifikation mit der geschilderten Situation rasch mit alexandrinisch anmutenden Schnellschusslösungen bei der Hand und sammelt damit Beweise für die Unfähigkeit seiner Eltern und den unweigerlichen Vertrauensverlust. Zusätzlich unterstützt die Einbeziehung in die Innendramatik der elterlichen Scheidung Polarisation, Konfliktübernahme durch das Kind und eine grundsätzlich bestehende Neigung zur Parteilichkeit, auf deren Basis der andere Elternteil abgewertet und ausgenützt werden darf. Zu guter Letzt ist dieser Blick in das »Schlafzimmer der Eltern« für Teenager auch desillusionierend. Lüge, Betrug, Eifersucht, Übervorteilung, Machtausübung der unterschiedlichsten Form, all das in seiner feinmechanischen Gesetzmäßigkeit zwischen den eigenen Eltern zu erkennen, bringt bei vielen Teenagern die Glaubwürdigkeit ihrer romantischen Ideale vorzeitig zum Platzen. Diese Erfahrungen sollten ihnen selber vorbehalten sein, um eben ein eigenes und vielleicht auch erfolgreicheres Beziehungsmanagement aufbauen zu können.

Wird ein Elternteil als das »Opfer« des anderen erkannt, so belädt sich die Beziehung zu diesem Elternteil, neben der Abwertung des anderen, häufig mit dem Selbstanspruch, »da zu sein«, »zu unterstützen«, »helfen zu müssen«, was einem forcierten Erwachsenwerden entspricht.

Manche Teenager, deren unausgereifte Bewältigungsmechanismen von den Anforderungen des raschen Erwachsenwerdens, dem Verlust einer familiären Alltagsbasis und dem Anspruch, Betroffenheit verbergen zu können und emotionale Bedürfnisse nach Nähe und Geborgenheit aus der Familie abzuziehen, überfordert werden, reagieren auch mit der Ausbildung depressiven Verhaltens und signalisieren damit eine nicht zu übersehende Interventionsnotwendigkeit.

Julia, ihr Bruder Georg und ein entmündigtes Elternpaar

Eine seltsame Begegnung erwartet mich in meinem Sprechzimmer. Ein Ehepaar, seit eineinhalb Jahren geschieden, sitzt mir mit allen Anzeichen konfliktbehafteter Spannung und Verzweiflung, aber darin friedlich vereint, gegenüber. Grund zur beträchtlichen Sorge sind die beiden Kinder Julia, 17, und ihr Bruder Georg, knapp 15.

Die Geschichte ist rasch erzählt: Die Eltern der Kinder, Gabriele und Hans, lernten einander während des Jus-Studiums kennen. Hans wurde Anwalt und kann heute, nach Jahren unermüdlichen Schaffens, auf eine gut gehende Kanzlei blicken. Gabriele entschied sich für die Rechtsabteilung eines Konzerns, die sie heute leitet. Zwei mehr als erfolgreiche Biografien von Menschen, die es gewohnt sind, auf beruflicher Ebene ihren Mann bzw. ihre Frau zu stehen.

Seinen Kinderwunsch hatte das Paar gut geplant und bis Mitte 30 aufgeschoben, um den Kindern der zukünftigen Familie etwas bieten zu können. Als Gabriele mit knapp 38 Mutter von Julia und etwa zwei Jahre später auch noch von Georg wird, scheint das Glück der Familie perfekt. Die Eltern wollen für ihre beiden Kinder das Beste. Und nur das Beste. Kindergarten sowie nachfolgend englischsprachige Privatschulen wer-

den mit Sorgfalt ausgesucht, und Gabriele und Hans erweisen sich als sehr anspruchsvoll, wem sie ihre Kinder zur Aufsicht übergeben.

Das Familienleben kreist um die Kinder. Urlaube werden rein danach geplant, was den Kindern Spaß machen könnte. Ein Hund, Julias unbedingter, tränenreich geäußerter Wunsch, wird, auch wenn er sich im ohnedies gedrängten Tagesablauf der Familie als eine enorme zusätzliche Belastung entpuppt, zu ihrem vierten Geburtstag angeschafft. Überhaupt sind Kindergeburtstage rauschende Feste, und zu Weihnachten lugt nur die Spitze des Weihnachtsbaums aus dem Geschenkeberg hervor – was nicht mehr gefällt, sei es Spielzeug oder ein sich als nicht ausreichend anpassungsfähig erweisender Spielgefährte, wird entsorgt.

Talente zu fördern, ist erklärtes pädagogisches Ziel, jedoch auf Angebotsebene, ohne jede Forderung von Konstanz oder gar Zwang. Gabriele bucht Babyschwimmen und musikalische Früherziehung für sich und ihre Kinder, später gibt es einen wilden Reigen von zahlreich Probiertem: Ballett, kreatives Gestalten, Judo, Tennis, Schwimmkurs, Piano – alles wird mit großem Plan angefangen und aus unterschiedlichen Gründen ad acta gelegt. Im Ballett ist die Lehrerin zu streng, das kreative Gestalten ist bald fad, Judo tut weh, Tennis ist zu kalt, der Schwimmkurs zu nass – und beim Piano verbiegt man sich die Finger.

Jede Zeichnung, die Julia oder Georg fabrizieren, wird gerahmt und an dem vom Kind designierten Platz im weitläufigen Elternhaus platziert – und sei es, dass dafür das Porträt des Großvaters weichen muss. Beide Eltern haben ihre tieferen, ihnen gar nicht bewussten Gründe für diese Disneyland-Diktatur, die sie gar nicht bemerken. Sie wollen es für ihre Kinder nur richtig machen. Die Einwände der Großeltern schmettern sie ab und fühlen dabei eine seltsame Befriedigung, endlich das Sagen zu haben. Das Kopfschütteln von Freunden ignorieren sie, oder aber sie laden sie nicht mehr ein.

Was Hans und Gabriele nämlich schon während ihres Studiums zueinanderfinden ließ und so fest miteinander verband, dass sie annahmen, die Richtigen füreinander zu sein, war ihre dringende Rebellion gegen die übermächtigen, enorm kontrollierenden und extrem konservativen Eltern. Mit ihren Kindern würden sie dies anders machen! Zu dieser Beweisführung hatten sie die Elternschaft angetreten.

Mit zunehmender eigener Lebenssicherheit und der Etablierung ihres beruflichen Erfolgs stellte sich bei Hans und Gabriele jedoch ein gleichzeitiges Desinteresse aneinander ein. Sie brauchten einander nicht mehr und konnten einander nichts mehr geben. Eine höfliche Kameradschaft im gemeinsamen Unternehmen Familie blieb, nachdem das Paar etwa mit Georgs Volksschuleintritt bemerkte, dass es auch jegliches sexuelle Interesse aneinander verloren hatte. »Vorher waren wir wirklich Tag und Nacht mit den Kindern und ihren Bedürfnissen beschäftigt. Das hatte ja Toppriorität neben dem Beruf. Aber Schulkinder sind einfach schon selbstständiger. Da hätten wir auch ohne Weiteres etwas alleine unternehmen können. Einmal ein Wochenende wegfahren, das wäre zu machen gewesen. Aber wir hatten einfach keine Lust. Keine Lust, etwas miteinander außerhalb der Kinder zu tun – und auch keine Lust aufeinander«, bringt es Hans auf den Punkt, während Gabriele unterstreichend nickt.

Diese Erkenntnis muss sich dann noch ein paar Jahre setzen, bevor das Paar bereit ist, die Konsequenz zu tragen, und an Scheidung denkt. »Wir hätten ja so weitermachen können«, beschreibt Gabriele es, »wir hatten ja keine direkten Probleme miteinander, sogar Affären wären kein Problem gewesen. Aber wir haben dann gemeint, dass, solange wir so leben, auch keiner wirklich frei ist, sich weiterzuentwickeln, und die Chance wollten wir einander doch noch geben, bevor wir endgültig zu alt sind.«

So war es dann vor etwas mehr als eineinhalb Jahren so weit, den Kindern die Scheidung der Eltern bekanntzugeben. Gemeinsame Obsorge, Wohnsitz nach Wahl der Kinder, organisatorisch bei beiden Elternteilen möglich. Der Vater zog wenige Gassen entfernt in ein Haus, dessen Umbau natürlich in Abstimmung mit den Kindern erfolgte. »Wir hatten erstmalig seit Langem wieder das Gefühl, etwas für uns zu tun«, so beschreiben beide ihre Entscheidung zur Scheidung.

Doch sie haben die Rechnung ohne ihre Kinder gemacht. Diese überschütten die Eltern mit Vorwürfen, klagen sie an, ihnen ihr Leben zu zerstören. Erstmals bleiben die Eltern hart in ihrer Entscheidung. Ein erbitterter Partisanenkrieg beginnt, in dem es die Kinder hervorragend verstehen, die Eltern über deren Schuldgefühle immer wieder derart zu manipulieren, dass ihnen daraus Vorteile entstehen. Verlängerte Ausgehzeiten, Konsumgüter, Partys, Nachsicht gegenüber eigenen schlechten Schulleistungen, Gefälligkeiten, Aufstockungen des Taschengelds werden sehr erfolgreich erpresst, wobei der Umgangston der Kinder gegenüber den Eltern immer fordernder wird. Widerstand der Eltern führt dazu, dass diese gegeneinander ausgespielt und heftige Schreiduelle inszeniert werden. »Ich fühle mich in meinem eigenen Haus nur mehr geduldet«, beklagt sich Gabriele. »Wenn Julia den Raum betritt, spüre ich, wie sich mein Magen verkrampft und ich bereits in Anspannung gehe!«

Als Gabriele sich der Bedeutung einer neuen Verbindung mit einem Mann sicher war, hat sie versucht, die Kinder mit ihrem neuen Partner bekanntzumachen. Seitdem hat sich die Situation dramatisch verschärft. Einerseits betreiben die Kinder heftige Lobbyarbeit beim Vater, dem sie vorhalten, ein Weichei zu sein, andererseits ist das Benehmen dem neuen Freund und der Mutter gegenüber derartig aggressiv und geringschätzend, dass die Mutter es vorzieht, diesen nur mehr heimlich und nicht in ihrem Haus zu treffen. »Die Kinder benehmen sich wie früher meine Eltern, geben mir das Gefühl, etwas Unrechtes und Amoralisches zu tun«, beschreibt sie die Situation.

In heftigem Kontrast dazu steht Julias eigenes Beziehungsleben. Sie versteht es nicht, Burschen entsprechende Grenzen zu setzen, erweist sich deren Annäherungen gegenüber, besonders wenn Alkohol im Spiel ist, als sehr nachgiebig. Mehrmals im Monat muss der Vater oder die Mutter auf Zuruf einer besorgten Freundin die schwer alkoholisierte Tochter auflesen, um einem Ambulanzeinsatz zuvorzukommen. Zweimal wurde Julia allerdings bereits wegen akuter Alkoholintoxikation vorübergehend im Krankenhaus aufgenommen. Beide Male war Julia tief zerknirscht – doch binnen Kurzem schlug ihr Verhalten in Vorwürfe und Schuldzuweisungen um.

Für jeden ist eindeutig ersichtlich, dass es sich hier um eine unhaltbare Situation handelt. Die Kinder, die in einer Rollenumkehr scheinbar die Macht an sich gerissen haben, sind auf dem besten Weg, bitter zu bezahlen. Die Eltern sind gefordert, aus ihrem ursprünglichen Widerstand gegenüber den eigenen Eltern hinauszuwachsen und endlich ihre elterliche Führungsrolle zum Wohl ihrer Kinder zu übernehmen. Aus dem tiefen Wunsch, es besser zu machen als ihre eigenen Eltern, haben sie im Rahmen einer permissiven Erziehung den Kindern zu wenig Grenzen gesetzt und zu wenig Respekt vor den Grundrechten und der Freiheit anderer Menschen beigebracht. Die Scheidung der Eltern als zusätzliche psychosoziale Belastung hat die bereits auf tönernen Beinen stehende Selbstsicherheit der Kinder, die als Folge eines derartigen Erziehungsstils zu sehen ist, in Tyrannentum Zuflucht nehmen lassen, ohne dass auf Basis dieser Haltung wirkliche Selbstkompetenz zu entwickeln wäre.

Auch hier setzt die Beratungsarbeit für die Veränderung der Situation in erster Linie bei den Eltern an, die schrittweise das verloren gegebene Terrain wiedergewinnen müssen, während es für Julia gilt, ihre hinter ihrem Verhalten liegenden Ängste und Selbstzweifel zu bearbeiten. Die unerlässliche Basis für eine durchgreifende Veränderung bildet jedoch die Bereitschaft von Hans und Gabriele zur kooperativen Elternschaft, zum geeinten Auftreten und Eintreten für Grenzen, das den Kindern das Akzeptieren der unabhängigen Lebenssphären der Eltern bei wechselseitigem Respekt abverlangt und von der Trennung der Eltern unabhängig Sicherheit vermitteln kann – sowie das Gefühl, geliebt zu werden.

Was bedeutet die Scheidung der Eltern für die unterschiedlichen kindlichen Altersgruppen?

Drei grundsätzliche Fragen

Was sind die Entwicklungsziele dieser Lebensphase, in der sich mein Kind gerade befindet? → Bewusstseinsbildung

Läuft die Art und Weise unserer Scheidung gerade diesen Entwicklungszielen entgegen? Wenn ja, in welcher Weise?

Ja → Beratungsbedarf

Zeigt mein Kind irgendwelche Anzeichen von Stress (bei Säuglingen und Kleinkindern: Zunahme von Weinen und Schreien, Veränderungen im Schlafmuster, Verdauungsprobleme, Appetitverlust)?

Ja → Beratungsbedarf

Säuglinge bis Kindergartenkinder – Ein Leben beginnt

Säuglinge (jünger als ein halbes Jahr) leben in einem Kontinuum mit der engsten Betreuungsperson. Die eigene Emotionalität kann noch nicht getrennt wahrgenommen werden, wodurch eine hohe Bereitschaft zur Mitreaktion mit der Affektivität der Bezugsperson gegeben ist.

Alleinerziehende Mütter ganz junger Kinder sollten ihrem eigenen emotionalen Haushalt Aufmerksamkeit schenken können und brauchen Entlastung in der Kinderversorgung.

Das große Thema der Säuglings- und Kleinkindperiode ist *Vertrauen* in die Welt und damit in sich selbst. Grundsteine für Selbstbild, Selbsteinschätzung, Identität werden gelegt.

Die wesentliche Bedeutung von Vätern in diesem frühen Prozess wird nach wie vor nicht ausreichend gesehen. Väter als kontinuierliche zweite Geschlechtsidentität im Aufwachsen müssen als wichtige Inputgeber und Bindungspartner gesehen werden und selber danach trachten, die entsprechende Rolle einzunehmen.

Besonders wesentlich

* Für Entlastung der alleinerziehenden Bezugsperson sorgen.
* Auf genaue Statusbeschreibung bei Übergabe an den anderen Elternteil achten.
* Auf Kontinuität achten, gewohnte Zeitrhythmen und Rituale konsistent beim anderen Elternteil einhalten.
* Überdisziplinierung von Kleinkindern vermeiden; wenige, aber stabile Regeln.

Kindergartenkinder und Vorschulkinder – Das magische Zeitalter

Dies ist die Periode des enormen Zuwachses an emotionaler, physischer und kognitiver Reife. Im »Weltbild« erlebt sich das Kindergarten- und Vorschulkind als »Kreator« der Geschehnisse. Es besteht weiterhin enorme Abhängigkeit von den Eltern, bei gleichzeitiger Eroberung des ersten sozialen Bezugsraums außerhalb der Familie. Erwerb wesentlicher Selbstkompetenzen (eigenständiger Toilettengang, selbstständiges Ankleiden). Zeitalter der magisch-mythischen Kausalitätsfindung.

Besonders wesentlich

* Kinder dieses Alters neigen entwicklungsbedingt stark zur Verantwortungsübernahme für die Scheidung der Eltern.
* Auftreten von Ängsten oder regressivem Verhalten (vorübergehender Verlust bereits erworbener Selbstkompetenz).
* Verschiebung von Wut in den sozialen Bezugsraum des Kindergartens, Auftreten von ungebührlichem oder aggressivem Verhalten.
* Magische »Verleugnung« der Scheidung der Eltern.
* Die Rolle des Vaters als Modell der zweiten Geschlechtsidentität ist für die Entwicklung der eigenen Geschlechtsidentität des Kindes wesentlich.

Schulkinder bis etwa zum neunten Lebensjahr –

Die Entdeckung des Selbst

Die Positionierung in der Klassengemeinschaft, das Erlernen des feinen Spiels um Kommunikation und Macht sowie das Erleben der eigenen Positionierung sind wesentliche Themen des Schulkinds bis etwa zum neunten Lebensjahr. Dazuzugehören und Akzeptanz zu erfahren – das beschäftigt das Kind intensiv. Entwicklung eines Moral- und Ethikbewusstseins. Die Bedeutung der Eltern als Basis, die Sicherheit spendet, bleibt ungebrochen erhalten.

Besonders wesentlich

* Eigene Gefühle können »aus Rücksicht« auf einen Elternteil bereits begrenzt verborgen werden. Das Kind wirkt unberührt von der Scheidung – Gefahr von versteckter Traurigkeit.
* Scheidung wird vor dem sozialen Bezugsfeld verborgen, das Kind erlebt sich als »anders« als Klassenkameraden – Sorge vor Zugehörigkeitsverlust.
* Tendenz zur Schuldübernahme – lieber Schuld als Ohnmacht.
* Im Fall eines Polarisierungskonflikts der Eltern Tendenz einer »Seitenübernahme«.

Die Vorpubertät – Pre-Teens, der Zeitraum der Wandlung

Pre-Teens wurden bis vor wenigen Jahren noch nicht als eigenständige Gruppe betrachtet. Gesellschaftliche Veränderungen, die Autonomie und frühe Verselbstständigung fördern, und die zunehmende Vorverlegung der Pubertät rechtfertigen jedoch eine gesonderte Betrachtung. Kennzeichen: Wunsch nach Autonomie vom Elternhaus bei gleichzeitiger noch mangelnder Voraussichts-, Abschätzungs- und Planungsfähigkeit. Respekt gegenüber den Eltern wird zunehmend nur auf der Basis von tatsächlicher Souveränität und Erfahrungsführerschaft akzeptiert. Gefahr eines überproportionalen Bedeutungsgewinns der Peergroup. Zum größten Teil noch naive Konzepte zur Mann-Frau-Beziehung werden in ersten Erfahrungen umgesetzt.

Besonders wesentlich

* Wut ist die tragende Emotion in der Reaktion auf die Scheidung der Eltern – dahinter stehen jedoch oft tiefe Traurigkeit und Verunsicherung.
* Eltern werden mit Vorwürfen überschüttet, Respekt wird verweigert.
* Demonstrative Coolness und Unberührtheit weisen nicht auf eine gelungene Bewältigung der elterlichen Scheidung hin.
* Stark ausgeprägte Tendenz zu Parteinahme, zu Schwarz-Weiß-Denken.
* Scheidung der Eltern wird noch stark auf sich bezogen erlebt: »Ich bin es meinen Eltern nicht wert, dass sie ihre Konflikte lösen.«
* Vorzeitiges, frühes »Erwachsenwerden«.

Teenager – Das endgültige Ringen um Autonomie

Für den Teenager gibt es kein Zurück mehr. Das allumfassende Thema dieses Lebensabschnitts ist Autonomie und damit die Unabhängigkeit vom Elternhaus. Daher prägen »Grenzkonflikte« in allen Bereichen, deren Verwaltung Erwachsenen vorbehalten ist, den Alltag: Der Umgang mit Rauchen, Alkohol, Sex und Ausgehzeiten wird für viele Teenager zum Gradmesser der bereits erreichten Selbstständigkeit. Gleichzeitig besteht eine hohe Bedürftigkeit, die in einer Außenwelt (die den Teenager zunehmend für seine Handlungen als verantwortlich sieht) gemachten Erfahrungen vertrauensvoll reflektieren zu können. Teenager brauchen ihre Eltern.

Besonders wesentlich

* Wut ist die tragende Emotion in der Reaktion auf die Scheidung der Eltern. Weiters Vorwürfe, offene Angriffe oder auch vollkommene Unbeteiligtheit.
* Eltern werden als Versager gesehen, was nachfolgend zu Respektverlust führt und den Teenager seines »Zufluchtsorts« beraubt.
* Ausbildung starker Parteilichkeit.
* Übernahme der »Führungsrolle« im Zusammenleben mit einem Elternteil.
* Frühes Erwachsenwerden und »Verantwortungsübernahme« für einen »beeinträchtigten, leidenden« Elternteil.
* Desillusionierung der Vorstellung einer Mann-Frau-Beziehung.
* Rückzug und Ausbildung einer Depression.

Was Eltern grundsätzlich für ihre Kinder rund um die Scheidung tun können oder Was Kinder sich wünschen

* *Arbeiten Sie als Eltern gemeinsam daran, Ihrem Kind, wenn möglich, eine regelmäßige und ausgeglichene Kontaktmöglichkeit zu beiden Elternteilen zu schaffen.*

Für Kleinkinder ist dabei Konstanz und Kontinuität der Lebensrhythmen und gewohnter Rituale wesentlich. Bereits ab dem Vorschulalter bieten Telefon und Skype eine Möglichkeit, Kontinuität im Kontakt aufzubauen und so zu vermitteln, dass vonseiten des nicht gemeinsam mit dem Kind lebenden Elternteils hohes Interesse am Sohn bzw. der Tochter besteht. Gleichzeitig gelingt es über den »niederschwelligen« Kontakt eines täglichen Telefonanrufs, am Alltagsleben des Kindes Anteil zu nehmen und verbunden zu bleiben.

* *Erleichtern Sie Übergänge und bieten Sie Ihrem Kind ein Stück eigenen Raum.*

Für junge Kinder sind Übergangsobjekte oft von wesentlicher Bedeutung. Dies können Kuscheltiere sein oder auch eine Spieldecke bzw. ein bestimmter Polster, den das Kind mitnimmt. Wenn im neuen Lebensraum des wegziehenden Elternteils keine Möglichkeit für ein eigenes Zimmer besteht, so kann dies durch einen Kasten, eine Truhe oder Schachtel, in der das Kind »seine Dinge« während seiner Abwesenheit aufbewahren kann, ersetzt werden.

* *Arbeiten Sie gemeinsam an Erziehungskonsistenz.*
Gerade jüngere Kinder verwirren unterschiedliche Regeln für Bettzeiten, Körperhygiene oder was den Konsum von Bildschirmmedien betrifft. Bedenken Sie, dass der Preis für den Versuch, eine »Bewerbungskonkurrenz« beim Kind durch größere Nachgiebigkeit zu gewinnen, vom Kind bezahlt werden muss. Erarbeiten Sie lieber gemeinsam einige wenige, aber für beide Erziehungshaushalte verbindliche Regeln.

* *Geben Sie Ihrem Kind Raum, seinen Gefühlen Ausdruck zu verleihen.*
Kommentieren oder kritisieren Sie die Gefühle Ihres Kindes nicht. Versuchen Sie den Faden des Gesprächs nur aufrechtzuerhalten. Vermitteln Sie Ihr Interesse und Ihre Anteilnahme. Vermeiden Sie jede Polarisierung oder Bewertung in Hinblick auf den anderen, abwesenden Elternteil, selbst wenn Sie eigenen Ärger verspüren. Ihr Kind wird sich sonst in sein Schneckenhaus zurückziehen und einer wichtigen Entlastungsmöglichkeit – der Nähe zu Ihnen – beraubt. Der wesentliche Aspekt: Ihr Kind soll seine Gefühle und Sorgen Ihnen gegenüber vertrauensvoll Gestalt werden lassen können. Sollte sich hierbei Anlass zur Sorge für Sie ergeben, suchen Sie das Gespräch oder auch Beratung, wenn die Beziehung zum anderen Elternteil dies zulässt.

* *Seien Sie aufmerksam gegenüber Anzeichen von Stress und Überlastung bei Ihrem Kind.*
Jüngere Kinder im Besonderen, aber auch bereits ältere, können die Belastung, die die Lebensveränderungen rund um die Scheidung der Eltern für sie bedeuten, verbal häufig nicht zum Ausdruck bringen. Regressives Verhalten, also das Zurückfallen auf frühere Entwicklungsalter, oder aber Abwendung und Rückzug, besonderes »Erwachsensein« oder emotionale Ungerührtheit sind Anlass zur Sorge und nicht »entwicklungsbe-

dingt« (präpubertär etc.). Lassen Sie sozial inakzeptables oder aggressives Benehmen nicht mit dem Verweis auf die Scheidung durchgehen, sondern erkennen Sie den darin enthaltenen Ruf um Hilfe. Suchen Sie auch unter großer Anstrengung den Kontakt zum anderen Elternteil für ein gemeinsames Vorgehen. Nehmen Sie Beratung in Anspruch.

* *Arbeiten Sie in Gegenwart Ihres Kindes an einer ruhigen und ausgeglichenen Atmosphäre.*

Scheidung setzt das gesamte betroffene System in einen Zustand von Aufregung und Krise. Umso wesentlicher erscheint es, gerade in dieser Periode sehr bewusst an einer ruhigen, respektvollen Grundumgangskultur zu arbeiten und für Entlastung zu sorgen. Es ist dies ein Zeitpunkt, Perfektionsansprüche in der Haushaltsführung bewusst hintanzustellen, um mehr gemeinsame Beziehungszeit mit Spielen, Vorlesen etc. zu verbringen. Dies stärkt die schwankende Beziehungsachse und unterstützt die Reorientierung und Balancefindung in der neuen Lebensform.

* *Kritisieren Sie den anderen Elternteil nie in Gegenwart und Hörweite Ihres Kindes.*

Kritik und Abwertung, die doch so rasch über die Lippen kommen, schaden in erster Linie den Kindern in ihrer Identitäts- und Selbstwertentwicklung. Sie fügen der ohnedies schon maximalen Herausforderung des Verlusts der gewohnten Lebenskonzeption noch den weiteren Druck einer möglichen Polarisierung und Verwirrung hinzu. Die Liebe zu den Eltern wird damit für das Kind zu einem gefährlichen Partisanenunternehmen, das zu tiefen, oft lebenslangen Wunden führt. Dessen sollte man sich als verantwortlicher Elternteil bewusst sein, wenn man eine Schmutzkübelkampagne, und sei dies auch mit geschliffener Klinge, beginnt. So sehr es für einen selber auch den Anschein hat, sich damit ins Recht zu setzen, man bewirkt damit in der kindlichen Seele, die es zu beiden Eltern zieht, einen zerstörerischen Konflikt.

8

Obsorge und Kontaktgestaltung – Kooperative Elternschaft

Grundsätzliches zur Obsorge und Kontaktgestaltung

»Die Kinder bekommt er sicher nicht! Hat auf meiner Kraft aufbauend die Firma erschaffen und seine Karriere gemacht, während ich auf alles verzichten musste und mich um die Familie gekümmert habe. Und jetzt will er auch noch die gemeinsame Obsorge für die Kinder. Na sicher nicht! Damit er dann mit seiner neuen Tussi und meinen Kindern heile Familie spielen kann und tolle Urlaube mit den Kindern macht. Der Superpapi!

Ein A...loch ist er, und das habe ich den Kindern auch gesagt. Ich versteh gar nicht, dass die ihn überhaupt noch sehen wollen, nach dem, was er uns angetan hat. Sein Anwalt ist auch eine Krätzen. Dass er mir das ganze Haus überschreibt, wäre eine Großzügigkeit. Ich weiß, dass er einmal ein Konto in Liechtenstein angelegt hat. Vielleicht zeig ich ihn ja noch bei der Finanz an. Mein Anwalt wird ihm jetzt ordentlich Gas geben.

Mit den Kindern geht das auch nicht so weiter. Darum bin ich ja bei Ihnen. Dass Kathi dauernd ins Bett macht mit ihren acht Jahren, geschieht wegen ihm – und jetzt ist ihr das schon in der Schule passiert. Norbert ist auch total durch den Wind. Er führt sich unmöglich auf, beschimpft sogar mich – sicher, weil er ihn so aufhetzt. Und sein Klassenvorstand hat mich schon zweimal in die Schule gerufen, weil er aggressiv sei. Kein Wunder, bei so einem Vater.« (Hocheskaliertes Einstiegsszenario in die Beratung; Mutter, 43 Jahre)

* * *

»Rückblickend wird mir klar, wie knapp wir an einer Katastrophe vorbeigeschrammt sind. Die Entscheidung rund um die Obsorge für die Kinder hätte ganz leicht ein Kampfplatz für uns werden können. Wir waren uns der Position der Kinder in diesem Thema gar nicht bewusst. Man erlebt ja dieses ›mein Kind‹ in einer solchen Situation leicht als besitzanzeigend und hat dann auch noch ziemlich rasch das Gefühl, das Kind vor dem anderen, der einen kränkt, schützen zu müssen. Dabei hätten wir ganz leicht übersehen können, dass Kinder ja ihre eigene Agenda in dieser Sache haben, ihr eigenes Erleben, und nicht Objekte sind, über die man verhandelt. So wie wir beide unsere beiden Kinder über unsere Trennung hinweg weiter lieben, wollen sie dies auch tun. Wir haben das erst behirnen müssen, dass wir eine Regelung finden müssen, die genau dafür glaubwürdig die organisatorischen Möglichkeiten schafft, wenn wir wirklich ehrlich die Bedürfnisse unserer Kinder vor Augen haben wollen. Eigentlich ist es ja auch ganz logisch, aber ohne diese Beratung, die uns immer rückgespiegelt hat, wie es dem Kind geht, hätten wir das wahrscheinlich nicht so hinbekommen.

Aber da ist auch irgendwie unsere ganze Kultur rund um die Scheidung in unserer Gesellschaft mit dran schuld. Es geht ja immer darum, Recht zu haben, sich durchzusetzen – und dabei wird das Wichtigste vergessen: wie es den Kindern dabei geht. Es hätte schon ziemlich die Gefahr bestanden, dass wir uns in einen Machtkampf um die Kinder miteinander verstricken. Wir waren ja auch beide ziemlich gekränkt und von der Rolle vor einem halben Jahr bei der Scheidung. Gut, dass Karin die Notbremse gezogen und die Beratung vorgeschlagen hat, sonst wären wir vor Gericht gelandet.« (Abschlusssitzung einer Scheidungsbegleitungsberatung, Karin, 40 Jahre, Johann, 44 Jahre)

* * *

»Also ich rufe jetzt in der Sendung an, weil ich allen Hörern unsere Erfahrungen zum Thema Scheidung mitteilen will. Meine Frau und ich haben uns vor 20 Jahren scheiden lassen. Wir haben damals gesagt, dass wir es nicht miteinander schaffen, aber dass unsere Kinder nicht unter unserem Streit leiden dürfen. Wir waren immer beide für die Kinder da. In diesem Punkt waren wir uns einig, dass ja die Kinder nichts dafür können, weil wir nicht mehr miteinander weiterkommen, und dass wir ihnen schulden, dass wir beide unsere Kraft für sie einsetzen.

Und unsere Mädels sind wirklich prächtig geworden. Ganz normal! Die Ältere ist verheiratet, und wir haben einen Enkel mit einem halben

Jahr. Also Leute, was ich euch nur sagen wollte. Spart euch das ganze Geld für die Anwälte und die spätere Therapie eurer Kinder und kneift die Hinterbacken zusammen. Investiert das Geld besser direkt in schöne Zeiten mit den Kindern, seid erwachsen und streitet nicht. Die Kinder werden es euch danken, wenn sie groß sind!« (Zuhörerkommentar anlässlich einer Sendung im ORF, Radio Ö1, Änderungen im Familienrecht, Februar 2013)

Aus dem Blickwinkel des Kindes handelt es sich beim Thema Obsorge um das Herzstück der Scheidung der Eltern. Wer wird für mich verantwortlich sein? Mit wem werde ich hauptsächlich leben? Die Beantwortung dieser Frage stellt für das Kind in maßgeblicher Form die zukünftigen Lebensweichen.

Nach den bisherigen Ausführungen ist es selbsterklärend, dass aus der Interessenslage des Kindes, wenn man von Fällen familiärer Gewalt, Missbrauch oder bisheriger Abwendung eines Elternteils vom Kind und von Fällen nachhaltiger Einschränkung der Erziehungsfähigkeit eines Elternteils absieht, die einzige infrage kommende Version in der gemeinsamen Obsorge beider Elternteile zu finden ist.

»Beide Eltern haben mich gemeinsam in die Welt gesetzt, beide Eltern haben bisher für mich gesorgt, beide Elternteile waren für mich gleichmäßig verantwortlich, beide Elternteile beteuern, dass sie mich weiter unverändert lieben. Wenn dies so ist, dann müsste es nun auch so weitergehen«, argumentieren viele Kinder auf meiner Couch ihre Verwirrung angesichts andersgelagerter Entscheidungen.

Es ist zudem unbestritten, dass Kinder von einem kontinuierlichen, konsistenten, liebevollen und den entsprechenden Raum einnehmenden weiteren Beziehungsangebot zu beiden Elternteilen unvergleichlich für ihre eigene Entwicklung, Identitätsfindung und eine positive Integration des Lebensphasenwechsels profitieren.

Aber auch auf der Ebene der Erwachsenen erweist sich diese Entscheidung als nachhaltig beziehungsgestaltend, wenn im Zeitraum von nur drei Jahren 40 bis 50 Prozent der von der Obsorge ausgeschlossenen Elternteile, zumeist Väter, den Kontakt zu ihren Kindern verlieren und von den Verbleibenden 75 Prozent nur ein unregelmäßiges Kontaktmuster etablieren können.[12] Die Klärung der Obsorge, die Festlegung des Lebensmittelpunkts des Kindes und wie die sonstigen Kontakte zu einem wegziehenden Elternteil in Abhängigkeit zum jeweiligen Kind, seinem Lebensalter und seiner individuellen Beziehung zum Elternteil aussehen sollen, all das ist in seiner tiefsten inneren Mechanik mit der jeweiligen Intimsphäre und dem individuellen Betriebssystem der betroffenen Familie verknüpft. Kommt es zu einer Doppelresidenzlösung oder zu einem hierzulande noch äußerst ungebräuchlichen Modell, das die Kinder in ihrer gewohnten Lebensumgebung belässt und den Eltern ein turnusmäßiges Ein- und Ausziehen abverlangt?

In der einen Familie entspricht die Aufteilung der Haushalts- und Betreuungsagenden rund um die Kinder einer äußerlich noch klassischen Geschlechtsrollenverteilung, und trotzdem ist hier der Vater in der Innenmechanik die hauptsächliche Bindungsperson für den zweieinhalb Jahre alten Sohn. In der anderen Familie verfügt der Vater, bedingt durch ein Fehlen eines beruflichen Engagements zwar, im Unterschied zu der die Familie mit ihrer beruflichen Tätigkeit erhaltenden Mutter, über große Zeitsegmente, die er der Familie grundsätzlich zur Verfügung stellen könnte, ist aber dennoch kaum in die Betreuung der Kinder miteinbezogen und grundsätzlich emotional deutlich abgewendet.

Es ist selbstredend, dass die eigentlichen Experten für die Lösung der Frage der Obsorge und Kontaktregelung in der Familie selbst zu finden wären. Eltern sind hier gefordert, ihre ungeheure Verantwortung für eine gelingende Zukunft der Kinder zu erkennen. Auf Anwälte und Richter für die Lösung dieser Thematik zu vertrauen, bedeutet im besten Fall, die zweitbeste Lösung zu erhalten. Jede Familie ist ein eigener, individueller Organismus mit seinem eigenständigen »Stallgeruch«. Niemand kennt die speziellen Gegebenheiten, die Vorlieben, die besondere Geschichte zwischen einzelnen Familienmitgliedern, die individuellen Kommunikationsfeinheiten, die Geborgenheitsmuster, die speziellen

Fähigkeiten und die gesamte Gewichtung all dessen in seinem Bezug zueinander und seiner Bedeutung für das Kind in dieser Familie besser als die Eltern selbst.

Eltern, die wirklich die beste Lösung für ihr Kind wollen, sollten also die Entscheidungskompetenz bei sich als Paar belassen und der Versuchung, eine etwaige Streitlust auf das Thema Obsorge und Kontaktregelung auszudehnen, widerstehen können. Diese lässt sich immer noch auf der Ebene von zu teilenden Haushaltsgütern oder Vermögen bestens austragen.

Kinder müssen hier als Personen, die ihren Eltern schutzbefohlen sind, sowie in ihrem grundsätzlichen Recht auf beide Elternteile erkannt werden.

Wie sich dies für die jeweilige Familie umsetzt, kann am besten vom jeweiligen Elternpaar selbst festgelegt werden. Machen Sie sich dabei bewusst, dass es für Ihr Kind um sehr viel geht. Was Sie ausverhandeln, entscheidet das weitere Lebensskript Ihres Kindes in hohem Ausmaß, denn davon wird abhängen, welche weiteren Erfahrungen auf Ihr Kind formend einwirken werden.

Besprechungen zur Obsorge- oder Kontaktregelung sollten im Bewusstsein größter Ernsthaftigkeit, mit Achtsamkeit und Sorgfalt und unter Beiseitelassen eigener erlittener Kränkungen erfolgen. Erscheint Ihnen dies zum gegebenen Zeitpunkt unmöglich, ist also Ihre eigene Sichtweise der Situation so raumfüllend, dass für den persönlichen Blickwinkel des Kindes kein Raum gegeben ist und Sie sich nicht die Frage stellen können »Entspricht das, wofür ich eintrete, dem grundsätzlichen Bedürfnis unseres Kindes nach beiden Elternteilen?« oder Sie a priori der Ansicht sind, der »bessere« Elternteil zu sein, so wählen Sie einen erfahrenen Erziehungsberater als Unterstützung, um eine Moderation aus dem Blickwinkel des Kindes erzielen zu können.

Kooperative Elternschaft

Die letzten 20 Jahre haben uns tiefgreifende gesellschaftliche Veränderungen beschert, die ehemals starren Geschlechtsrollenvorstellungen haben sich aufgeweicht, ein neues Selbstverständnis von Kindheit hat sich entwickelt, Bindungstheorie und Grundzüge der Entwicklungspsychologie des Kindes sind in ihrem Verständnis nicht mehr wenigen Experten vorbehalten. Damit einhergehend werden immer mehr Stimmen laut, die diesen »Blickwinkel des Kindes« als den des Hauptbetroffenen im Zusammenhang mit der Scheidung der Eltern thematisiert wissen wollen. Als erfreuliches Resultat nehmen Eltern, die sich trennen/scheiden, in wachsender Zahl eine Haltung ein, die es ermöglicht, eine gemeinsame weitere Verantwortung für die Kinder zu entwickeln.

Doch ist das Feld der kooperativen Elternschaft in weiten Teilen noch unbestelltes Neuland. Wir lassen uns ja nicht aus lauter Harmonie von unserem Partner bzw. unserer Partnerin scheiden. Wie soll sich also über die Zerrüttung der Ehe hinaus und die schmerzhafte Erkenntnis, dass es als Paar kein Weiterkommen mehr gibt, Kooperation erhalten lassen bzw. wie soll diese gar erst aufgebaut werden?

Dieses Dilemma ist mir aus zahlreichen Beratungen nur zu gut bekannt. Über der tiefen und oft noch sehr brennenden Wunde des Beziehungsverlusts zum ehemaligen Partner lastet die Erkenntnis, dass mehr als das eigene bisherige Lebensglück den Bach hinuntergegangen ist. Die Situation trägt für die betroffenen gemeinsamen Kinder die Potenz in sich, zur weichenstellenden Lebenskatastrophe zu mutieren, wenn nicht ein Weg gemeinsamer Elternschaft gefunden wird. Der Druck des wissenschaftlichen Datenmaterials ist nicht zu leugnen, genügend Längsschnittuntersuchungen zu den Scheidungsfolgen bereiten schlaflose Nächte und die Evidenz der persönlichen Feldforschung im Umkreis von Freunden und Bekannten ist klar gegeben.

So, wie sich das beim früheren Ehepaar Müller, bei dem man vor 15 Jahren noch Trauzeuge war, nach der Scheidung mit den Kindern entwickelt hat, so will man es ganz sicher nicht für die eigenen Kinder haben. Motivation ist also bei dem größten Teil der Eltern vorhanden, doch die Anforderungen an die persönliche Reife sind enorm. Es gilt, Durchblick zu finden in einem wüsten emotionalen Knäuel persönlicher Kränkung und erlebter elterlicher Verantwortung – und dies in eine strukturell alltagstaugliche Form mit entsprechender elterlicher Kommunikation zu gießen. Leider scheitern viele, die grundsätzlich einsichtsvoll sind.

Hier ist ein Plädoyer für fachliche Beratung angesagt, denn in einer Gesellschaft, die noch immer an einem Selbstbild des »bis dass der Tod euch scheidet« festhält, obwohl die praktizierte Realität ganz anders aussieht, existiert schlichtweg kein im allgemeinen Umgangskodex der Gesellschaft etabliertes Bild von Normalität für kooperative Elternschaft nach Trennung oder Scheidung. Es gibt also kein allgemein gesellschaftlich verbindliches und logisches Set an Verhaltensweisen, Reaktionen und Üblichkeiten, das den nachfolgenden Lebensalltag für Kinder, deren Eltern sich getrennt haben, reguliert und Eltern dieser spezifischen Gruppe verdeutlichen würde, was sozial richtig und von ihnen zu erwarten ist. All das muss in mühevoller Kleinarbeit in einem vielfach störungsanfälligen »Learning by Doing« von jedem Elternpaar erst entwickelt werden.

Ist es denn normal, dass beide Elternteile weiter gemeinsam zum Elternsprechtag in die Schule gehen oder schaut das irgendwie komisch aus? Kann man den Geburtstag des Kindes weiter gemeinsam feiern und welche Anforderungen darf man an potenzielle neue Partner bzw. Partnerinnen in diesem Zusammenhang stellen? Welche Form von Kommunikation über das Kind ist mit dem bzw. der Ex angezeigt und worüber kann oder muss man sich austauschen? Was darf man nicht fragen?

Für all diese Fragen und zahlreiche mehr existieren bisher keine verbindlichen Leitlinien. Sie müssen durch die heutige Elterngeneration erst geschaffen werden und über die Erfahrung ihrer Alltagstauglichkeit schön langsam ins gesellschaftliche Grundbetriebssystem abtropfen, um später den Status von »so macht man das, damit Kinder eine unbeeinträchtigte Entwicklung nehmen können« zu erlangen.

»Ärmel aufkrempeln« und Bewusstseinsbildung sind gefragt. Was sind also die wesentlichsten Bausteine kooperativer Elternschaft?

Die Akzeptanz der Subjektnatur des Kindes und des damit verbundenen Liebeswunsches des Kindes zu beiden Elternteilen

Das Kind muss als eigenständiges Individuum, dessen Notwendigkeiten und Bedürfnisse nicht in einer Abhängigkeit zu den persönlichen Interessen der Eltern stehen, wahrgenommen und wertgeschätzt werden können. Der Grundwunsch des Kindes nach beiden Elternteilen, seine Liebe zu beiden Elternteilen muss von den Elternteilen über ihre persönliche wechselseitige Ablehnung hinweg als legitim angenommen werden können und Unterstützung finden. Eine Mutter beschrieb dies so:

»Wenn unsere Kinder Marlies, sieben Jahre alt, und Jonathan, fünf Jahre alt, Sonntagabend völlig überdreht und ganz auf ›Papi, Papi‹ heimgekommen sind, war das schon oft recht schwer für mich. Besonders, wenn sie dann auch noch zickig waren und mir Vorwürfe gemacht haben, dass Papi jetzt wegen mir nicht mehr bei uns wohnt. Da muss ich zugeben, dass ich dann des Öfteren eine Stinkwut im Bauch gehabt habe auf die Kinder und auf meinen Ex, weil sie so in ihn vernarrt sind. Vordergründig stimmt das, dass Jürgen ›wegen mir‹, weil ich jemand Neuen kennengelernt habe, nicht mehr bei uns lebt. Aber ich hätte einfach sowieso mit seiner Art nicht mehr weitermachen können.

Ich musste öfter mal kurz durchschnaufen, um nicht gegen die Kinder aggressiv zu werden. Ich habe sie dann immer gleich in die Badewanne gesetzt und bin schnell mal raus auf den Balkon, um eine zu rauchen und wieder runterzukommen. ›Sie sind Kinder‹, habe ich mir dann immer vorgesagt, und in Wirklichkeit ist es das Beste, dass sie an ihrem Vater genauso hängen wie an mir. Sie brauchen uns beide, und das sind wir ihnen schuldig, dass sie uns auch beide haben dürfen.«

* *Kann ich zu folgender Aussage aus ganzem Herzen Ja sagen?*
»Ich reagiere nicht traurig, irritiert, verärgert, abweisend, zurückgezogen oder strafend in einer Situation, in der ich mit der Liebe meines Kindes zum anderen Elternteil konfrontiert werde!« *Muss ich hier Zweifel oder Bedenken anmelden oder erkenne ich mich oder meinen Expartner bzw. meine Expartnerin in*

einer negativen Verhaltensweise wieder, sollte ich gemeinsame Erzie-
hungsberatung anstreben, oder, wenn dies nicht realisierbar ist, zu-
mindest diese alleine aufsuchen.

**Die Akzeptanz der Unkündbarkeit der eigenen Elternschaft
und der des Expartners bzw. der Expartnerin**

Obwohl die biologische Elternschaft allen als unverrückbar klar
vor Auge steht, setzt mit dem Trennungs-/Scheidungsprozess
vom Expartner bzw. von der Expartnerin in häufig nicht unerheb-
lichem Ausmaß ein Bestreben ein, diesen bzw. diese aus der
Elternschaft drängen zu wollen. Dies entspricht einem tiefen
Wunsch, alle Brücken mit der Trennung/Scheidung abbrechen zu
wollen, und kann die Form einer Diffamierungskampagne annehmen, die den anderen Elternteil mit der Trennung/Scheidung
jegliche pädagogische Kompetenz abzusprechen beginnt.

Der umgekehrt gelagerte Prozess, der der analogen Wurzel,
eine Tabula rasa herzustellen, entspringt, ist das Verlassen des
Kindes, das heißt der Kontaktabbruch, gleichzeitig mit der Tren-
nung/Scheidung vom Partner bzw. der Partnerin. Dies entspricht
für Kinder immer einem traumatischen Elternverlust mit allen
nachfolgenden Konsequenzen einer nachhaltigen Identitätsbe-
schädigung und Entwertung. Dem Argument »ich zähle für
Papa/Mama nicht« ist hier wenig entgegenzuhalten.

Bleiben die Extreme der völligen Abwendung vom Kind und
des Bestrebens einer einseitigen Vereinnahmung Gott sei Dank in
dieser Ausprägung den allermeisten Kindern erspart, so finden
sich andererseits bei vielen Elternteilen im Zuge emotionaler Ver-
werfungen rund um die Trennung/Scheidung Tendenzen in die
eine oder andere Richtung. Ein Vater beschrieb dies so:

»Nach unserer Trennung war unsere Kommunikation beständig ausge-
sprochen zäh und aufreibend für mich. Meine Ex hat so etwas wie eine
Erziehungsoberhoheit reklamiert. Beständig sollte ich mich rechtferti-
gen, wie ich mit unserem Sohn umging. Dauernd hatte sie etwas zu be-
urteilen daran oder wollte mir Vorschreibungen machen, so als würde

ich ganz selbstverständlich unter ihrem Kommando stehen. Völlig vertrottelt!

Das hat mich rasend gemacht. Schließlich hab ich ja, als wir noch zusammen waren, während sie auf Dienstreise war, immer unseren Sohn ganz alleine betreut. Das ist sogar ziemlich oft vorgekommen und war ganz klar, weil es ihr ja in den Kram gepasst hat. Da gab es nie etwas zu bemängeln. Und jetzt nach der Trennung war es, als ob mir die Kompetenz abgesprochen worden wäre und sie alleine zu entscheiden hätte. Das war ihr aber von mir allein her nicht klarzumachen. Ich bin froh, dass ich sie zur Beratung bewegen konnte und wir jetzt geklärt haben, dass gemeinsame Elternschaft keine Bewerbungskonkurrenz ist und auch nicht einer die Führung beanspruchen kann.«

* *Kann ich zu folgender Aussage aus ganzem Herzen Ja sagen?*
»Mein Expartner bzw. meine Expartnerin ist in unauflöslicher Form Vater/Mutter unseres gemeinsamen Kindes und als solcher bzw. solche unersetzbar und nicht austauschbar. Keiner von uns beiden kann im Leben unseres Kindes eine Bedeutungs- und Führungsvorherrschaft beanspruchen, die den anderen Elternteil in eine Unterwerfung verweist. Eine Abwendung vom Kind und aktive Kontaktvermeidung bedeutet, mein Kind im Stich zu lassen!« *Muss ich hier Zweifel oder Bedenken anmelden oder erkenne ich mich oder meinen Expartner bzw. meine Expartnerin in einer negativen Verhaltensweise wieder, sollte ich gemeinsame Erziehungsberatung anstreben oder, wenn dies nicht realisierbar ist, zumindest diese alleine aufsuchen.*

Die Akzeptanz, dass Paarkonflikt und elterliche Verantwortlichkeit zwei getrennte Geschäftsfelder sind, die keinerlei Bezugnahme aufeinander erfahren dürfen

So einleuchtend dies auf den ersten Blick erscheinen mag, ja vielleicht sogar als Binsenweisheit gesehen wird, so problematisch scheint gerade dieser Punkt in der Umsetzung. Zahlreiche Paare sehen in der Trennung/Scheidung vom Partner bzw. der Partnerin die Lösung des Paarkonflikts, um einander in der Folge auf der neuen Konfliktebene des »Kampfs um das Kind« wieder als Kontrahenten zu finden. Diese Verlagerung des Konflikts und die Feststellung, dass sich hierbei oftmals die erlebte Machtlosigkeit vergrößert, sich die Situation dem eigenen Zugriff und einer Lenkbarkeit noch mehr entzieht, gehört zu den ernüchterndsten Erfahrungen, die Eltern berichten. Die grundsätzliche und bewusste Arbeit an sich selber, eine undurchlässige Wand zwischen einer möglichen noch bestehenden Konfliktspannung auf der Paarebene und den Aufgaben und Erfordernissen einer Zusammenarbeit rund um die Belange des Kindes zu errichten, ist, bei aller Disziplin und emotionalen Anstrengung, die dies verlangt, das größte Geschenk an das eigene Kind und seine unbelastete Gestaltung des eigenen weiteren Lebens.

Ein Vater beschrieb mir vier Jahre nach seiner Scheidung den entsprechenden Prozess folgendermaßen:

»Knapp nach unserer Trennung habe ich meine Exfrau wirklich gehasst! Ich gebe es zu, dass ich ihr damals nichts Gutes gewünscht habe. Sie hat es so sehr zur Schau gestellt und mich damit gereizt, dass sie jetzt den ›Richtigen‹ gefunden hat und ihr Leben nach der Trennung viel besser geworden ist, wohingegen ich das Ganze echt schwer verkraftet habe. Das hat mich als Mann fertiggemacht. Auch dass sie immer wieder durchblicken hat lassen, dass es jetzt mit dem Sex super ist.

Aber ich habe mir immer wieder gesagt, dass wir doch drei Kinder in die Welt gesetzt haben, die eigentlich nichts mit unserer Kacke zu tun haben. Wir hatten eine lausige Beziehung in den letzten beiden Jahren vor unserer Scheidung gehabt, da haben wir uns nichts geschenkt, aber ich musste auch zugeben, dass sie sich immer echt super um die Kinder gekümmert hat. An das habe ich gedacht – und an unsere Kinder.

Dann habe ich sie als Frau und als meine Ex ausgeblendet und sie nur als Mutter gesehen und mir immer wieder vorgesagt, dass wir ja auch früher, was die Kinder betroffen hat, gut zusammengearbeitet haben und wir hier als Teampartner in dieser gemeinsamen Aufgabe so weitermachen müssen. Das ist unauflöslich, und unsere Kinder haben es verdient. Da waren wir uns einig.

War aber nicht immer leicht. Komische Situation, wenn du denkst, dass der Lover deiner Ex jetzt auch mit deinen Kindern lebt, oder wenn du gemeinsam mit deiner Ex zum Sprechtag der Kinder gehst – und er holt sie dann ab. Aber wir sind da heute, nach vier Jahren, mit allem durch!

Meine Ex hat sich sogar vor ein paar Monaten bei mir entschuldigt, weil sie mir am Anfang nach unserer Trennung das Leben so schwergemacht hat. Hat sich ausgezahlt das Ganze, denn die Kinder kommen gut mit allem zurecht, haben das Gefühl, dass sie uns beide wirklich weiter haben.«

Die von diesem Vater indirekt angesprochene »Umbesetzung des Expartners bzw. der Expartnerin in der Rolle« ist ein Kunstgriff, um die Basisbedingung kooperativer Elternschaft erfüllen zu lernen. Dazu ist es wesentlich, sich bewusst zu machen, dass bis zur Trennung voneinander beide Partner eine Doppelrolle eingenommen haben. Einerseits erwachsener Beziehungs- und Sexualpartner und andererseits Partner in der Elternschaft. Durch die Trennung/Scheidung wird die Rolle des Beziehungs- und Sexualpartners nun aufgekündigt, egal, ob von einem der Partner einseitig initiiert oder im Einvernehmen. Die Botschaft lautet im Klartext: Die eine Rolle ist, wie immer dies auch zustande gekommen sein mag und ob es uns passt oder gegen unsere Überzeugungen läuft, zu Ende gelebt. Wir haben auch keinen Einfluss darauf, ob diese Rolle »neu besetzt« wird oder »vakant« bleibt. Unsere zweite uns aneinander bindende Rolle hingegen, die der Elternschaft, bleibt von der Aufkündigung der anderen Rolle unberührt. Elternschaft kann man, evolutionsbiologisch betrachtet, nicht aufkünden, zu viel steht hier auf dem Spiel. Mit dieser Erkenntnis verbunden, wird auch klar, dass wir gefordert sind, zu *lernen*.

Wie können wir diese Rolle erfolgreich anlegen, wenn wir die bisher als ursächlich bedingend erlebte andere Rolle nicht mehr spielen? Dies braucht Offenheit und Konfrontationsstärke mit sich selber, die Bereitschaft, die eigenen bisherigen Grenzen zu reflektieren, die Bereitschaft zur Selbstbeschränkung, und vielleicht auch Disziplin, um eigene Emotionen von Kränkung und Wut hintanstellen zu lernen.

Betrachtet man nüchtern die soziale Wirklichkeit, in der sich viele Scheidungskinder wiederfinden, so wird deutlich, dass gelingende kooperative Elternschaft bisher noch in der Minderheit der Fälle zu finden ist: Sich ganz zurückzuziehen oder aber das Kind ganz für sich zu beanspruchen, das sind die äußersten Vorposten eines Scheiterns an der gestellten Aufgabe, ergänzt von einem breiten Feld von Elternteilen, die zu »Besuchenden«, aber nicht mehr Teilhabenden am Leben ihrer Kinder werden.

Eine fatale Bilanz aus dem Blickwinkel der Kinder, die mit dieser Realität aufwachsen:

»Was soll ich sagen? Mein Vater ist eh nett. Holt mich alle zwei Wochen ab und dann machen wir halt was Nettes. So Kino oder McDonald's, oder etwas anderes in der Art. Da kann ich dann bestellen, was ich will. Im Märchenpark waren wir auch früher, und so verschiedene andere Ausflüge haben wir gemacht. Dann fragt er auch immer, was es so gibt. Da fällt mir dann nichts ein. Ich weiß eigentlich nicht, was ich ihm sagen soll. Alles, was mir einfällt, passt irgendwie nicht. Von der Schule hört er halt gern. Manchmal ist es dann auch peinlich. Vor allem im Auto. Ich spiel dann mit meinem Handy. Dann geht es eh. In den letzten Jahren sind wir auch mit seiner neuen Freundin zusammen. Die ist nett. Lässt mich eh in Ruhe und er hat dann sie zum Reden.«

*   *Kann ich zu folgender Aussage aus ganzem Herzen Ja sagen?*
   »Ich bin von Tisch und Bett von dieser Frau bzw. diesem Mann getrennt. Unser Paarkonflikt konnte nur durch die Trennung beendet/abgebrochen werden. Durch den Paarkonflikt kam es möglicherweise zu tiefen Kränkungen. Die Elternebene darf nicht als ›neue Ebene‹ einer Austragung des Paarkonflikts verwendet werden. Tun wir dies, machen wir uns an unserem Kind schuldig, schädigen es und missachten die unserem Kind geschuldete elterliche Verantwortung in grober Form. Wir missbrauchen unser Kind damit. Die gemeinsame Elternschaft

verbindet uns weiterhin unauflöslich, solange wir leben. Wir bleiben ›parents forever‹.« *Muss ich hier Zweifel oder Bedenken anmelden oder erkenne ich mich oder meinen Expartner bzw. meine Expartnerin in einer negativen Verhaltensweise wieder, sollte ich gemeinsame Erziehungsberatung anstreben, oder, wenn dies nicht realisierbar ist, zumindest diese alleine aufsuchen.*

Die Akzeptanz getrennter Wirksphären beider Elternteile

Mit der Auflösung der Paarbeziehung geht auch die Errichtung zweier getrennter Lebenssphären einher. So sehr dies für die Ebene der Paarbeziehung logisch und gewünscht erscheint, so sehr erweist sich für so manchen Elternteil die damit verbundene Konsequenz eines Einflussverlusts auf das Lebensumfeld des Kindes während der beim anderen Elternteil zugebrachten Zeit als ein unerwarteter Bumerang mit hoher emotionaler Sprengkraft.

Auch dieser Wahrheit und der damit verbundenen Herausforderung, in das Lebens- und Erziehungsmanagement des anderen Elternteils vertrauen zu müssen, statt Einfluss nehmen zu wollen, gilt es, sich zu stellen. Die Wirksphären beider Elternteile sind nun voneinander getrennt und unabhängig. Mit der Trennung/Scheidung besteht keine direkte Möglichkeit einer Einflussnahme mehr. Jeder Elternteil kann nun seine eigene Erziehungs- und Betreuungshandschrift dem gemeinsamen Kind gegenüber entwickeln. Bedenken, Einwände oder gar Widersprüche zu eigenen Überzeugungen oder Haltungen können nur mehr auf der Ebene von Beobachtungen, Beschreibungen und Rückmeldungen zu Auswirkungen auf das gemeinsame Kind vorgebracht werden. Eine »Anhörung« kann nicht mehr, so stellen viele mit Ernüchterung fest, gefordert oder erzwungen werden, sondern muss erbeten werden. Unterschiede in den Erziehungshaltungen, in der Gewichtung von Teilbereichen sozialer Erziehungsziele oder von Wertevermittlung, die bei Eltern möglicherweise bereits vor der Scheidung geherrscht haben, werden vielfach mit der Trennung der Partner deutlicher sichtbar und stellen einige Anforderungen an ihre Überbrückung. Unterschiede der Wichtigkeit, die zum

Beispiel der Bedeutung von Ritualen für Kinder zugemessen werden, Differenzen, was die Bedeutung von Hygiene, Höflichkeit, Ordnung, Pflichtbewusstsein oder anderer Sekundärtugenden betrifft, brauchen die Erarbeitung einer gemeinsamen Linie zum Wohle des Kindes. Diese Hausaufgaben müssen nun gemacht werden, wobei es gilt, die Situation der getrennten Wirksphären durch wertschätzenden Grundumgang in einen Vorteil in der Lösungsfindung zu wandeln.

Die Trennung der Wirksphären und den damit verbundenen Machtverlust zu akzeptieren und zu einer Haltung wertschätzenden Vertrauens in die Erziehungs- und Betreuungskompetenz des Expartners bzw. der Expartnerin zu gelangen, auch wenn diese in ihrem Erziehungsstil vom eigenen abweichen mag, ist ein weiterer Basisbaustein kooperativer Elternschaft.

* *Kann ich zu folgender Aussage aus ganzem Herzen Ja sagen?*
»Meine Wirksphäre ist auf meinen Lebensraum begrenzt. Ich habe keine Möglichkeit einer direkten Einflussnahme auf Erziehungsstil und Betreuungsmodus des anderen Elternteils. Meine Aufgabe besteht darin, zu wertschätzender, vertrauensvoller Akzeptanz gegenüber der Wirksphäre des anderen Elternteils zu gelangen. Ich kann meine Beobachtungen, Überlegungen oder Bedenken und Wünsche einbringen, jedoch deren Umsetzung nicht fordern. Liegt mir Evidenz eines schädigenden Einflusses vor, so ist die Jugendwohlfahrt ein designierter Ansprechpartner.« *Muss ich hier Zweifel oder Bedenken anmelden oder erkenne ich mich oder meinen Expartner bzw. meine Expartnerin in einer negativen Verhaltensweise wieder, sollte ich gemeinsame Erziehungsberatung anstreben, oder, wenn dies nicht realisierbar ist, zumindest diese alleine aufsuchen.*

Die Akzeptanz der Wichtigkeit wertschätzender Kommunikation
Über die Bedeutung wertschätzender, respektvoller Kommunikation sind sich grundsätzlich alle einig. Unternehmen geben Unsummen an Weiterbildung aus, um die Kommunikation zwi-

schen ihren Mitarbeitern zu verbessern. Allen ist klar, dass der Erfolg gemeinsam zu entwickelnder Projekte und bisweilen das Wohl des gesamten Unternehmens von der Kommunikationsfähigkeit der Beteiligten abhängt. Um wie viel mehr stimmt dies für das »Projekt gemeinsames Kind«, dem wir über unsere Scheidung hinweg als Elternpaar, als Projektpartner verpflichtet sind.

Kommunikation ist ein vielschichtiger Prozess. Ein kleiner Teil ist verbaler Inhalt, der weit größere wird von Körpersprache, Stimme, Intonation, Betonung, Mimik, Gestik, Haltung und vielen weiteren, uns selber oft nicht bewussten Faktoren bestimmt. Wundert es also, dass gerade in diesem Bereich ein intensives Lerngebiet im Sinne kooperativer Elternschaft zu finden ist?

Paare befinden sich häufig in starren, kaum mehr wahrgenommenen Kommunikationsschleifen. Bei Paaren, die aneinander scheitern, sind dies im Regelfall etablierte, auf Knopfdruck aktivierbare Muster von hartnäckiger, heftiger und bisweilen subtiler, aber genauso schmerzvoller Abwertung, Geringschätzung und Demütigung.

Die neue Lebenssituation der räumlichen Trennung vom Widersacher bzw. der Widersacherin auf der einen Seite und der Verbundenheit durch die gemeinsame Erziehungsaufgabe für das Kind auf der anderen Seite fordern maximale Bereitschaft zu lernen und bieten gleichzeitig die Möglichkeit, alte, destruktive Kommunikationsmuster, die möglicherweise auch in anderen Lebenskontexten oder neuen Beziehungen auftauchen könnten, aufzulösen.

In einer Beratungssituation von geschiedenen Eltern hat sich dies zum Beispiel folgendermaßen dargestellt: Beide Elternteile, die sich grundsätzlich ernsthaft zu ihrer Überzeugung bekannten, für ihren gemeinsamen fünfjährigen Sohn im Sinne kooperativer Elternschaft sorgen zu wollen, schilderten gleichzeitig, dass sie im Rahmen ihrer monatlichen Treffen, um sich zum Sohn und seiner Entwicklung persönlich auszutauschen, immer wieder in ernsthafte Streitereien gerieten. Die Kindesmutter beschrieb ihren Expartner als grenzüberschreitend, abwertend und auf ihre Demütigung ausgerichtet. »Immer macht er mir Vorhaltungen, dass ich es mit unserem Sohn nicht checken würde. Immer will er mich klein machen. Das brauche ich mir nicht mehr gefallen zu lassen. Das war schließlich ein wesentlicher Grund für unsere Scheidung.«

Der Kindesvater seinerseits reagierte auf die Anwürfe seiner Expartnerin damit, dass er ihr Rechthaberei vorwarf. Er beteuerte, ihr große Wertschätzung in der Art und Weise, wie sie Beruf und Kinderversorgung seit der Trennung organisiert hatte, entgegenzubringen. Auffallend war jedoch seine deutliche körperliche Abwendung von seiner Expartnerin und eine abwägend wirkende Pausensetzung im Sprachverlauf, die im Unterschied zum Inhalt stand und, wie sich im Verlauf der Beratung herausstellte, von seiner Expartnerin als Sarkasmus erlebt wurde.

* *Kann ich zu folgender Aussage aus ganzem Herzen Ja sagen?*
»Mein Expartner bzw. meine Expartnerin und ich haben zu einem wertschätzenden und respektvollen Umgangsstil miteinander gefunden. Unsere Kommunikation ist frei von Abwertung, Geringschätzung, Demütigungsversuchen, sarkastischen oder zynischen Bemerkungen oder unterschwelliger, verdeckter Aggression. Unsere kommunikativen Begegnungen sind in ihrer Form und der begleitenden Emotionalität dem Umgang von Projektkollegen miteinander vergleichbar.«
Muss ich hier Zweifel oder Bedenken anmelden oder erkenne ich mich oder meinen Expartner bzw. meine Expartnerin in einer negativen Verhaltensweise wieder, sollte ich gemeinsame Erziehungsberatung anstreben, oder, wenn dies nicht realisierbar ist, zumindest diese alleine aufsuchen.

Die beschriebenen Kriterien auf einer bewussten Ebene präsent zu erhalten, ermöglicht einem als betroffener Elternteil, zumindest – wie ein Kompass – den »Norden« kooperativer Elternschaft wiederzufinden, wenn ein Sandsturm von Unpässlichkeiten oder überfordernden neuen Alltagssituationen aufzieht. Was bleibt, ist ein beständiger Prozess des Hineinwachsens in die neue

Lebensrealität als getrennt lebendes, gemeinsam erziehendes Elternpaar – ein Prozess, in dem es nicht darauf ankommt, alles richtig zu machen, sondern darauf, immer wieder die Bereitschaft und Hingabe aufzubringen, an den eigenen Begrenzungen und der Verbesserung zu arbeiten. Die Kinder sind der Antrieb dazu.

Obsorge und Kontaktgestaltung – Kooperative Elternschaft

Obsorge und Kontaktgestaltung sollten den Blickwinkel des Kindes, der ungehinderten und möglichst gleichmäßigen Zugang zu beiden Elternteilen als eigene Entwicklungserfordernis realisiert sehen möchte, als Ausgangspunkt nehmen, von dem aus eine an die organisatorischen und sozio-emotionalen Individualfaktoren der spezifischen Familie angepasste Alltagsstruktur gemeinsam von den Eltern verhandelt wird.

Es gilt zu bedenken, dass eine gerichtliche Obsorge und Kontaktregelung nur den Stellenwert einer Ultima Ratio einnehmen sollte, da neben der Verantwortungsabgabe auch eine Einflussabgabe erfolgt. Die tatsächliche innere Feinmechanik des Beziehungsnetzwerks innerhalb einer speziellen Familie transparent werden zu lassen, um so eine Basis einer »richtigen Entscheidung« zu ermöglichen, muss als äußerst schwieriges und unsicheres Unterfangen verinnerlicht sein und kommt als Erwartung einer enormen Überforderung der Familiengerichte gleich.

Grundbausteine kooperativer Elternschaft

* Die Akzeptanz der Subjektnatur des Kindes und des damit verbundenen Liebeswunsches des Kindes zu beiden Elternteilen.
* Die Akzeptanz der Unkündbarkeit der eigenen Elternschaft und der des Expartners bzw. der Expartnerin.
* Die Akzeptanz, dass Paarkonflikt und elterliche Verantwortlichkeit zwei getrennte Geschäftsfelder sind, die keinerlei Bezugnahme aufeinander erfahren dürfen.
* Die Akzeptanz getrennter Wirksphären beider Elternteile.
* Die Akzeptanz der Wichtigkeit wertschätzender Kommunikation.

9

Hello! Goodbye!

Das Wochenende –
Von einer Welt in die andere und retour

Josef betrachtet seine sechsjährige Tochter Amelie, die in seiner neuen Wohnung mit seinem Hund ausgelassen auf dem Boden herumtollt. Wenn er sie so ansieht, spürt er vorsichtige Zufriedenheit mit der Situation in sich aufsteigen.

Das sah vor vier Monaten, knapp nachdem er und Sabine beschlossen hatten, sich zu trennen, noch ganz anders aus. Amelie zeigte sich zuerst sehr verstört und wollte nicht mit ihm mitgehen, wenn er sie zu den Besuchswochenenden abholen kam. Zweimal kroch sie sogar unter ihr Bett in ihrem Kinderzimmer und weigerte sich, hervorzukommen.

Gott sei Dank hatten Sabine und er daran gearbeitet, eine solide Gesprächsbasis zu allen Belangen ihrer gemeinsamen Tochter zu entwickeln. Dass sie dem Kind weiter gemeinsam Eltern sein wollten, nahm höchste Priorität ein. Sabine und er beschlossen, die langen Besuchswochenenden alle 14 Tage vorerst auf einen Tag zu beschränken, und, um das damit verkürzte Zeitbudget auszugleichen, einigten sie sich auf wöchentliche Kontaktzeiten. Auf Sabines Anraten hin schaffte er sich einen Hund an, den er eigentlich selber immer schon haben wollte, und brachte ihn zum Abholen der Tochter mit. Es schnürte ihm das Herz zu, als Amelie meinte, dass Jako nie ihr Hund sein könnte, wenn er doch bei ihm leben würde. Doch jetzt war auch diese Klippe genommen und Amelie begann zu verstehen, dass sie auch bei ihrem Vater ein Zuhause hat, auch wenn sie nicht so viel Zeit mit ihm verbringen würde wie mit ihrer Mutter.

Während Josef seiner Tochter zusieht, die Jako gerade mit Hilfe von einigen Hundekeksen »Sitz« und »Platz« beizubringen versucht, überlegt er, dass es vielleicht jetzt an der Zeit wäre, mit Sabine eine weitere Ausdehnung der Kontaktzeiten zu diskutieren. Amelie ist zwar, bedingt durch ihre schwere Nierenerkrankung in der Kleinkindzeit, die zahlrei-

chen gemeinsam mit der Mutter im Krankenhaus verbrachten Zeiten und die grundsätzliche Betreuungsaufteilung während ihrer Ehe, deutlich stärker an ihre Mutter gebunden, aber sie setzt zahlreiche Zeichen, dass sie sich auch bei Josef sehr wohl fühlt.

Später auf dem Heimweg wird Amelie zunehmend einsilbig, um schließlich gänzlich in ein dumpfes Brüten zu verfallen, und kurz darauf sieht Josef im Rückspiegel, wie die ersten Tränen über ihr Gesicht rollen. Als sie das Reihenhaus, das sie mit ihrer Mutter bewohnt, erreichen und Josef ihren Sicherheitsgurt gelöst hat, springt sie vom Sitz und läuft ohne Verabschiedung mit tränenüberströmtem Gesicht an ihrer die Haustür öffnenden Mutter vorbei.

Josef zuckt hilflos mit den Schultern. »Dabei wollte ich heute mit dir darüber sprechen, ob es nicht an der Zeit ist, dass sie etwas mehr bei mir wäre. Sie war heute so gelöst und fröhlich.«

»Es ist noch immer schwer für sie, alles zu verstehen und mit der Situation in Balance zu kommen«, antwortet Sabine mit einem tiefen Seufzer. »Sie ist eben gerade erst sechs geworden. Komm rein und lass uns bei einer Tasse Kaffee darüber reden, was für sie das Beste ist.«

Während Josef Sabine ins Haus nachfolgt, wird ihm wieder einmal klar, wie froh er darüber ist, dass Sabine und er sich intensiv damit auseinandergesetzt haben, was ihre Trennung für ihre Tochter bedeutet, welch hohe Anpassungsanforderung von ihrer jungen Seele hier gefordert wird und wie ihre Reaktionen damit im Zusammenhang stehen könnten.

Patrick und Simone, ein befreundetes Ehepaar, deren Tochter Julia Amelies engste Spielgefährtin im Kindergarten ist, fallen ihm ein. Ihre Trennung liegt jetzt etwas mehr als ein Jahr zurück, und es waren gerade Situationen wie diese heutige, die Simone das Gefühl vermittelten, Patrick müsse während des Besuchswochenendes »alles falsch« mit Julia machen, wenn sie dann beim Heimkommen so deprimiert ist. Die beiden führen nun einen erbitterten Besuchsrechtsstreit. In der Zwischenzeit ist Patrick zur Überzeugung gelangt, dass Simone ihm Julia systematisch entfremden will. Jede Gesprächsbereitschaft ist zum Erliegen gekommen. Jetzt regieren die Schriftsätze der Anwälte, und Sabine hat ihm davon berichtet, dass Simone nun plant, sogar bei der Jugendwohlfahrt

Beschwerde gegen Patrick zu führen, um in der Folge das ursprünglich gemeinsame Sorgerecht alleine zu beantragen.

Nicht auszudenken! Wie konnte zwischen den beiden nur eine so erbitterte Feindschaft erwachsen? So eine Situation wäre der wahre Alptraum, und Amelie würde darunter leiden, so wie nun schon seit geraumer Zeit Julia, von der Amelie erzählt hat, dass sie sich im Kindergarten dauernd in die Hose macht.

Jedes Elternpaar muss letztendlich für seine Familie die richtige Kontaktregelung des Kindes zu seinen Elternteilen selber finden. Der ungehinderte emotionale Zugang zu beiden Elternteilen sollte dabei den Nordstern für die Entwicklung des individuellen Modells darstellen. Abgesehen von jenen Eltern, die sich zu einem Doppelresidenzmodell entscheiden, und von jener zumindest hierzulande verschwindenden Zahl, die über Bereitschaft und Mittel verfügt, den ursprünglichen Lebensmittelpunkt dem Kind zuzuordnen und turnusweise dessen Betreuung zu übernehmen, geht dies in den allermeisten Fällen nicht mit einer zeitsymmetrischen Kontaktregelung einher. Das Kind hat sein weiteres physisches Lebenszentrum bei einem Elternteil, während der andere die Position des besuchenden Elternteils einnimmt.

Die Gründe für eine derartige Regelung sind mannigfach und reichen von organisatorischen Belangen über das Lebensalter des Kindes und individuelle, in den spezifisch innerfamiliären Vorbeziehungen begründete Faktoren bis hin zu unterschiedlicher Eignung und der Bereitschaft der einzelnen Elternteile, die Betreuung des Kindes jeweils alleinverantwortlich für unterschiedlich definierte Zeitstrecken übernehmen zu können oder zu wollen. Wesentlich bleibt hierbei, dass, wie auch immer die individuelle Organisationskonstruktion aussehen mag, ein Klima von durchgehendem sozialen Frieden widergespiegelt wird.

Psychosozial gesehen bedeuten für das Kind besonders die Übergänge zwischen den Eltern, also Abholung vom und Rückbringung zum Elternteil, bei dem der Lebensmittelpunkt des Kindes etabliert ist, eine herausragende Anforderung. Ob diese Phasengrenzen von den Eltern in einer amikalen, wertschätzenden bzw. zumindest neutral respektvollen Grundhaltung bewerkstelligt oder zu Austragungsgelegenheiten für eine dahinterliegende, weiterhin bestehende Konfliktbereitschaft werden, entscheidet maßgeblich über das Belastungspotenzial dieser Situationen und das Verhalten des Kindes.

Philipps Eltern haben sich auf die alleinige Obsorge der Mutter und eine zweiwöchentliche Kontaktfrequenz von Freitag abends bis Sonntag 18.00 Uhr geeinigt. Philipps Vater würde seinen siebenjährigen Sohn gerne häufiger, zumindest noch einen Tag unter der Woche, zu sich nehmen. Philipps Mutter ist strikt dagegen und lässt keine Gelegenheit aus, um ihrem Expartner zumeist während der Übergabesituation Vorhaltungen zu machen und Zweifel an seinen Fähigkeiten, den gemeinsamen Sohn gut zu betreuen, laut werden zu lassen. Häufig enden diese Situationen in heftigem Streit.

Philipp, der bis vor der Trennung der Eltern vor drei Monaten sehr an seinem Vater hing, beginnt zunehmend die Besuchswochenenden abzulehnen. Wenn der Vater kommt, um ihn abzuholen, will er sein Zimmer nicht verlassen und beginnt offen, sich zu weigern, mit dem Vater mitzugehen. Während Philipps Vater über die Situation verzweifelt ist und die Ansicht vertritt, dass seine Expartnerin den Plan verfolgt, ihm das Kind zu entfremden, sieht sich diese durch das Verhalten ihres Sohnes in ihrer Theorie, dass dem Vater eine mangelnde Betreuungsfähigkeit des gemeinsamen Sohnes zu bescheinigen wäre, bestätigt. Die frühere enge Vater-Sohn-Beziehung ignoriert sie.

Aus dieser und zahlreichen ähnlich gelagerten Situationen, die allesamt das Potenzial haben, im weiteren Verlauf zu Kristallisationspunkten von zähen, die betroffenen Kinder aushöhlenden Besuchsrechtsstreitigkeiten zu werden, lässt sich unschwer ableiten, dass die spezielle Herausforderung der Situation für das Kind von den beteiligten Erwachsenen verstanden und sorgfältig gestaltet werden muss. Was gilt es also rund um die Übergänge zwischen den Elternteilen zu bedenken? Worauf ist zu achten, um aus einer Kontakt- oder Besuchssituation eine echte Beziehungssituation werden zu lassen, ein echtes Angebot an das Kind, ein Stück weitere verbindende Biografie zwischen Elternteil und Kind zu schreiben?

Am Beginn steht grundsätzliche Orientierung.

Wie erklärt man einem Kind Obsorge?

Es gehört zu den erstaunlichsten Phänomenen rund um das Thema Scheidung, dass Kinder bis zum Ende ihrer Volksschulzeit im Durchschnitt wenig über die Gestaltung der Obsorgevereinbarung informiert werden. Oftmals scheint es so, als würde das mühevoll errungene Verhandlungsergebnis nicht bis zum Kind vordringen. Es wird damit in die Position gebracht, die neue Zeit- und Machtverteilung indirekt über die veränderte Gestaltung des Tagesablaufs und des Umgangs mit den Dingen des Lebensflusses, wie zum Beispiel Elternsprechtagen oder Entscheidungen zur Schulwahl, zu erfassen.

Es liegt auf der Hand, dass dabei Raum für nicht immer richtige und vor allem emotional beladene Interpretationen entsteht. Kinder wollen klare Orientierungslinien, es liegt an uns, ihnen die Termini rund um Obsorge altersadäquat zu erklären.

* *Was heißt gemeinsame Obsorge?*
  »Gemeinsame Obsorge bedeutet, dass Papa/Mama und ich weiterhin gemeinsam in allen wichtigen Dingen, die dich betreffen, entscheiden und gemeinsam verantwortlich sein werden. Dies gilt auch dann, wenn du nicht gleichmäßig viel Zeit bei jedem von uns verbringst, sondern bei einem von uns hauptsächlich während der Woche lebst.«
* *Was heißt alleinige Obsorge?*
  »Alleinige Obsorge bedeutet, dass das Gericht beschlossen hat, dass nur einer von uns, Papa/Mama, die Verantwortung für alle wichtigen Entscheidungen, die dich betreffen, trägt. Das heißt zum Beispiel, dass nur dieser Elternteil darüber entscheidet, wo du leben wirst oder in welche Schule du gehst.«

Es sind oft wenige Worte, die genügen, um die kindliche Kompassnadel den Norden finden zu lassen und Verwirrung und emotionale Verunsicherung zu vermeiden.

Über eine sinnvolle Kontaktfrequenz im Bezug auf das Lebensalter des Kindes

Es gibt zahlreiche Gründe, die es für ein sich trennendes Elternpaar plausibler machen, ein Lebensmodell für ihr Kind zu wählen, das seinen Lebensmittelpunkt einem Elternteil zuordnet, während der andere Elternteil die Position des Besuchenden erhält – in Abhängigkeit von organisatorischen Überlegungen oder aber auch von der innerfamiliären Dynamik der Rollenverteilung oder der spezifischen Situation der Lebensumstände und beruflichen Anforderungen. Dabei kommt einer sensiblen, auf die Bedürfnisse des heranwachsenden Kindes ausgerichteten Gestaltung des Kontaktrechts größte Bedeutung zu. Für die Persönlichkeitsentfaltung des Kindes ist es wichtig, der Weiterentwicklung der Eltern-Kind-Beziehung mit beiden Elternteilen möglichst gleichmäßig Raum zu geben. Lebensalter und Entwicklungsphase des Kindes einerseits sowie Bereitschaft und Fähigkeit des »besuchenden« Elternteils zu Beziehung und Betreuung andererseits sind die beiden Stellschrauben, die diesen Prozess formen.

Die nachfolgenden Überlegungen dienen einer Orientierung und müssen situativ auf die besondere Konstellation der jeweiligen Familie adaptiert werden. Sie gehen vom speziellen Lebens- und Entwicklungsalter des Kindes aus und bewegen sich im Sinne einer vorgeschlagenen Minimal- bis zu einer Idealfrequenz, in Abhängigkeit von Betreuungsbereitschaft und erzieherischer Kompetenz, Einfühlung und Verständnisfähigkeit für die Bedürfnisse des Kindes.

Elternteile, die persönliche Einschränkungen tragen, deren pädagogische Reife also im Sinne eines konstant verantwortlichen Beziehungsangebots mit einer positiv führenden und sozialisierenden Fähigkeit in Zweifel gestellt ist, deren Selbstorganisation und Selbstmanagement beeinträchtigt ist, sind trotz ihrer genuinen Bedeutung für das Kind im unteren Bereich der Kontaktzeiten anzusiedeln. Je jünger das betreffende Kind ist, umso größere Bedeutung kommt dem Bereich von Konstanz und Kontinuität in beiden elterlichen Sphären zu, umso wesentlicher ist es also, dafür Sorge zu tragen, dass Zeitabläufe und Rituale (Füttern, zu Bett gehen, Kuscheltiere) bei beiden Elternteilen zuverlässig und in der gewohnten Form ablaufen.

Geburt bis etwa 18 Monate

**Basisempfehlung gemeinsam verbrachter Zeit Kind – »besuchender«
Elternteil:** 2–3 Mal die Woche Besuche beim anderen Elternteil für
2–3 Stunden

**Empfohlenes Zeitsegment im Fall eingeschränkter Betreuungs-
bereitschaft oder eingeschränkter Betreuungsfähigkeit:** Die Besuche finden nur unter Begleitung und ausschließlich beim das
Kind grundversorgenden Elternteil statt.

**Empfohlenes Zeitsegment im Fall optimaler Betreuungsbereitschaft
oder besonderer Betreuungsfähigkeit:** 2 Besuche pro Woche für
ein Zeitsegment bis zu 6–8 Stunden und 1 kürzerer Besuch.

Anmerkungen: Wenn das Kind auch im Lebensumfeld des besuchenden Elternteils Zeit verbringt, sollten Zeitabläufe sowie gewohnte Rituale unbedingt beibehalten werden. Wesentliche
Betreuungsgegenstände wie Schnuller oder Fläschchen sollten
von der gewohnten Marke sein. Das Lieblingskuscheltier, die ver-
traute Babydecke wandern mit.

19 Monate bis 3 Jahre

**Basisempfehlung gemeinsam verbrachter Zeit Kind – »besuchender«
Elternteil:** 1–2 Mal die Woche Übernahme des Kindes vom
besuchenden Elternteil, 1 Übernachtung pro Woche

**Empfohlenes Zeitsegment im Fall eingeschränkter Betreuungs-
bereitschaft oder eingeschränkter Betreuungsfähigkeit:**
1–2 Besuche des Kindes für 4–6 Stunden; Übernachtungen sind
kaum anzuraten

**Empfohlenes Zeitsegment im Fall optimaler Betreuungsbereitschaft
oder besonderer Betreuungsfähigkeit:** 1 Mal pro Woche Über-

nahme des Kindes für 6–8 Stunden sowie 2 Übernachtungen pro Woche an nicht aufeinanderfolgenden Tagen

Anmerkungen: In dieser Lebensphase des Kindes sind Flexibilität im Arrangement und ein guter Dialog zwischen den Eltern wesentlich, da die Kinder noch zwischen starker Angebundenheit an den hauptbetreuenden Elternteil und bereits höherer Toleranz gegenüber außerhäuslichen Situationen pendeln.

4–5 Jahre

Basisempfehlung gemeinsam verbrachter Zeit Kind – »besuchender« Elternteil: 1–2 Mal die Woche Übernahme des Kindes vom besuchenden Elternteil, 1 Übernachtung pro Woche. Urlaub: drei 2-Tage-Perioden pro Jahr

Empfohlenes Zeitsegment im Fall eingeschränkter Betreuungsbereitschaft oder eingeschränkter Betreuungsfähigkeit: 1–2 Mal pro Woche 4–6 Stunden gemeinsame Zeit mit besuchendem Elternteil, wenn möglich 1 Übernachtung pro Woche

Empfohlenes Zeitsegment im Fall optimaler Betreuungsbereitschaft oder besonderer Betreuungsfähigkeit: 1 Mal pro Woche Übernahme des Kindes für 6–8 Stunden sowie 2 Übernachtungen pro Woche an nicht aufeinanderfolgenden Tagen. Urlaub: vier 3-Tage-Perioden pro Jahr

Anmerkungen: Dem Kind sollte auf täglicher Basis Telefonkontakt mit dem besuchenden Elternteil angeboten werden.

6–8 Jahre

Basisempfehlung gemeinsam verbrachter Zeit Kind – »besuchender« Elternteil: Jedes zweite Wochenende von Freitag nach der Schule bis Sonntag am Abend sowie nachmittags nach der Schule bis 7.30 Uhr an einem Wochentag pro Woche (Anteilnahme am Alltagsgeschehen, Hausübungen etc.). Urlaub: 3 Wochen während der Sommerferien, Aufteilung sonstiger schulfreier Perioden zu gleichen Teilen

Empfohlenes Zeitsegment im Fall eingeschränkter Betreuungsbereitschaft oder eingeschränkter Betreuungsfähigkeit: Jedes zweite Wochenende 1 Übernachtung (24 Stunden) am Wochenende sowie nachmittags nach der Schule bis 7.30 Uhr an einem

Wochentag pro Woche (Anteilnahme am Alltagsgeschehen, Hausübungen etc.). Urlaub: 3 Besuche für jeweils 2 Tage

Empfohlenes Zeitsegment im Fall optimaler Betreuungsbereitschaft oder besonderer Betreuungsfähigkeit: Jedes zweite Wochenende von Donnerstag nach der Schule bis Montag morgens bis zum Schulbeginn sowie nachmittags nach der Schule bis 7.30 Uhr an einem Wochentag pro Woche (Anteilnahme am Alltagsgeschehen, Hausübungen etc.). Urlaub: 4 Wochen während der Sommerferien, Aufteilung sonstiger schulfreier Perioden zu gleichen Teilen

Anmerkungen: Grundsätzlich ist die verlässliche Beibehaltung von Zeitarrangements ein dem Kind Sicherheit und Stabilität gebender Faktor; gleichzeitig ist eine gewisse Flexibilität in Abhängigkeit von Verpflichtungen des Kindes (nachschulische Kurse etc.) oder situativen elterlichen Organisationserfordernissen wünschenswert. Es ist für das Kind sinnvoller, wenn etwa der Besuchswochentag »getauscht« wird und damit eine zusätzliche »Fremdbetreuung« vermieden werden kann, als auf einer starren Einhaltung der Vereinbarung zu beharren. Dies sind Gelegenheiten, bei denen das Kind die Eltern als wirklich kooperierend erleben kann.

9–12 Jahre

Basisempfehlung gemeinsam verbrachter Zeit Kind – »besuchender« Elternteil: Jedes zweite Wochenende von Freitag nach der Schule bis Sonntag am Abend sowie nachmittags nach der Schule bis 7.30 Uhr an einem Wochentag pro Woche (Anteilnahme am Alltagsgeschehen, Hausübungen etc.). Urlaub: 3 Wochen während der Sommerferien, Aufteilung sonstiger schulfreier Perioden zu gleichen Teilen

Empfohlenes Zeitsegment im Fall eingeschränkter Betreuungsbereitschaft oder eingeschränkter Betreuungsfähigkeit: Jedes zweite Wochenende 1 verlängerte Übernachtung (Samstag vormittags bis Sonntag abends) am Wochenende sowie nachmittags nach der Schule bis 7.30 Uhr an einem Wochentag pro Woche (Anteilnahme am Alltagsgeschehen, Hausübungen etc.). Urlaub: 3 Besuche für jeweils 3 Tage

Empfohlenes Zeitsegment im Fall optimaler Betreuungsbereitschaft oder besonderer Betreuungsfähigkeit: Jedes zweite Wochenende von Donnerstag nach der Schule bis Montag morgens bis zum Schulbeginn sowie nachmittags nach der Schule bis 7:30 Uhr an einem Wochentag pro Woche (Anteilnahme am Alltagsgeschehen, Hausübungen etc.). Urlaub: gleichmäßige Aufteilung der Sommerferien und aller anderen schulfreien Perioden auf beide Elternteile
Anmerkungen: Grundsätzlich ist die verlässliche Beibehaltung von Zeitarrangements ein dem Kind Sicherheit und Stabilität gebender Faktor; gleichzeitig ist eine gewisse Flexibilität in Abhängigkeit von Verpflichtungen des Kindes (nachschulische Kurse etc.) oder situativen elterlichen Organisationserfordernissen wünschenswert. Es ist für das Kind sinnvoller, wenn etwa der Besuchswochentag »getauscht« wird und damit eine zusätzliche »Fremdbetreuung« vermieden werden kann, als auf einer starren Einhaltung der Vereinbarung zu beharren. Dies sind Gelegenheiten, bei denen das Kind die Eltern als wirklich kooperierend erleben kann.

13–18 Jahre

Basisempfehlung gemeinsam verbrachter Zeit Kind – »besuchender« Elternteil: Jedes zweite Wochenende von Freitag nach der Schule bis Sonntag am Abend sowie nachmittags nach der Schule bis 7:30 Uhr an einem Wochentag pro Woche (Anteilnahme am Alltagsgeschehen, Hausübungen etc.). Urlaub: 3 Wochen während der Sommerferien, Aufteilung sonstiger schulfreier Perioden zu gleichen Teilen
Empfohlenes Zeitsegment im Fall eingeschränkter Betreuungsbereitschaft oder eingeschränkter Betreuungsfähigkeit: Jedes zweite Wochenende 1 verlängerte Übernachtung (Samstag vormittags bis Sonntag abends) am Wochenende sowie nachmittags nach der Schule bis 7:30 Uhr an einem Wochentag pro Woche (Anteilnahme am Alltagsgeschehen, Hausübungen etc.). Urlaub: muss zunehmend in Absprache mit dem Teenager und in Abhängigkeit dazu, wie gut die Beziehungsentwicklung zwischen besuchendem Elternteil und Kind gelungen ist, gestaltet werden

Empfohlenes Zeitsegment im Fall optimaler Betreuungsbereitschaft oder besonderer Betreuungsfähigkeit: Jedes zweite Wochenende von Donnerstag nach der Schule bis Montag morgens bis zum Schulbeginn sowie nachmittags nach der Schule bis 7.30 Uhr an einem Wochentag pro Woche (Anteilnahme am Alltagsgeschehen, Hausübungen etc.). Urlaub: gleichmäßige Aufteilung der Sommerferien und aller anderen schulfreien Perioden auf beide Elternteile

Anmerkungen: Teenager beginnen zunehmend mit der »Eroberung« ihres eigenständigen sozialen Umfelds Mitgestalter von Kontaktzeiten werden zu wollen. Teenager sollten zwar miteinbezogen werden, jedoch nicht die Entscheidungsträger sein.

Ein Kurs, der Flexibilität für die Gestaltung der außerfamiliären Bedürfnisse des Teenagers zulässt, aber gleichzeitig klare Grenzen setzt und verbindliche Kontaktzeiten als Familienzeit mit dem betreffenden Elternteil einfordert, bewährt sich.

Wie interessiert sollte ich daran sein, was mein Kind beim anderen Elternteil erlebt?

Eine schwierige Fragestellung liegt vor uns. Sie hat das Zeug, enorme Sprengkraft zu entwickeln und endlosen Nachschub für Selbstverletzung (»das hat sie/er mit mir nie wollen ...«) oder uferlose Grabenkriege wechselseitiger Abwertungen oder Vorhaltungen zu liefern.

Es ist selbstredend, dass Kinder, wenn sie mit negativen Konsequenzen ihrer Offenheit konfrontiert werden, sehr rasch lernen, sich auf diplomatische Antworten und Vergesslichkeit zu besinnen, oder einfach grundsätzlich schweigen. Das über das elterliche Verhalten gesetzte Signal bedeutet dem Kind, dass es sich bei der beim anderen Elternteil verbrachten Zeit um eine Tabuzone handelt, die nicht angerührt werden darf. Kinder respektieren die tiefendynamischen Beauftragungen ihrer Eltern umgehend und beginnen zu schweigen, aber das Kind bezahlt den Preis. Das Kind muss kompartimentieren, das heißt getrennte Welten – eine mütterliche und eine väterliche – in seinem Herzen tragen, die von einem tiefen Graben, einer hohen Mauer oder auch einem Minenfeld getrennt bleiben müssen. Welches Bild man hier wählen mag, das des Grabens, der Mauer oder des Minenfelds, für das Kind bedeutet dies eine enorme Belastung und, wie in zahlreichen Therapiesitzungen offenbar wird, existenzielle Einsamkeit.

So sehr dies eine Anforderung für Eltern sein kann, mit der weiteren Lebensentwicklung des Expartners bzw. der Expartnerin konfrontiert zu bleiben, so wesentlich ist es, sich dem in wertschätzender Art und respektvoller Distanz auszusetzen, denn die neue Lebenswelt des Expartners bzw. der Expartnerin ist zu einem bedeutenden Maß auch das Lebensumfeld des Kindes.

Wesentliche Zielsetzung ist dabei, mit dem Lebensumfeld unseres Kindes beim Expartner bzw. der Expartnerin in einer neutralen, unaufdringlichen und nicht kommentierenden Form »online« zu bleiben, um so dem Kind das Signal zu vermitteln, dass seine Bewegung zwischen den verschiedenen Lebenswelten ganz in Ordnung für uns ist und unsere Unterstützung findet. Es geht also nie darum, unsere erwachsene Neugier zu befriedigen, sondern dem Kind positive Anteilnahme an seiner Zeit mit dem anderen Elternteil zu vermitteln.

Im Fall von »Beschwerden zu Vorkommnissen beim anderen Elternteil« ist es besonders wesentlich, nicht in eine polarisierende Position zu steigen. Auch gilt es zu bedenken, dass die subjektive kindliche Realität mit der objektivierbaren Gesamtheit des Sachverhalts oftmals nicht identisch ist und eine vorzeitige Parteinahme eine Lösungsfindung nachteilig beeinflussen kann. Einige Beispiele zur Verdeutlichung:

Anteilnehmend, interessiert	Neugierig, übergriffig
»Das ist aber eine schöne Hose, die dir Papa da gekauft hat. Wo habt ihr die denn bekommen?«	»Was hat die neue Hose denn gekostet? Hat er sie verbilligt bekommen?«
»Das klingt, als würdest du Mamas neuen Freund Josef sehr mögen. Hast du eine gute Zeit mit ihm gehabt?«	»War Mamas neuer Freund eigentlich auch über Nacht bei euch oder ist er nach Hause gegangen?«
»Du klingst unzufrieden darüber, dass dich Papa bei Tisch zurechtgewiesen hat. Ich glaube, du solltest mit ihm darüber nochmals reden, wenn du das Gefühl hast, dass es ungerecht von ihm war!«	»Jetzt geht's dir genauso wie mir früher. Er muss immer Recht haben und merkt selber überhaupt nicht, wenn er einen ungerecht behandelt. Das brauchst du dir nicht gefallen zu lassen.«
»Habt ihr dieses Wochenende irgendetwas Spezielles unternommen?«	»War eigentlich jemand anderer auch noch mit euch unterwegs?«

Schwierige Übergänge von einem Elternteil zum anderen – Was steckt dahinter und was kann getan werden, wenn das Kind den Kontakt zu einem Elternteil ablehnt?

Die Geschichte von Philipp

Es ist Samstagvormittag. Der achtjährige Philipp sitzt brütend auf seinem Bett. Er hält zwei Power-Ranger-Spielfiguren in seinen Händen und starrt vor sich hin. Draußen an der Wohnungstür läutet es. Philipps Körper versteift sich. Er hört im Flur die schon aufgebrachte Stimme seines Vaters, der der Mutter Vorhaltungen macht, weil der Sohn noch nicht fertig zum Abholen bereitsteht. Wenige Momente später geht die Kinderzimmertüre auf. Vater und Mutter stehen im Türrahmen. Die Mutter mit einem flehentlichen, der Vater mit einem wütenden Gesichtsausdruck. So war es immer, auch als Philipps Eltern noch verheiratet waren.

Der Vater herrscht Philipp an, keinen Tanz zu machen, die Mutter bittet ihren Expartner, etwas einfühlender und freundlicher mit dem gemeinsamen Sohn umzugehen, und versucht Philipp zu überreden, den

Vater zu begleiten. Sie weist ihn darauf hin, dass es sonst Probleme mit dem Gericht geben wird. Der Vater unterstreicht dies lautstark. Seine Stimmungslage ist bereits sehr explosiv. Kaum jemand würde bei diesem sonst so erfolgreichen, von seinen Patienten ob seiner Ruhe so geschätzten Neurologen mit großer eigener Praxis vermuten, dass er im Rahmen der eigenen Familie rasch reizbar und auch aggressiv reagiert.

Längst rinnen über Philipps Wangen zwei deutliche Tränenbäche. Als das Kind keine Anstalten macht, der Aufforderung seines Vaters nachzukommen, packt dieser es kurzentschlossen am Oberarm und beginnt es Richtung Wohnungstür zu zerren. Philipp wehrt sich nach Leibeskräften und tobt. Als der Vater ihn durch die Kinderzimmertüre hinauszuziehen versucht, gelingt es Philipp, sich am Türstock festzukrallen.

Der Vater macht Anstalten, Philipp körperlich weiter zu attackieren. Philipps Mutter sieht sich zu diesem Zeitpunkt genötigt, dazwischenzugehen, um der Brutalität ein Ende zu bereiten. Es gelingt ihr schließlich, den Vater der Wohnung zu verweisen. Dieser geht unter wüsten Beschimpfungen gegenüber seiner Expartnerin und seinem Sohn. Er droht ihr an, eine Klage wegen der von ihr betriebenen Entfremdung des Kindes einzubringen. Die Wohnungstür fällt mit lautem Knall ins Schloss.

Philipp hat sich zu seiner Mutter geflüchtet. Er sitzt auf ihrem Schoß und schmiegt sich an sie. Die Mutter ist verzweifelt und fühlt sich ausgehöhlt. Sie würde sich so wünschen, dass die Beziehung zwischen Vater und Sohn ins Lot käme. Sie hat ihrem Expartner verschiedene Mails mit Vorschlägen geschickt, um die Übergänge besser zu gestalten. Doch er zeigt keine Bereitschaft, auf irgendetwas anderes einzugehen, als auf das, was »sein Recht« sei.

Den Vorschlag, Philipp ein paar Mal nur zu einem Spaziergang oder einer Runde im Park abzuholen oder zu dritt ein paar Stunden hier in ihrer neuen Wohnung zu verbringen, damit das Kind seine Angst ablegen kann, bezeichnet der Vater als »lächerlich«. Dass Philipp Angst vor ihm haben könnte, weil er ihn ein paar Mal geschlagen hat, findet er genauso lächerlich wie die Idee, dass die Ablehnung seines Sohnes damit etwas zu tun haben könnte, dass er damals nicht bereit war, ein großes Aufheben zu machen, als Philipp bei einer Radtour mit ihm gestürzt war.

Kein Sonnenstrahl fällt auf die beiden Power-Ranger-Spielfiguren, die irgendwo verstreut auf dem Parkettboden in Philipps Kinderzimmer liegen.

Die Geschichte von Margret

Margret atmet noch einmal tief durch, bevor sie auf die Glocke an der Eingangstür zum Haus ihres Expartners drückt. Er lebt hier mit ihren beiden gemeinsamen Töchtern Katja, zehn Jahre, und Antonia, 15 Jahre. Margret versucht alle dunklen Gedanken zu vertreiben; schließlich beginnt gerade ihr Besuchswochenende. Sie hat zahlreiche Pläne, wie sie die gemeinsame Zeit mit den Kindern nützen, wie sie das Zusammensein bewusst gestalten und wertschätzen will. Ein Ausflug in die Au mit ihrem neuen Hund, den ihr Expartner ihr während der Ehe nie anzuschaffen gestattet hat und den Katja so liebt, steht ganz oben auf dem Programm. Sie geht den kurzen Weg durch den Vorgarten. Dann öffnet ihr Bert die Tür.

»Du kannst gleich wieder gehen. Die Kinder haben keinen Bock auf dich«, begrüßt er sie. Margret spürt, wie ihr das Blut ins Gesicht schießt. Ihre Kinder tauchen im Hintergrund auf.

»Ich komm sicher nicht mit dir Spinnerin mit«, fährt sie die zehnjährige Katja an.

»Du Schwein willst nicht einmal deine Alimente zahlen, hat uns Papa gesagt«, setzt ihre Schwester fort. »Du bist eine Irre und gemeingefährlich. Mit dir verscheiß ich meine Zeit nicht!«

Margret hat das Gefühl, als würde auf sie eingeschlagen werden. Längst hat sich ihr Expartner siegessicher in den Hintergrund zurückgezogen und den Kindern den Kampfplatz überlassen.

»Ich geh jetzt zu Tamara rüber«, wendet sich die 15-Jährige an ihren Vater, »das geb ich mir nicht mehr mit ihr.«

»Macht euch einen netten Mädels-Nachmittag«, antwortet ihr Vater und steckt seiner Tochter einen Zehn-Euro-Schein zu.

»Bussi, Papi«, flötet seine Tochter, drückt ihm einen Kuss auf die Wange und verlässt das Haus, ohne ihre Mutter noch eines Blicks zu würdigen.

Margret atmet tief durch und versucht sich an ihre jüngere Tochter zu wenden. »Wir wollten doch mit Anka einen Ausflug in die Au ma-

chen. Heute ist so schönes Wetter. Du wolltest das doch auch, als wir davon gesprochen haben.«

»Ich brauch den scheiß Hund nicht, lass mich in Ruhe«, brüllt Katja und rennt die Treppe zu ihrem Zimmer hinauf.

Für einen Moment ist es ganz still. Margret fühlt das Blut in ihren Schläfen pochen. Sie fühlt sich ganz betäubt und so, als wäre sie mit Schmutzkübeln übergossen worden.

»Du gehst jetzt wohl besser. Ich versuche ja alles, aber hier will dich keiner«, kommentiert Bert mit hämischem Grinsen die Situation, während er den Fernsehapparat mit der Fernbedienung in Gang setzt.

»Und du meinst jetzt, dass du die Fernbedienung für unsere Kinder in der Hand hältst. Du warst immer schon ein heimtückischer Idiot. Früher hast du von mir gelebt und mir meine Kraft gestohlen und jetzt glaubst du, mir die Kinder wegnehmen zu können«, bricht es hasserfüllt aus Margret hervor.

Bert tut ihren Angriff mit einer Geste, als würde er ein Insekt verscheuchen wollen, lässig ab. Er fühlt sich als Sieger. »So geht's einem eben, wenn man so dominant ist wie du. Ich hab lang in unserer Ehe gebraucht, um das zu checken. Die Mädels sind da schneller. Und jetzt schau, dass du schnell aus meinem Haus kommst.«

Eine Stunde später erscheint auf Margrets Handydisplay die Anzeige einer SMS ihrer Tochter Katja. Sie trocknet ihre Tränen und liest: »Mami, es tut mir so leid, aber ich kann nicht mehr ...«

Die Geschichte von Robert

Robert sitzt in seinem Wagen, um seinen siebenjährigen Sohn Jakob abzuholen. So sehr er sich auf das Besuchswochenende freut, bedrängen ihn gleichzeitig dunkle Gedanken. Die letzten Monate waren alles andere als ermutigend. Jakob hatte beim Abholen geweint, sich in sich zurückgezogen, wollte sich von ihm nicht angreifen lassen – und einmal war er sogar unter sein Bett gekrochen und nur nach einer mühseligen Diskussion letztendlich zu bewegen gewesen, sein Versteck wieder zu verlassen.

Die ganze Situation schmerzt ihn sehr. Er hängt an seinem Sohn und hatte immer das Gefühl, dass sie eine sehr enge Beziehung miteinander haben. Dies änderte sich auch nicht, als Marianne und er langsam begannen, auseinanderzutreiben. Vor vier Monaten war die Trennung schließlich nicht mehr zu vermeiden. Doch sie wollten Jakob nach besten Kräften gemeinsam Eltern sein.

Bedingt durch seinen Job, der Robert ziemlich viel Reisetätigkeit abverlangt, lebt Jakob mit seiner Mutter. Robert nimmt seine Besuchswochenenden pünktlich wahr. Für später träumt er von mehr Zeit – oder gar davon, dass der Sohn, wenn er dann selbstständiger ist, genauso auch bei ihm leben könnte wie bei seiner Mutter.

Aber derzeit klappt gar nichts sicher, auch wenn er geringe Verbesserungen sieht. Jakob behandelt ihn, zumindest beim Abholen, wie einen Fremden, eigentlich schlimmer noch, wie einen beängstigenden Widersacher. Wenn er dann nicht im Verlauf der gemeinsam verbrachten Zeit so auftauen würde und dann das gegenläufige Spiel, wenn auch in viel weniger scharfer Ausprägung, Sonntagabend bei der Rückkehr zur Mutter laufen würde, wäre er fast geneigt, den Warnungen seiner Kollegen Glauben zu schenken: »Wahrscheinlich arbeitet sie daran, dir den Sohn zu entfremden«, hatte er schon mehrfach vernommen, wenn er versuchte, sich im Freundes- oder Bekanntenkreis mit Männern, die seine Situation teilten, auszutauschen.

Aber Marianne meint es ehrlich mit der gemeinsamen Elternschaft über die Trennung hinweg. Letztes Mal sagte sie, er solle einfach zuerst einmal eine Tasse Kaffee trinken und ein wenig mit Jakob spielen, bevor er ihn zum Weggehen fertig macht. Damit war dann Jakobs Widerstand nicht ganz so heftig, und obwohl es Tränen gab, konnten sie dann doch bei gutem Wind ihr Wochenende in Angriff nehmen. Das war dann auch wirklich toll!

Robert parkt seinen Wagen und atmet tief durch. Er greift sich den Kuchen vom Rücksitz. Heute hat er den Kaffee gleich eingeplant. Er blickt hinauf zur Wohnung von Marianne und sieht Jakob gemeinsam mit seiner Mutter auf dem Balkon. Die beiden scheinen bereits auf ihn gewartet zu haben. Jakob hat seinen Wagen erkannt und winkt heftig zu ihm herunter.

»Papa, Papa!«, ruft er.

Robert winkt zurück. Vielleicht läuft ja heute alles schon viel besser.

Drei Fälle, die unterschiedlicher nicht sein könnten, und dennoch alle in der gemeinsamen Endstrecke enden: der Verweigerung des Kindes beim Übergang zum anderen Elternteil.

Wie ist das im Einzelnen zu deuten, und was ist zu tun? Um es vorwegzunehmen. Die Hintergründe für die drei geschilderten Szenarien aus meiner Praxis sind gänzlich unterschiedlich, die Quellen, aus denen sich die Verweigerung speist, entspringen unterschiedlichen Böden, doch die Methode der Regulierung des Stroms wilder Emotion beim Kind könnte, wenngleich es für die beschriebenen Situationsbilder unterschiedlich wahrscheinlich ist, dass er von den beteiligten Erwachsenen erkannt wird, über denselben Kunstgriff erfolgen: *Empathie* für die spezifische Situation des Kindes – und elterliche *interaktionelle Kompetenz*.

Das Übergangsfeld zwischen den nun getrennten Lebenswelten von Vater und Mutter, der Wechsel von Kommen und Gehen mit all seinen organisatorischen Anforderungen und die Herausforderung von Abschied und Begrüßung mit ihren emotionalen Anforderungen – all das kann nicht von jedem Kind gleich leicht durchschritten werden. Dafür sind schon unter »Idealbedingungen« eines gelösten oder hintangestellten Paarkonflikts individuelle Entwicklungs- und Persönlichkeitsfaktoren des Kindes sowie die Fähigkeit des Umgangs mit der Übergangssituation aufseiten der Erwachsenen notwendig.

Umso mehr wird die Nagelprobe des Übergangs zur Bühne für die seelische Bedrängtheit des Kindes, wenn weiterhin hohe Konfliktspannung und vergiftete Kommunikation die Begegnung zwischen den Eltern in dieser Situation begleiten.

Jakobs Situation ist von den drei geschilderten die am wenigsten belastete und elterlich am besten moderierte. Jakob hat zu beiden Elternteilen eine intensive Bindung. Er möchte mit seiner Mutter zusammen sein und gleichzeitig den Vater um sich haben. Nun muss er lernen, dass dies in Zukunft hauptsächlich nur mehr seriell und nicht gleichzeitig möglich ist. Dies kann bei Kindern mit deutlicher Verunsicherung einhergehen. Unbewusst würde sich dies aus Kinderperspektive vielleicht so ausformulieren lassen: »Wenn ich mit Mama bin, will ich auch Papa dahaben; wenn ich mit Papa bin, fehlt mir Mama; wenn ich mich so sehr auf Papa freue, ist Mama vielleicht traurig oder unzufrieden. Wenn ich gerne nach Hause zu Mama gehe, ist Papa vielleicht traurig oder unzufrieden. Geht es Mama gut, wenn ich bei Papa bin? Ist bei Papa alles in Ordnung, wenn ich bei Mama bin? Liebt mich Papa sicher noch?«

Als Fazit bleibt, dass die neue Lebenssituation, die ihm den Lebensmittelpunkt bei seiner Mutter zuweist und den Vater in die Rolle des besuchenden Elternteils stellt, eine hohe Anpassungsleistung von ihm fordert. Versetzt man sich in die Perspektive des Kindes, sind derartige Übergangsschwierigkeiten also alleine aus der Lern- und Adaptionsanstrengung, die die neue Situation bereithält, vollkommen nachvollziehbar.

***

Katja und Antonia, die beiden Mädchen, die mit ihrem Vater leben und den Kontakt zur Mutter boykottieren, sind vergleichsweise in einer viel schwierigeren Lebenssituation. Neben den zitierten grundsätzlichen Anpassungsleistungen, die es als Kind, das zwischen den Lebenswelten seiner Eltern pendelt, zu bewältigen gilt, sind diese Kinder auch noch zwischen den Fronten platziert. Die strikte, ja aggressive und von bitterer, respektloser Abwertung begleitete Weigerung, mit der Mutter Zeit zubringen zu wollen, ist als Ausdruck eines schweren Belastungssymptoms zu werten. Bedingt durch die seelische Überlastung, die durch die Einbeziehung in den Erwachsenenkonflikt und die Allianzbildung eines Elternteils mit den Kindern gegen den anderen Elternteil erfolgte, haben die Kinder in ihrer Not eine Aufspaltung in einen »guten« und einen »bösen« Elternteil vollzogen. Hier sind es der »gute Vater« und die »böse Mutter«.

Doch die feindselige Abwertung eines Elternteils und die Verbündung mit dem anderen stellt viel mehr eine Strategie der kindlichen Stressbewältigung dar, als dass sie auf realen Tatsachen basiert. Bezahlen muss die unausweichliche Rechnung auch hier wieder das Kind. Bedingt durch die Ablehnung eines Elternteils wird es um einen Teil seiner Identitätsquellen gebracht und muss einen Teil seines eigenen Selbst verleugnen, weil dieser als »böse« oder »schlecht« erlebt wird.

Es gilt also zu bedenken, dass die Ablehnung eines Elternteils weit über die momentane Verhaltensauffälligkeit hinaus schwerwiegende Folgen *für das Kind* hat. Dies sollte beide Eltern zur Mäßigung mahnen und an ihre elterliche, dem Kind gegenüber geschuldete Führungsverantwortung, die jeder persönlichen Satisfaktion und jedem Triumphgefühl vorgereiht sein muss, erinnern.

Die kindliche Weigerung, ein Besuchsrecht nicht wahrnehmen zu wollen, muss also hinterfragt werden. Wir würden es als Eltern ja wohl auch nicht dabei belassen, wenn unsere Kinder meinten, sie wollten ab morgen nicht mehr zur Schule gehen. Selbst jene von uns, die eine angespannte oder ambivalente Schulkarriere hatten oder gar hasserfüllt an diese Zeit zurückdenken, würden an diesem Punkt alarmiert reagieren und klar vor Augen stehen haben, dass es hier um eine fundamentale Thematik für die Zukunft unseres Kindes geht, die es mit voller Kraft und Engagement zu lösen gilt. Wir würden diesen Widerstand – »nicht zur Schule gehen zu wollen« – als Reaktion auf eine reale, das Kind vielleicht überfordernde Erfahrung ansehen, tiefer graben, um den dahinterliegenden Grund der Verweigerung zu identifizieren und in der Folge unsere Kraft in eine Neutralisierung der Ursache investieren. Diese Beauftragung im Hinblick auf die Kontaktwahrnehmung zur Mutter muss Katjas und Antonias Eltern klar werden oder über entsprechend angeordnete Beratung klargemacht werden, denn für die beiden Kinder steht viel auf dem Spiel.

* * *

Philipps Problematik mit den Besuchswochenenden bei seinem Vater wurzelt allerdings noch viel tiefer als in einer Anpassungs- oder Instrumentalisierungsproblematik. Aus seinem Blickwinkel ist der Vater eine gefährliche Person. Ohnmachts- und Hilflosigkeitsgefühle, gepaart mit in der Therapiesituation deutlich werdenden aggressiven Impulsen und Todeswünschen gegenüber dem Vater stehen im Vordergrund gegenüber den sich nach dem Vater sehnenden Anteilen.

Die Besuchssituation mit ihrer speziellen Auslieferungsangst gegenüber dem Vater und Trennungsangst in Bezug auf die Mutter lässt diese schwierige grundsätzliche Beziehungskonstellation besonders scharf zutage treten. Philipps Vater wäre gefordert, Abstand von seiner persönlichen Kränkung zu nehmen und die Besuchssituation als Angebot zu sehen, mittels dessen es gelingen könnte, unter diesen veränderten Bedingungen der Getrenntheit der Eltern schrittweise das Vertrauen seines Sohnes zu erlangen. Damit könnte es auch für Philipp nach und nach möglich werden, die sorgende, an ihm interessierte Komponente seines Vaters zu entdecken.

Es ist eine Politik der kleinen Schritte, die auch in dieser Konstellation neben der grundsätzlichen Realisierung elterlicher Verantwortlichkeit Empathie und elterliche interaktionelle Kompetenzentwicklung voraussetzt.

Praktische Tipps für Schwierigkeiten mit den Übergängen beim Kontaktwochenende

* Nehmen Sie die Reaktionen Ihres Kindes nicht persönlich. Das Kind lehnt nicht Sie, sondern die Situation ab.
* Halten Sie nicht automatisch den anderen Elternteil für den Schuldigen bzw. die Schuldige für die Weigerung Ihres Kindes.
* Geben Sie Ihrem Kind »zusätzliche« Übergangszeit.
* Lassen Sie es ein paar Minuten trödeln.
* Rufen Sie es schon vorher an und besprechen Sie die gemeinsamen Pläne.
* Trinken Sie noch eine Tasse Kaffee mit dem Expartner bzw. der Expartnerin.
* Nehmen Sie ein »besonderes Kuscheltier« (Übergangsobjekt) mit.
* Wenn der Widerstand des Kindes beträchtlich ist, beziehen Sie die Möglichkeit ein, für kurze Zeit wegzugehen und dann nochmals zu kommen.

* Machen Sie mit dem Kind nur einen Spaziergang um den Block und kehren Sie dann nach Hause zurück.
* Überlegen Sie die Möglichkeit, mit Ihrem Kind und auch mit dem anderen Elternteil gemeinsam ein wenig »Vorlaufzeit« zuzubringen.
* Involvieren Sie andere Familienmitglieder, zu denen Ihr Kind starke Bindung aufgebaut hat, oder planen Sie Besuche dieser Personen (Cousins, Großmutter ...).
* Ermutigen Sie Ihr Kind, von seinen Besorgnissen oder Ängsten zu reden. Hören Sie dabei nur zu und bewerten Sie nicht.
* Lassen Sie jedoch das Kind nicht die Situation dominieren. Geben Sie nicht auf. Bleiben Sie in Ihrem Besuchswunsch konsequent und konsistent.

Um aus Besuchswochenenden Bausteine einer wachsenden Beziehung zu machen ...

... gilt es, mit sensibler Akzeptanz der gegebenen Situation dem Kind als liebende elterliche Führungsperson entgegenzutreten, die bereit ist, sich in diese Beziehung rückhaltlos einzubringen. Auch in der Ausgangslage des besuchenden Elternteils bleibt trotz fehlender Zeitsymmetrie die Zielsetzung erhalten, mit dem Kind eine gemeinsame Eltern-Kind-Beziehung fortzuentwickeln, die mit zunehmendem Lebensalter und Autonomiegrad des Kindes in eine gleichmäßige emotionale Besetzung beider Elternteile mündet.

Besonders jene Elternteile, die sich entgegen ihrer eigenen Zustimmung auf den Rang des besuchenden Elternteils verwiesen fühlen, seien an dieser Stelle darauf hingewiesen, dass der qualitative Aspekt der Kontaktzeit neben einer zeitlichen Grundbasis, die natürlich gegeben sein muss, die Beziehungsqualität und Beziehungsintensität zwischen Elternteil und Kind hauptsächlich formt.

Qualität wiederum bedeutet aus dem Blickwinkel des Kindes nicht in erster Linie Spaß und Unterhaltung, so sehr aus der situativen Begeisterung von Kindern für derartige Angebote sich genau diese Interpretation fälschlicherweise auch anbieten mag, sondern Anteilname am Leben des Kindes und Bereitschaft zur

Auseinandersetzung. Ein Fun-&-Entertainment-Elternteil muss zumeist in der Pubertät des Kindes ein bitteres Erwachen realisieren, wenn ein aus »Zuckerwatte gesponnener« Beziehungsfaden endgültig zu reißen beginnt.

Es lohnt sich, für dieses durchwegs mühevolle Unterfangen einer qualitativen Weiterentwicklung der Eltern-Kind-Beziehung aus der Position des besuchenden Elternteils ein paar Grundaspekte zu reflektieren:

10 Regeln für erfolgreiche Besuchskontakte

Do Machen Sie besonders für jüngere Kinder das Modell des vereinbarten Besuchsschemas überblickbar, indem Sie etwa das Bild eines Zugs in das Kinderzimmer hängen, auf dem man von Waggon zu Waggon eine Markierung weiterschieben kann, bis man den Waggon des Besuchstags erreicht; größere Kinder können natürlich Kalender verwenden.

Es gibt Kindern das Gefühl von reduzierter Fremdverwaltung, wenn sie planerischen Überblick über ihre Lebensereignisse erlangen. Gerade für jüngere Kinder ist diese Vorbereitung im Hinblick auf die Übergänge von einem zum anderen Elternteil hilfreich.

Don't Versäumen Sie nicht einfach ein Besuchswochenende, kommen Sie nicht zu spät und verschieben Sie nicht unnötig einen vereinbarten Kontakt. Dies sollte echten Notfällen vorbehalten sein. Kommen Sie auch nicht einfach unangemeldet vorbei, ohne dies vorher mit der Expartnerin bzw. dem Expartner vereinbart zu haben.

Abgesagte oder versäumte Kontakte geben dem Kind das Gefühl, ungeliebt zu sein oder auch ignoriert zu werden. Diese Art von »Überraschungen« zerstören beim Kind das Vertrauen in die Zuverlässigkeit und Glaubwürdigkeit des betreffenden Elternteils und üben auf einer viel tieferen Ebene eine Identitäts- und Selbstwertbeschädigung des Kindes aus.

Do Geben Sie Ihrem Kind das Gefühl, dass es okay ist, über sein Leben mit dem anderen Elternteil mit Ihnen zu sprechen! *Hier gilt es, in Erinnerung zu behalten, dass das Kind das Gefühl er-*

leben muss, die Erlaubnis zu haben, beide Elternteile lieben zu dürfen.
Bleibt man »online« mit der Lebenswelt des Kindes beim anderen
Elternteil, ist gleichzeitig auch die Möglichkeit gegeben, im Falle von
Problemstellungen rechtzeitig Interventionen setzen zu können.

Don't Vermeiden Sie es (verbal oder auch nonverbal über entsprechendes Verhalten), dem Kind das Gefühl zu vermitteln, dass der andere Elternteil »tabu« wäre. Unterlassen Sie auch jede Form von Beleidigung, Abwertung, Herabsetzung, unterschwelliger Feindseligkeit, Zynismus oder sarkastischer Anmerkung gegenüber dem anderen Elternteil.

Ihr Kind möchte sein Leben mit Ihnen teilen und von Ihnen damit
angenommen werden. Ihr Expartner bzw. Ihre Expartnerin ist fixer
Bestandteil des Lebens Ihres Kindes. Durch die oben genannten
Verhaltensweisen fühlte sich das Kind selbst von Ihnen
zurückgewiesen.

Do Belassen Sie, was immer an Konflikt oder Unaufgelöstem eventuell noch zwischen Ihnen und Ihrem Expartner bzw. Ihrer Expartnerin steht, auf der Erwachsenenebene. Lassen Sie Ihr Kind draußen. Akzeptieren Sie, dass Ihr Expartner bzw. Ihre Expartnerin ein eigenständiges neues Leben führt und auch einen persönlichen Umgangsstil mit Ihrem gemeinsamen Kind hat.

Kinder haben ein Recht auf eine eigenständige, vom anderen Elternteil unbeeinflusste Beziehung zum jeweiligen Elternteil. Kinder haben
ein Recht darauf, nicht in den elterlichen Konflikt einbezogen zu
werden!

Don't Machen Sie Ihr Kind nicht zum »Nachrichtenüberbringer« an den anderen Elternteil. Fragen Sie Ihr Kind nicht über die Privatsphäre des anderen Elternteils aus und machen Sie Ihr Kind nicht zum »Mitwisser« über Details der Privatsphäre Ihres Expartners bzw. Ihrer Expartnerin.

Kinder fühlen sich durch die gegebene Situation ohnedies häufig als
in der Mitte stehend. Derartige Verhaltensweisen fördern das Entstehen von Loyalitätskonflikten, die das Kind stark belasten.

Do Erleichtern Sie besonders für jüngere Kinder die Übergänge von einem Elternteil zum anderen damit, dass Sie, wenn möglich, herzlich und freundschaftlich oder zumindest positiv gefasst nach dem Bild der »Projektpartner« miteinander umgehen. Planen Sie genügend Zeit ein und geben Sie Ihrem Kind die Möglichkeit eines langsamen Übergangs beim Kommen und Gehen. Nützen Sie dieses Zeitsegment, um sich mit Ihrem Expartner bzw. Ihrer Expartnerin zu den Entwicklungen rund ums Kind auszutauschen. Dies bedeutet für das Kind ein starkes Signal, dass beide Eltern zusammen weiter verantwortlich sind. Ein paar Minuten noch zu Ende gespielt, vermeiden häufig dramatisch anmutende Szenen.

Besonders jüngere Kinder brauchen in Situationen eines »Umfeldwechsels« kleine Zeitphasen einer »emotionalen Dekompression«, in der die emotionale Adaptierung an die neue Situation erfolgt. Beschäftigen Sie sich mit dem Kind noch vor Ort, spielen Sie ein wenig, widmen Sie ihm Ihre ungeteilte Aufmerksamkeit in der Ansprache, all das hilft dem Kind »anzudocken« und baut gleichzeitig, während es die Aufregung der Situation dämpft, Vertrauen zu beiden Elternteilen auf.

Don't Planen Sie die Übergangssituation nicht ohne Pufferzeit, vermeiden Sie die Gefahr, unter Druck zu gelangen. Ein bereits wartender Elternteil, der das Kind nach einem feinen Besuchswochenende mit einer giftigen Bemerkung zur Unpünktlichkeit übernimmt, ist ein schlechter Einstieg für das Kind. In derartigen Stresssituationen erfolgt eine Konflikteskalation zwischen den Eltern auf der Bühne des Zuspätkommens mit hoher Wahrscheinlichkeit.

Kinder brauchen eine »Cool down«-Phase, bevor sie von einem intensiven Erleben in eine neue Situation überwechseln. Die oben beschriebene Situation hat die Potenz, das gerade als schön erlebte Zusammensein mit dem betreffenden Elternteil emotional zu löschen und negativ umzubesetzen.

Do Machen Sie aus der Kontaktzeit zu Ihrem Kind Qualitätszeit. Planen Sie die Besuche so, dass Sie Zeit zum Plaudern, zum einfachen gemeinsamen Zusammensein und auch für spezielle Aktivität haben. Was es auch immer ist, das Sie zusammen tun, ob Sie Laub im Garten rechen, einen Spaziergang im Wald machen oder ins Kino gehen, legen Sie es so an, dass es Qualitätszeit ist und Ihr Kind Ihre ungeteilte Aufmerksamkeit erlebt.

Halten Sie sich vor Augen, dass in die Kontaktzeit nicht »alles, was Sie sonst versäumt wähnen« hineingepackt werden kann. Ihr Kind soll Sie als Vater/Mutter erleben können, so wie vor der Scheidung der Eltern, möglicherweise jetzt sogar in einer bewussteren Weise.

Don't Verbringen Sie die Kontaktzeit mit Ihrem Kind nicht mit weiteren dem Kind nur wenig nahestehenden oder sogar fremden Personen (Arbeitskollegen, Freunde etc.); nehmen Sie das Kind nicht zu eigenen Aktivitäten oder einer Freizeitgestaltung mit, bei der es nicht im Fokus Ihrer Aufmerksamkeit stehen kann. Lassen Sie das Kind kommunikativ nicht »nebenher« laufen. Versuchen Sie andererseits nicht, Ihr Kind ständig zu unterhalten und ihm etwas Besonderes zu bieten (Disneyland-Vater).

Die Zielsetzung der Kontaktzeit besteht in der Stärkung und Entwicklung der persönlichen Kind-Elternteil-Beziehung. Kinder verdienen und brauchen ungeteilte Aufmerksamkeit, jedoch keinen »Unterhalter«.

Do Versuchen Sie, einen Teil der Kontaktzeit für Besuche bei der weiteren Familie (Großeltern, Onkeln, Tanten, Cousins) zu reservieren.

Der durch die Scheidung der Eltern bedingte Verlust von Kontakt mit der weiteren Verwandtschaft bedeutet einen zusätzlichen Stressfaktor und Verlust von Sicherheitsgefühl.

Don't »Parken« Sie Ihr Kind nicht bei Verwandten, um dann von ihm getrennt eigenen Aktivitäten nachzugehen. Ersparen Sie Ihrem Kind, und dies gilt besonders für jüngere Kinder, eine regelmäßige Verwandtentour, die den größten Teil der Kontaktzeit aufbraucht.

Vergessen Sie nicht, dass Ihr Kind in erster Linie mit Ihnen zusammen sein möchte. Auch wenn nahe Verwandte das Bedürfnis haben, das Kind zu sehen, hat dies dennoch Vorrang. Für jüngere Kinder können mehrere Besuche bei Verwandten hintereinander auch sehr erschöpfend sein und Rückzug auslösen.

Do Ermutigen Sie Ihr Kind, Probleme, die es mit Ihrem Expartner bzw. Ihrer Expartnerin beschreibt, selbstständig mit dem betroffenen Elternteil zu thematisieren. Versuchen Sie nicht, Partei zu ergreifen oder selber zu intervenieren. (Ausnahme: Jede Form von Gewalt!)

Es ist wesentlich, dass das Kind die Sicherheit hat, sich mitteilen zu können und in seinem Anliegen gehört und ernst genommen zu werden. Gleichzeitig ist es für das Kind von essenzieller Bedeutung, beide Elternteile gleichmäßig zu respektieren und zu lernen, Probleme mit dem jeweiligen Elternteil selbstständig zu lösen.

Don't Intervenieren Sie nicht bei jeder Gelegenheit, ergreifen Sie nicht Partei. Kritisieren Sie nicht den Erziehungsstil Ihres Expartners bzw. Ihrer Expartnerin, außer das Kind erscheint durch die Situation ernsthaft überfordert oder es ist Gewalt im Spiel.

Kinder sollten eine Möglichkeit haben, mit jedem Elternteil ihre eigene individuelle Beziehung nach der Scheidung der Eltern zu entwickeln. Dies sollte nach Möglichkeit ohne Einflussnahme des anderen Elternteils erfolgen. Rasche Kritikbereitschaft am anderen Elternteil unterstützt das Kind nicht in einer Lösungsfindung, sondern lässt Kinder zumeist verstummen.

Do Bleiben Sie fest, wenn es darum geht, die vereinbarte Kontaktzeit einzuhalten. Machen Sie Ihrem Kind klar, dass der Zeitpunkt der Rückkehr (Abholung, Rückbringung) nicht verhandelbar ist. Machen Sie Ihrem Kind deutlich, dass es zwar Mitsprache in der Gestaltung der Kontaktzeit hat, es aber nicht in seiner Entscheidung liegt, ob es die gegenständliche Kontaktzeit gibt oder nicht.

Kinder verstehen, bedingt durch die spezifischen Anforderungen, die ihnen die Trennung der Eltern abverlangt, nicht zu jedem Zeitpunkt des Prozesses die Wichtigkeit von kontinuierlichen und verbindlich eingehaltenen Besuchskontakten für die Entwicklung einer gesunden und engen Eltern-Kind-Beziehung. Beim Thema des Reglements der Besuchskontakte ist bis ins junge Teenageralter die elterliche Führungsverantwortung gefordert und den Kindern geschuldet.

Don't Ermöglichen Sie es Ihrem Kind nicht durch falsche Nachgiebigkeit und Verständnis, die Besuchskontakte in Frequenz und Dauer zu manipulieren. Überlassen Sie die Vereinbarung der Besuchskontakte nicht dem Kind. Vermitteln Sie Ihrem Kind nicht den Eindruck, dass es sich bei den Besuchskontakten um eine optionale Angelegenheit handelt.

Kinder vermögen die langfristigen und nachhaltigen Konsequenzen einer Vermeidung oder gar Beendigung der Besuchskontakte mit einem Elternteil für die eigene Persönlichkeitsentwicklung nicht abzuschätzen. Dem Kind hier die Verantwortung zu übertragen, bedeutet eine schwere Überforderung und nicht eine liberale oder kindgerechte Handhabung der Besuchskontakte. Zusätzlich wird damit der Möglichkeit Tür und Tor geöffnet, manipulativ zu agieren.

Do Versuchen Sie im Sinne kooperativer Elternschaft einen Jour fixe mit Ihrem Expartner bzw. Ihrer Expartnerin zu errichten. Dies kann per Mail oder auch in Form eines regelmäßigen Telefonats erfolgen, oder aber als persönliches Treffen. Legen Sie dazu ein verbindliches Schema fest und verpflichten Sie sich wechselseitig zur Einhaltung unter höchster Priorisierung. Inhalt des Jour fixe ist das Kind, seine Bedürfnisse, Entwicklung, Anliegen und Befindlichkeit.

Behandeln Sie den Jour fixe mit Achtsamkeit und Sorgfalt – es ist das »rote Telefon« für Ihr Kind.

Don't Versäumen Sie keinen Jour fixe, versuchen Sie nicht, diesen durch eine andere nicht vereinbarte Form zu ersetzen (etwa bloßer Mailkontakt, wenn Sie telefonisch nicht erreichbar sind). Dies ist nur nach beidseitiger Vereinbarung zulässig. Gehen Sie nicht nachlässig mit dem Jour fixe um. Halten Sie sich an gemeinsam erarbeitete Beschlüsse und verändern Sie nicht einseitig getroffene Vereinbarungen. Nutzen Sie den Jour fixe nicht für Machtspiele oder um den Scheidungskonflikt »aufzuwärmen«. Sie sind bereits getrennt/geschieden. Versuchen Sie nicht, Ihren Expartner bzw. Ihre Expartnerin beim Jour fixe über sein bzw. ihr Privatleben auszuhorchen.

Ihr Kind verdient Ihre Zusammenarbeit. Der Jour fixe als Austausch-punkt kooperativer Elternschaft ist der Kristallisationspunkt des Lernprozesses, »Dinge besser zu machen, als Sie es früher als Paar fertiggebracht haben«.

Do Suchen Sie professionelle Hilfe bei einem in Familienfragen spezialisierten Psychotherapeuten oder einem Erziehungs-berater, wenn Ihr Kind andauernden oder sogar zunehmenden Widerstand gegen die Besuchskontakte entwickelt.

Ein spezialisierter erfahrener Psychotherapeut oder Erziehungs-berater vermag die hinter dem Verhalten stehende Dynamik auf-zudecken und ein entsprechendes, das Kind entlastendes Lösungs-modell zu entwickeln, sodass die Besuchskontakte unbehindert erfolgen können.

Don't Gehen Sie bei andauerndem Widerstand Ihres Kindes gegen die Besuchskontakte nicht von vornherein davon aus, dass der andere Elternteil Ihnen Ihr Kind entfremden will oder das Kind sich manipulativ verhält.

Obwohl es die beiden oben genannten Ursachen eines Widerstands gegen Besuchskontakte gibt, sollte eine nachhaltige Weigerung des Kindes als Zeichen von persönlicher Bedrängnis gewertet werden und einer entsprechenden Exploration unterzogen werden.

10.

Wenn Eltern streiten!

Strittige Obsorge- oder Kontaktregelung und wie die Kinderseele darauf reagiert

Dieses Kapitel will keine psychologischen Analysen liefern, um kognitive Einsichten in strukturelle Fehlentwicklungen zu geben, noch will es Ratschläge erteilen, wie hier vorzugehen ist. Jede Familie, die in die trudelnden Turbulenzen strittiger Obsorge- oder Kontaktregelungen gerät, muss als hochindividueller »Organismus« mit einer ganz spezifischen, einzigartigen Innendynamik respektiert und zu einer bestmöglichen Lösungsentwicklung begleitet werden.

Die dafür notwendige Beratungsmethodik, eine »Moderation aus dem Blickwinkel des Kindes«, zu erörtern, würde einerseits den Umfang dieses Textes sprengen und andererseits an der eigentlichen Zielsetzung, betroffenen oder interessierten Lesern Einsicht in das Erleben der Kinder zu vermitteln, vorbeigehen. Es sei nur kurz angeführt, dass dieses Beratungsmodell auf die Erzielung durchgehenden sozialen Friedens über die Erarbeitung der Grundbedingungen kooperativer Elternschaft ausgerichtet ist.

Das Anliegen dieses Kapitels ist es, über ausgesuchte Fallgeschichten aus der Praxis ein Stück spezifisches Leben, nämlich konflikthafte Elternbeziehungen, die aus dem Ruder laufen, mit ihren Folgen Gestalt werden zu lassen. Es sind dies jene Fälle von streitenden Eltern, die ihre elterliche Beauftragung, dem Kind mit einer auch Selbstverzicht und Selbstdisziplin verlangenden Haltung Vater und/oder Mutter zu sein, nicht erfüllen können, da sie, zumeist aus einer bereits in ihrer Kindheit begründeten eigenen Not, ihrer Streitlust scheinbar magisch und sogartig nachgeben müssen. Meine »kindlichen Berater und Beraterinnen« haben mir durch ihre Aussagen und Selbstzeugnisse nahegelegt, einen Zugang zu diesem Thema »elterlicher Bedürftigkeit« zu wählen, der das Nacherleben der Situation, in der sich diese Kinder oft über Jahre befinden, ermöglichen soll – Jahre, die für das Selbstbild und Weltbild bestimmend sein können.

Wenn eines dieser Stimmungsbilder eine leise Glocke des Wiedererkennens eigener Lebensfragmente zum Klingen bringen sollte, so tut man gut daran, um seines Kindes willen Beratung aufzusuchen – auch wenn einen selbst die Überzeugung trägt, jene bzw. jener zu sein, auf dessen Seite die Rechtmäßigkeit ruht.

Die Geschichte von Michael

Als Dipl.-Ing. und Dr. der Technik hat es Bernhard ausbildungsmäßig weit gebracht. Nun, nach ein paar Jahren zähen Ringens mit seinem Vater, hat er vergangenes Jahr den Familienbetrieb endgültig übernehmen können und damit seine berufliche Position konsolidiert. Die Schotter- und Kiesgruben laufen gut, und auch die angeschlossene Baufirma kann sich regional einer guten Auftragslage erfreuen.

Was jetzt ansteht, ist das Thema der Familiengründung, denn Ausbildung und Beruf haben dies stets in einen nachgeordneten Rang verwiesen, wie ihm anlässlich seines 35. Geburtstags deutlich bewusst wird. Bald darauf lernt er Anka kennen, die ihm, wie er in der Rückschau anmerkt, zwar optisch und von ihrer lebendigen kommunikativen Art her gefällt, aber irgendwie zu »esoterisch« ist. Doch es bleibt wenig Zeit, hier erst in die Tiefe eines umfassenden Kennenlernens zu gehen, denn Anka wird bald darauf schwanger.

Bernhard verwirft alle Bedenken, und als auch Anka meint, dass Familie jetzt für sie am Spielplan ihres Lebens stünde, wähnt er sich für kurze Zeit ans Ziel aller seiner Wünsche gelangt. Einer prächtigen Hochzeit folgt der umfassende Umbau eines ebenso angemessenen Wohnhauses direkt am Betriebsgelände, denn Bernhard ist entschlossen, seine Vaterschaft sehr bewusst sowie anteilnehmend und damit ganz im Sinn von Anka anzulegen.

Mit dieser Haltung ist er gut beraten, denn Anka nimmt bereits wenige Monate nach der Geburt ihres gemeinsamen Sohnes Michael ihre intensive Seminarbesuchstätigkeit wieder auf und überlässt den Sohn auch mehrere Tage hintereinander ganz der Obhut ihres Mannes und ihrer bereitwilligen Schwiegermutter. Als Anka sich zu einer weiteren Ausbildung, einem über mehrere Semester gehenden Kurs zur spirituellen Heilerin, anmelden möchte und von Bernhard dafür die notwendigen Mittel verlangt, da sie selber offiziell nur ein vergleichsweise bescheidenes Karenzgeld bezieht, kommt es zum ersten großen Zerwürfnis zwischen dem Paar, dem, da Bernhard nicht bereit ist, nachzugeben, bittere tägliche Streitigkeiten, Vorwürfe und eine grundsätzliche Verweigerung von Anka nachfolgen.

So hat sie es sich zur Angewohnheit gemacht, am frühen Vormittag den kleinen Michael bei Bernhard im Büro abzugeben, um dann erst später am Abend wieder heimzukommen. Bernhard ist fassungslos, versucht jedoch eingespannt zwischen seinen beruflichen und familiären Anforderungen den Kurs zu halten. Anka wirft ihm sein traditionelles Elternhaus vor sowie seine, von ihr so erlebte, patriarchale Haltung und Kleingeistigkeit.

Die zunehmende Eskalation bringt Handgreiflichkeit ins Spiel, Anka setzt mehrere Trotzhandlungen, bei denen sie zum Beispiel das gesamte Geschirr zum Fenster hinauswirft, um Bernhard seine »Bürgerlichkeit zu versalzen«. Als Anka im Rahmen eines der von ihr besuchten Seminare Niko kennenlernt, wird für Bernhard und Anka klar, dass ihre Beziehung ihr Ablaufdatum erreicht hat.

Bernhard ist nicht der Mann, mit dem Anka ihr Leben zubringen möchte, Anka ist in vielen Punkten ihrer Persönlichkeit und ihrer Lebensgestaltungswünsche für Bernhard nicht nachvollziehbar. Die Vermögensaufteilung gestaltet sich als äußerst schwierig, und zu der von Anka geforderten Alimentationsleistung für ihre Person ist Bernhard nicht bereit. Er würde ganz im Gegenteil nach dem Sachverhalt von Michaels bisherigem Aufwachsen dafür plädieren, den Sohn nun hauptverantwortlich zu betreuen, wobei er, um dies für Anka zu erleichtern, Bereitschaft zeigt, auf eine Alimentationszahlung verzichten zu wollen.

Eine weitere Eskalation folgt, in deren Verlauf Anka nicht nur Hausrat, sondern auch Möbelstücke und Wäsche aus dem Fenster hinauswirft. Bernhard trägt eine Rissquetschwunde im Gesicht von einem Schlag mit einem Kleiderbügel davon, Anka mehrere blaue Flecken an den Oberarmen.

Schließlich zieht Anka aus und nimmt den nun 2 3/4 Jahre alten Michael mit. Bernhard ist außer sich und mobilisiert Jugendwohlfahrt und Anwälte. Die Maschinerie von Klagen, Gericht, Behörden und endlosen Schriftsätzen beginnt ins Rollen zu kommen und wird bald noch durch Gutachten und Gegengutachten Ergänzung finden. Doch dieser Apparat folgt seiner eigenen trägen Gesetzmäßigkeit. In der Zwischenzeit sieht Bernhard seinen Sohn überhaupt nicht. Anka, im Bewusstsein, ihn damit am meisten zu treffen, gibt den gemeinsamen Sohn nicht heraus. Bei einer ersten gerichtlichen Tagsatzung wird auf der Basis des jungen Lebensalters des Kindes und der Aussage der Mutter, die Hauptbezugsperson ihres Sohnes zu sein, eine wöchentliche Besuchszeit für den Vater von vier Stunden festgesetzt.

Bernhard fühlt sich völlig vor den Kopf gestoßen und wähnt sich in einen kafkaesken Traum gesperrt. Er, der seinem Sohn täglich Essen gekocht, mit ihm gespielt, ihn von klein auf gewickelt, gebadet, zu Bett gebracht, eingesungen, bei Blähungen und Krämpfen sowie bei den ersten Zähnen stundenlang herumgetragen hat, bis er meinte, im Parkett Furchen hinterlassen zu haben, er soll seinen Sohn nur mehr magere abgezählte vier Stunden pro Woche sehen?

Bernhard wähnt Justitia mehr als blind und beschließt zur Selbsthilfe zu greifen. Um für entsprechende Evidenz zu sorgen, beauftragt er einen Privatdetektiv, der feststellt, dass Anka nun mit Niko und Michael gemeinsam lebt, dem sie ihren Sohn auch für größere Zeitsegmente und über Nacht anvertraut, genauso wie einer Freundin. Doch außer der Warnung, sich nicht als »Stalker« zu profilieren und seine Eifersucht in den Griff zu bekommen, vermag Bernhard nichts zu bewirken. Niemand scheint ihn und seinen Wunsch nach Beziehungskontinuität zu seinem Sohn zu verstehen.

Nach mehr als neun Monaten stellt er mit bitterer Resignation fest: »Das ist systematische, staatlich abgesegnete Entfremdung meines Kindes, denn hier werden einfach Sachverhalte hergestellt. Niemand schert sich darum, wie es meinem Sohn dabei geht. Jetzt hat er Neurodermitis, schreit, wenn er mich sieht, und genauso am Ende, wenn er wieder von mir weg muss, und den ganzen Winter über ist er von einer Ohrenentzündung in die nächste gegangen; da heißt es dann, dass es der Kindergarten sei.«

Wie müsste die ganze Geschichte aus dem Blickwinkel von Michael erzählt werden? Was könnte er über sein Erleben berichten, wenn er es in für Erwachsene verständliche Worte kleiden könnte?

»Mama ist so schnell gereizt mit Papa und Papa wird ganz steif, wenn er mit Mama spricht. Ich bekomme immer Bauchweh. Ich kann das alles nicht mehr hören. Meine ganze Haut brennt, besonders an den Beinen und Armen. Ich habe immer so Angst, wenn Mama und Papa zusammen sind. Ich bin ganz verwirrt und kenne mich nicht aus. Das macht mich ganz unsicher.

Jetzt bin ich auch in dieser neuen Wohnung und alles ist so fremd. Mama ist so anders mit diesem Mann, der nicht mein Papa, aber genauso groß ist und auch eine dunkle Stimme hat. Er hebt mich hoch und meine Mama mag das. Ich kenne ihn nicht. Ich fürchte mich, wenn es Abend und dunkel ist und nur dieser Mann, der Niko heißt, mit mir alleine ist. Ich mag nicht mit ihm schlafen gehen. Er ist ganz anders, er riecht ganz anders. Er greift mich ganz anders an. Seine Stimmmelodie ist ganz anders als die von Papa. Er kennt meine Lieder nicht. Er kennt meine Rituale nicht. Ich fühle mich so alleine. Das macht mich ganz unglücklich, manchmal panisch, aber immer ist es so, als wäre ein grauer Schleier über meinen Gefühlen.

Ich bin quengelig, sagen Mama und Niko. Im Kindergarten sagen sie, dass ich aggressiv bin. Ich sollte mir nicht mehr in die Hose machen und nicht die anderen Kinder beißen. Aber das mit dem Pipi machen, das habe ich gerade erst bei Oma gelernt, und jetzt habe ich wieder vergessen, wie das geht. Ich will auch die anderen Kinder nicht beißen, aber ich muss, das passiert so.

Wo ist mein Papa? Hat er mich gar nicht mehr lieb? Warum kommt er nicht? Ich habe Sehnsucht, nach der Art zu spielen, zu baden, schlafen gelegt zu werden, die ich kenne, die mein bisheriges Leben war. Es macht mir Angst, dass das alles plötzlich weg ist.

Kann ich mich auf diese Welt verlassen? Kann ich mich in dieser Welt noch sicher und geborgen fühlen?«

Die Geschichte von Stephan und Max

Dass sie komplett am Ende ist, stellt Mona, Mutter von Max, 14 Jahre, und Stephan, elfeinhalb Jahre, bereits mit dem ersten Satz klar. Sie ist eine ehemals sicher äußerst attraktive Frau, knapp um ihren 40. Geburtstag herum, mit tief eingegrabenen Nasolabialfalten und einer Bitterkeit, die sich rund um ihre großen blauen Augen eingenistet hat. Daran ist ihr Mann schuld, ihr Exmann, wie sie sofort ihren Versprecher korrigiert, denn sie sind ja bereits seit mehr als sechs Jahren geschieden.

Dabei schien einmal alles so ideal zu sein. Mona und Richard waren bereits im Gymnasium ein Paar. Es war eine Geschichte wie in einem amerikanischen High-School-Film. Die ganze Schule schmachtete mit, als Richard, der »best looking young guy«, und Mona, die erklärte Prom-Queen, ein Paar wurden.

Zum Studium ziehen sie dann nach Wien. Richard will sich seinen Traum, Arzt zu werden, erfüllen, Mona wählt die überschaubare Ausbildung zur Volksschulpädagogin, um sie als Paar finanziell über Wasser halten zu können. Das muss sie dann auch für die nächsten Jahre, denn Richard ist Sub-auspiciis-Student.

Es ist auch Teil des unausgesprochenen Deals, dass Mona ihren Kinderwunsch verschiebt und gegen ihren Wunsch zwei Abtreibungen hinter sich bringt, bis Richard eine angemessene berufliche Position erreicht hat. »Jetzt trage ich alles und er steht im Zentrum. Später kann ich dann auf ihn bauen und Kinder bekommen«, formuliert sie die Vereinbarung.

Doch die Dinge entwickeln sich anders als geplant. Zwar gelingt es Richard, sich recht rasch beruflich zu positionieren, sich zu habilitieren sowie in der Folge ein Primariat zu ergattern – und die von Mona ersehnten Kinder Max und der um zwei Jahre jüngere Stephan stellen sich ebenfalls ein. Aber Mona ist immer mehr allein und gerät ins emotionale Abseits. Der früher auf sie, ihre Zuwendung, ihr Urteil und letztendlich auch ihre Wirtschaftskraft fixierte Richard gibt ihr zunehmend zu spüren, dass sie unter ihm steht.

Ein dieser Beziehung immanenter, möglicherweise bereits über Jahre unterschwellig ausgetragener Machtkampf erhebt sein hässliches Haupt im Alltagsleben. Mona erlebt ihren Machtverlust dramatisch. Sie entwickelt Panikattacken, wird von einer hartnäckigen Schlaflosigkeit verfolgt und beginnt die Kinder, die sie ans Haus binden und ihre Aktionsfreiheit einschränken, als Belastung zu empfinden. Die wechselseitigen Attacken werden immer untergriffiger und abwertender, und Mona träumt davon, Richard zu betrügen, um ihm Schmerz zuzufügen. Doch Richard hat sich ihr auch in ihrem stärksten Einflussmittel, ihrer sexuellen Attraktivität, bereits entzogen.

Als Mona feststellen muss, dass Richard im Spital mit einer jungen Turnusärztin ein Verhältnis eingegangen ist, erleidet sie einen Nervenzusammenbruch. Richard lässt sie stationär einweisen und besucht sie während der gesamten sechs Wochen ihres Aufenthalts kein einziges Mal. Ein paar Monate später scheint es so, als wäre Mona endgültig unterworfen. Richard führt ein Beliebigkeitsregime, seine zwischenzeitlich verschiedenen Affären spielt er nun offen und präpotent vor Mona aus, lässt sich von ihr zum Beispiel den Koffer für »Fortbildungen« packen und wertet ihr äußeres Erscheinungsbild beständig ab. Immer wieder kommt es zu ohnmächtiger Aggression Monas, heftigen – auch körperlichen – Attacken gegen Richard, die damit enden, dass Richard Mona lächelnd als verrückt erklärt.

Doch Mona ist zu diesem Zeitpunkt nicht am Ende; Mona konstituiert sich hinter all der schmerzlichen »Entliebung«, die sie durchläuft, und eines Tages findet Richard bei der Rückkehr von einem Kongress die eheliche Wohnung verwaist. Frau und Kinder sowie die gemeinsamen Sparbücher für die Zukunft der Kinder aus dem Safe – ausgeflogen! Ein Abschiedsbrief von Mona stellt klar, dass sie ihre Kraft wiedergefunden hat und nun ihn verlässt! Richard rast, versucht Mona zum Einlenken zu bemühen, und als alles nichts hilft und Mona ob seiner jetzigen Bettelei immer kühler und triumphierender wird, beginnt ein zermürbender Scheidungs- und Obsorgekrieg um die beiden Söhne.

Mona hat Richards schwachen Punkt gefunden. Er vermisst seine Kinder, und der Gedanke, sie nicht in seiner Einflusssphäre halten zu können und nur nach Monas Belieben Zugang zu den Buben zu haben, raubt ihm den Verstand. Mona spielt ihre Karten gut, und es gelingt ihr, letztendlich die alleinige Obsorge für beide Kinder zu erwirken.

Damit hat Richard nicht gerechnet – dass er nun auf den marginalen Rang eines um Zeit bettelnden Besuchsvaters per staatlichem Bescheid verwiesen wird. Sein Selbstvertrauen erleidet einen so herben Schlag, dass er sich trotz seiner beruflichen Position nach der Urteilsverkündung für vier Wochen in die Karibik zurückziehen muss.

»Er hat es mir nicht zugetraut, dass ich gehen könnte und das mit den Kindern durchziehen würde. Das hat ihn echt fertiggemacht, als er erkennen musste, dass ich stärker war«, beschreibt Mona die damalige Situation von vor etwas mehr als sechs Jahren – und heute noch schwingt so etwas wie Genugtuung in ihrer Stimme mit.

Doch damit ist der Konflikt zwischen Mona und ihm nicht ausgestanden. Er verlagert sich nur auf das Feld rund um die Kinder und die Besuchsregelung. Hier findet er noch viel grausamere Austragungsmöglichkeiten, als es die wechselseitige Abwertungsmaschinerie der Ehe geboten hat. Richard erträgt es nicht, sich im Bezug auf seine Kinder als Bittsteller vor einer kalten und ihn abweisenden Mona zu verstehen. Er oszilliert in seinem Verhalten zwischen völligem Ignorieren getroffener Besuchsvereinbarungen und plötzlichem unangemeldeten Auftauchen, um seine Kinder sehen zu wollen – die Kinder bringt er nach dem Besuchskontakt nicht zur vereinbarten Zeit zurück. Mona ihrerseits spürt rasende Wut in sich aufsteigen, wenn die Kinder von einer angenehmen Zeit mit dem Vater berichten wollen, und sorgt vielfach dafür, dass Richard am vereinbarten Besuchswochenende vor verschlossenen Türen steht.

Die wechselseitigen Attacken reihen sich über die Jahre wie Perlen auf einem Kollier, begleitet von einem dicken Stapel Anzeigen und Klagen. Die Handys, die der Vater den Kindern kauft, um sie erreichen zu können, verschwinden immer wieder, mit Hundekot gefüllte, angezündete Papiertüten finden sich vor Monas Wohnungstür, Richards Wagen wird mehrmals Zielscheibe vandalistischer Angriffe, anonyme Anrufe rauben Mona den Nachtschlaf, Mona provoziert einen Eklat vor Richards Primarzimmer die Liste ist lang.

Parallel läuft mit Schmeichelei und Geschenken, Drohungen und bösen Prophezeiungen ein wüster Machtkampf um die Zuwendung der Söhne. Nichts wird ausgelassen, um den jeweiligen anderen Elternteil abzuwerten und als gefährlichen Psychopathen zu brandmarken. Gleichzeitig werden die Kinder als Spione und Informanten verwendet,

um Einblick in die gegenwärtige Lebenswelt des Expartners bzw. der Expartnerin zu erlangen, sowie zum Überbringen von Botschaften, die bei
näherem Hinsehen in erster Linie Beleidigungen sind. Eine zerreibende
Alltagsgestaltung, die kaum Raum für Freudvolles lässt, in der der tägliche Lebenskosmos von der Kuppel eines festgefressenen Paarkonflikts
überspannt wird.

Und nun ist Mona hier in meinem Sprechzimmer und bekennt, am
Ende zu sein. Ihr älterer Sohn Max hat beschlossen, ihr den Rücken zu
kehren und zum Vater zu ziehen. Der würde weniger Stress machen als
sie, hat er mit Hinweis auf die zunehmenden und auch mit dem Zerbrechen von Gegenständen einhergehenden Streitereien zwischen ihm und
ihr gemeint. Doch das Schlimmste sei die Sache mit Stephan. Dieser hat
seitdem völlig dicht gemacht und weigert sich seit Wochen, aus seinem
Zimmer zu gehen. Mit wirklich nichts ist er zu bewegen. Sie habe alles
versucht. Sogar ihn aus dem Bett zu zerren. Er klammert sich an seinen
Polster und seine Decke und versteckt sich darunter. Wird sie zu heftig,
beginnt er auch noch völlig atonal zu schreien, was wegen der Nachbarn
ihrem Unterfangen dann Grenzen setzt. Die Schulbehörde sitzt ihr jetzt
schon ernsthaft im Nacken und auch der ihrer Familie gut bekannte
Arzt, der bislang für Stephan entsprechende Krankheitsatteste beigebracht hat, weigert sich nun endgültig, neuerlich eine entsprechende Bestätigung auszustellen. Mona sieht das Gespenst der Jugendwohlfahrt
am Horizont auftauchen. Ich möge, so ihr Anliegen, versuchen, mit
ihrem Sohn zu arbeiten.

»Max geht freiwillig zu ihm, und Stephan werden sie mir wegnehmen und dann auch zum Vater geben«, fasst sie tränenüberströmt zusammen. »Er hat gewonnen. Ich bin fertig, echt am Ende.«

Was erzählt mir Stephan, ein bereits hoch aufgeschossener Bur-
sche, der mir mit einem Blick aus alten Augen und einem aufge-
brauchten, erschöpften Gesichtsausdruck zuerst von seinem Bett
aus und später in meiner Praxis sein Leben schildert:

»Ich kann einfach nicht mehr. Ich habe keine Kraft mehr. Ich fühle mich
total alleine. Bei Mama geht es in Wirklichkeit immer nur um Papa, und

bei Papa um sie, obwohl er es besser verbirgt, den Sonnyboy spielt und sogar laufend irgendwelche Tussen hat. Dabei wird er immer total hart und steif und hat so eine plötzliche Kälte, wenn nur irgendeine Kleinigkeit an mir oder meinem Bruder ihn an Mama erinnert. Er wird dann völlig jähzornig und schreit, dass ich das von Mama so habe und schimpft mich ganz irre. Manchmal hat er dann auch einfach alles vom Schreibtisch runtergefegt. Ich habe meistens gar nicht verstanden, worum es geht.

Und ein paar Stunden später war er wieder ganz lieb, hat mir dann meistens etwas gekauft. Er hat sich dann auch so wirklich komisch benommen. Gar nicht mehr wie ein Erwachsener, sondern so, als wäre er das Kind. Mich hat das nur alles so fertiggemacht. Und immer auch diese Ausfragerei, was daheim bei Mama so läuft. Es war wie auf einem Seil zu tanzen. Wenn ich nicht genug gesagt habe, konnte er total wütend werden, und wenn ich ihm etwas gesagt habe, was ihm nicht in den Kram passte, genauso. Am besten war noch, die Sachen so zu erzählen, dass Mama schlecht wegkam, oder ihm dazuzusagen, dass ich sie für echt bescheuert halte. Und bei Mama das Ganze dann genau umgekehrt.

Diese Stimmung und diese Spannung waren einfach immer da. Nie Ruhe. Ich weiß überhaupt nicht, was ich denken soll. Manchmal wünsche ich mir nur, gar nicht zu existieren. Mein Leben ist sowieso scheiße. Ich mag auch eigentlich niemanden in der Schule. Gehen mir alle irre auf die Nerven, die Lehrer, die anderen in der Klasse. Ist mir alles zu mühsam.

Am liebsten mag ich noch Computerspiele. Da bin ich dann nicht da. Und mit Max ist es auch irgendwie immer schlimmer geworden. Mama sagt, er ist wie Papa. Wahrscheinlich versteht er sich daher besser mit ihm. Sie hat ja auch Recht, weil er jetzt auch schon so irre Sachen macht wie Türen eintreten oder Vorhänge runterreißen, wenn er richtig wütend wird. Irgendwas ist in mir gerissen, als er gesagt hat, dass er zu Papa zieht. Alles fühlt sich ganz taub in mir an, und ich will von nichts mehr etwas wissen. Ich will nur mehr in Ruhe gelassen werden.«

Die Geschichte vom Thomas

Eine blöde Geschichte, die Sache mit seiner Expartnerin, räumt er ein. Gutsituiert, leicht angegraut, distinguiert – die Dreiheit erfolgreicher Männer, die ihr Leben auf die Reihe gebracht haben, zumindest das berufliche.

Die Kindesmutter sei grundsätzlich eine sehr sprunghafte Person. Wahrscheinlich – er wolle damit allerdings nicht in mein Berufsfeld eindringen, streut er mir respektvoll Rosen – eine logische Konsequenz ihrer zugegeben äußerst problematischen Kindheit. Das jüngste von vier Kindern, großer Abstand zu den drei älteren Brüdern. In dieser Familie mit einem großen Forstbetrieb in der Steiermark habe man sie nie ernst genommen. Aber dass er und die Kinder dafür zahlen sollten, habe er dann doch nicht eingesehen, stellt er klar. Er habe es gut gemeint mit ihr und auch über den notwendigen Atem verfügt, weil er ihr ja doch auch an Lebenserfahrung zwölf Jahre voraus ist. Nur das mit dem Heiraten habe er vor sich her geschoben. »Einfach zu sprunghaft, launisch«, stellt er nochmals mit der bewertenden Miene eines Connaisseurs fest, der einen nicht ganz gelungenen Rotwein beschreibt. Er habe ihr immer wieder verdeutlicht, dass sie eben eine Periode durchhalten müsse. Das habe sie gekränkt. Dabei habe er seine Konditionen doch klar gesetzt: keine hysterischen Ausbrüche, keine stundenlangen Diskussionen, ob er sie wirklich liebe, und das Ganze für ein paar Monate, dann wäre er bereit, darüber nachzudenken.

Eigentlich war er im tiefsten Inneren davon überzeugt, dass auch die beiden Kinder Versuche waren, ihn zur Heirat zu bewegen. Das könne man ja auch daran sehen, dass sie ihm bei der endgültigen Trennung den älteren Sohn einfach überließ und den jüngeren mitnahm. Damit, die Kinder auseinanderzureißen, habe sie ihre Macht beweisen wollen, denn dies traf ihn extrem hart, war es doch die Wiederholung seines eignen Schicksals als Kind.

Sein älterer Sohn leide ebenfalls ganz besonders unter dieser Hartherzigkeit seiner Mutter. Seinetwegen wäre er auch da, denn Thomas habe ihm von seltsamen Träumen, die in die Realität überzuschwappen schienen, erzählt, und auch in der Schule wäre er, obwohl ein ausgezeichneter Schüler, laut Aussage des Pädagogenteams seiner Klasse recht isoliert. Er könne sich dies gar nicht vorstellen, denn er verbringe viel Zeit mit Thomas, da ja er eigentlich auch die Mutter für den Sohn sei. Mit Bedauern räumt er ein, dass eine »Frau« in ihrem Männerhaushalt fehle, eine Frau, die jene mütterlichen, warmherzigen und zuverlässigen Komponenten, über die auch die Kindesmutter nicht verfüge, einzubringen verstehe, die sich für ihn als Mann, trotz intensiver Bemühung, schwer erbringen ließen. Auch darüber haben er und sein Sohn sich bereits ausgetauscht.

Das Verhältnis seines Sohnes zur Kindesmutter beschreibt er als angespannt und unberechenbar, bisweilen habe sie vereinbarte Besuchstermine einfach kommentarlos kurzfristig abgesagt. Thomas besucht seine Mutter an einem festgesetzten Nachmittag unter der Woche, da die Wochenenden für gemeinsame sportliche Aktivitäten für ihn und den Sohn reserviert seien. Sein Verhältnis zur Kindesmutter bezeichnet er als inexistent und meint, keinerlei Interesse an einer Kontaktintensivierung zu haben.

Ein paar Tage später sitzt mir Thomas zum ersten Mal in meiner Praxis gegenüber. Ein bereits auf den ersten Blick sehr erwachsen anmutender, fast altkluger Neunjähriger, der wie eine Miniaturkopie seines Vaters wirkt, betrachtet mich mit wachem kritischen Blick und scheint abzuwägen, ob ich seine Geschichte auch hören darf. Es wird Wochen dauern, bis das Eis seiner Panzerung von verfrühter Intellektualität und vordergründiger Arroganz, mit der es ihm gelingt, seine Emotion auf erträglichen Abstand zu halten, geschmolzen sein wird und das Kind seine eigentliche Not ausformulieren kann:

»Ich kann mir nicht vorstellen, woher diese seltsamen Träume kommen. Und dann weiß ich auch manchmal nicht, ob ich träume oder ob es ganz real passiert. Ich hoffe, ich kann das richtig erklären. Also, ich träume oder es passiert mir auch abends, wenn ich alleine in meinem Zimmer bin und schon im Bett liege, dass ich glaube, dass ein schwarzer Mann bei meinem Fenster hinter dem Vorhang steht. Zuerst kann ich ihn nur spüren und meine Nackenhaare stellen sich richtig auf. Ich be-

komme eine Gänsehaut am ganzen Körper, und dann sehe ich auch plötzlich die dunklen Schuhe unter dem Vorhangrand hervorlugen. Mich befällt schreckliche Angst und ich werde ganz starr in meinem Bett. Ich spüre, wie mein Blut ganz stark in meinem Kopf rauscht. Ich bekomme Angst, dass ich mir in die Hose mache. Ich will nach meinem Vater schreien und kann keinen Ton herausbringen. Ich kann mich auch nicht bewegen. Ich bin völlig starr! Ich weiß nur, er wird kommen und mich vernichten. Das dauert dann ziemlich lange, bis ich endlich rauslaufen kann. In diesem Moment habe ich dann immer kurz das Gefühl, er wird schneller sein und mich erreichen. Da habe ich immer das Bild einer riesigen Hand, die mich am Nacken packt. Das ist ein ganz schlimmer Moment, bis ich die Türe aufgerissen habe und zu meinem Vater runterlaufen kann.

Ich liebe meinen Vater sehr. Er ist mein Ein und Alles. Ich würde ihn nie enttäuschen wollen. Er kann alles und ist in allem so erfolgreich – und er ist immer für mich da. Er hat eine total super Firma aufgebaut, echt toll, und ist aber trotzdem immer da. Ich mache alles mit ihm gemeinsam. Rad fahren, Golf spielen, Tennis, mit ihm diskutieren – aber er ist trotzdem einsam und traurig. Er würde dies aber nie sagen. Das ist irgendwie so eine Vereinbarung zwischen uns, nicht darüber zu reden, obwohl wir das nie so gesagt haben. Ich weiß nicht, ob Sie das verstehen. Er schafft es einfach, mit allem zurechtzukommen.

Ich bin auch traurig. Ich kann das nicht verbergen. Ich sage, dass es wegen meinem Bruder Philipp, der nächstes Monat schon sechs wird, so ist. Der fehlt mir wirklich extrem. Es ist schon so, dass ich mir immer wieder denke, warum haben die anderen ihren Bruder oder ihre Schwester immer um sich und ich nicht. Das ist doch ungerecht. Das tut doch weh!

Aber das ist nicht alles. Ich vermisse meine ganze Familie. Warum ist meine Mutter so? Als ich sie gefragt habe, warum sie und Papa damals, als mein Bruder gerade geboren wurde, auseinandergegangen sind und sie mich bei Papa gelassen hat, ist sie schrecklich wütend geworden. Sie hat gemeint, dass ich aufhören soll, sie zu nerven, sonst könne ich gleich nach Hause gehen. Ich habe aber nicht locker gelassen, und dann hat sie mich echt weggeschickt. So etwas kann doch eine Mutter nicht machen! Ich verstehe das nicht.

›Von ihr ist nicht mehr zu erwarten‹, hat Papa gesagt. Er ist immer souverän, wenn er über sie spricht, so richtig gefasst und steht immer drüber. Aber in Wirklichkeit ist er auch traurig. Aber darüber kann ich, wie gesagt, nicht mit ihm reden. Ich mache mir schreckliche Sorgen um ihn. Er hat mit mir darüber gesprochen, dass uns in unserem ›Männerhaushalt‹ eine Frau für die Wärme fehlt, aber er halt auch nicht so leicht eine passende Frau aus dem Hut zaubern kann.

Ich glaube, Papa kann sich gar nicht in eine neue Frau verlieben, ich glaube, er kann sein Herz gar nicht mehr dafür aufmachen.

Wie ist das mit der Liebe bei den Erwachsenen? Können Sie mir das erklären? Können sich Erwachsene verlieben, wenn sie eigentlich, so wie meine Eltern, immer noch total verstrickt sind und es nicht mal zugeben? Es ist so wie ganz starke Liebe, nur mit einem negativen Vorzeichen.

Ich habe so schreckliche Sehnsucht nach meiner Mutter, meinem Bruder, meiner Familie. Ich habe oft beim Aufwachen, so im Halbschlaf, einen Traum: Ich liege im Bett, so wie es dann ja auch noch ist, und höre draußen die vertrauten Geräusche: Jemand macht Frühstück, die Teller klappern. Ich rieche den Duft von frischem Kaffee und Gebäck, höre eine Zeitung rascheln. Und im Traum stehe ich dann auf, gehe in die Küche und da sitzt mein Vater beim Tisch, blättert in der ›Financial Times‹, die liest er gern, und mein Bruder gießt sich gerade Milch über die Cornflakes. Meine Mutter steht bei unserer großen Küheninsel und nimmt frische Semmeln und diese weichen Pariser Kipferl aus einem Papiersackerl von unserem Bäcker. Meine Mutter lächelt mir zu, ich gehe zu ihr und gebe ihr einen Kuss auf die Wange, knuffe meinen kleinen Bruder im Vorübergehen ganz leicht zur Morgenbegrüßung in den Oberarm, geh dann zu meinem Vater, der in diesem Traum einen ganz anderen, überhaupt nicht angespannten Gesichtsausdruck hat, und er streicht mir über den Kopf. Und dann setze ich mich an den Tisch dazu. Das ist ein so warmes, total geborgenes Gefühl. Vollkommen ruhig.

Aber das kann ich meinem Vater so nicht erzählen. Das würde ihn sicher echt traurig machen. Er bemüht sich ja total um mich. Unsere Haushälterin macht tolles Frühstück und wir reden dann. Zwischen meinen Eltern ist totales Eis, wie ein riesiger Gletscher. Ich habe einen Bericht über den Nordpol gesehen, und da habe ich an meine Eltern denken

müssen. Die reden seit Jahren kein Wort mehr miteinander und trotzdem ist eine totale Spannung zwischen ihnen, wie ein richtiger Krieg. Ich
spüre das so. Sie sind echte Feinde, aber so auf endgültig, unverzeihlich.
Sie sagen nur immer zu mir: ›Sag deinem Vater ...‹ oder ›Sag deiner Mutter ...‹ Und dann geht es um irgendwelche organisatorischen Details.
Aber trotzdem ist da dieses Belauern und ein Ekel voreinander spürbar.

Glauben Sie an Gott? Ich habe immer an Gott geglaubt. Wissen Sie,
das war mir immer sehr wichtig. Das war auch immer ein geborgenes
Gefühl. Aber ich kann nicht mehr. Ich bin enttäuscht. Ich kann einfach
nicht mehr an Gott glauben. Was soll das für ein Gott sein, der es zulässt,
dass Eltern so streiten und die Kinder so leiden müssen?«

11.

Jemand, den ich dir gerne vorstellen möchte

**Der Blickwinkel des Kindes auf neue Partnerschaften
und Patchwork-Familien**

*»Ja, ich hab sie wirklich bekommen, ich glaube es selber nicht. Diese
Ziege Bernadette ist echt verfallen, als er gemeint hat: ›Maja, die Rolle
scheint dir auf den Leib geschrieben.‹ Jetzt habe ich die Hauptrolle in
dem Stück und nicht sie.« Maja, 15 Jahre alt, liegt bäuchlings auf ihrem
Bett und telefoniert aufgeregt mit ihrer Schulfreundin Karin. »Und der
süße Typ ist auch dabei. Mit dem probe ich jetzt zweimal die Woche, den
ganzen Nachmittag.«*

*Die Mädchen kichern überschäumend und schwelgen in weiteren
Plänen. Plötzlich hört Maja die Wohnungstüre. Sie kann es nicht erwarten, ihrer Mutter davon zu berichten. Seit der so dramatisch verlaufenen
Scheidung ihrer Eltern hat sie ihren Vater, der zu seiner Geliebten gezogen ist, nur mehr zweimal gesehen und sich ihrer Mutter umso enger
angeschlossen. »Warte, Karin, ich muss jetzt Schluss machen. Mama
kommt. Ich muss ihr das unbedingt gleich erzählen.« Sie legt auf und
will in den vorderen Teil der Wohnung laufen. Als sie um die Ecke biegt,
wird sie, ohne lauschen zu wollen, Zeugin eines Gesprächs, in das ihre
Mutter mit ihrer besten Freundin am Handy vertieft ist.*

*»Er ist einfach vollkommen anders, so einfühlsam und überhaupt
nicht aufdringlich. Und gleichzeitig, du weißt schon, ist es einfach klar,
dass er weiter gehen will. Ich bin total fertig. Ich habe nie geglaubt, nochmals dieses Kribbeln zu spüren. Wir sind völlig auf derselben Wellen-
länge miteinander. Ja, du hast Recht: Wozu noch länger warten?«*

*Maja dreht sich am Absatz um. Eine Welle von Panik und Anspan-
nung durchflutet ihren Körper. Sie rennt in ihr Zimmer, wirft sich auf ihr
Bett und dann bricht ein tiefes Schluchzen aus ihr heraus. Gerade erst
hat sie den Vater verloren, was kommt jetzt?*

* * *

Björn radelt vom Fußballtraining heim. Sein Trainer hat gemeint, dass er mit seinen zwölf Jahren echt gute Anlagen zeigt. Das Lob dieses erfahrenen Coach hat ihn beflügelt. Seine gute Laune löst sich blitzschnell auf, als er in die Einfahrt zum Haus seines Vaters einbiegt. Seit der Scheidung seiner Eltern lebt er bei ihm. Seine Mutter ist, bedingt durch ihren psychischen Zustand, stark in den Hintergrund seines Lebens getreten.

Ihr Wagen parkt vor der Garage. Das kommt in den letzten Wochen immer häufiger vor. Sie will wohl bei seinem Vater einziehen, huscht ein dunkler Gedanke durch seinen Kopf. Björn spürt, wie sich sein Magen zusammenzieht. Sie ist ein Eindringling. In ihrer Gegenwart erkennt er seinen Vater nicht mehr.

Er trifft die beiden in der Küche. Sicher haben sie gerade geknutscht. Sofort hat sein Vater diesen ermahnenden Blick aufgesetzt. Sie ist wie immer total überzogen freundlich zu ihm. Das ist doch nicht echt. Damit kann sie ihn, Björn, doch nicht täuschen. Aber seinen Vater schon. Der ist von ihrer Einfühlung in die Situation seines Sohnes vollauf begeistert. Der ist ein Koffer!

Was hat die mit seinem Vater gemacht? Mit dieser Art von Blick hat sein Vater nie seine Mutter angesehen. Und mit ihr unternimmt er alles, was sie will. Mit Mutter war er nie aus dem Haus zu bekommen, immer mürrisch, immer auf Rückzug. Jetzt umwedelt er diese Tussi die ganze Zeit. Die hat ihn einfach total um den Finger gewickelt. Echt auf Sitz und Platz.

Björn hasst sie. Er wird sie nie akzeptieren! Doch um sie einfach offen abzulehnen, dafür ist er bereits zu alt. Und seine Gefühle wirklich angemessen auszudrücken, das gelingt ihm andererseits jedoch ebenfalls noch nicht.

»Wie war das Training?«, beginnt sein Vater das Gespräch, und Björn meint sofort im Tonfall eine Ermahnung zur Höflichkeit herauszuhören.

»Eh, normal«, antwortet er ausweichend.

Sie strahlt ihn inzwischen mit diesem unbeeinflussbaren Barbie-Grinsen an. Am liebsten würde er ihr eine in ihre lackierte Fresse geben. Er schnappt sich einen Karton Fruchtsaft aus dem Eiskasten und will

sich abwenden. Sein Vater umfängt Sie mit einer Hand um die Taille –
eine Geste, die sie mit einem breiten Lächeln und bereitwilligem An-
schmiegen quittiert. Björn spürt, wie unbändige Wut in ihm aufsteigt.
Während sein Vater sie eng an sich zieht, teilt er Björn strahlend die
Neuigkeit mit: »Ich wollte dir noch sagen, dass Barbara nächste Woche
bei uns einzieht. Es macht keinen Sinn, weiter getrennt zu wohnen – und
eine Frau in unserem Männerhaushalt«, setzt er fort und gibt dabei Bar-
bara einen sanften Kuss auf die Wange, »wird uns bestimmt gut tun.«
  »Eh cool«, gelingt es Björn mit größter Selbstbeherrschung hervor-
zupressen. Er nimmt einen tiefen Atemzug und meint: »Ich geh dann in
mein Zimmer!«

Irgendwann legen sich die emotionalen Stürme von Trennung
und Scheidung im Leben der betroffenen Erwachsenen, die erlit-
tenen Blessuren beginnen zu vernarben oder überhäuten sich zumindest für eine Alltagsnormalität, die uns den Blick wieder
heben lässt – und plötzlich tritt ein »neuer wichtiger Mensch« in
unser Leben. Oder aber dieser »neue wichtige Mensch« trat
schon viel früher als Signalgeber der Auflösung der »alten Ver-
hältnisse« in Erscheinung.

Egal wie wir zu ihm kommen, zu diesem »neuen wichtigen
Menschen«, egal mit welchen neuen Vorstellungen oder Vorsich-
ten wir uns entwickelt oder auch beladen haben, egal, ob wir nun
»dasselbe nochmals, nur viel besser« machen oder aber »alles
ganz anders« anlegen wollen, er ist da und nimmt Raum in unserem Leben und damit auch im Leben unseres Kindes ein. Unser
»neuer wichtiger Mensch« ist nolens volens auch ein »neuer
wichtiger Mensch« für unser Kind. Ob er zum erbittert bekämpf-
ten Feind wird, den Status eines ungebetenen Gasts zugeordnet
erhält oder aber zu einer neuen, bereichernden Beziehungschance
und gar einer Quelle der Stärkung des Kindes wird, hängt neben
der grundsätzlichen Wahl einer beziehungskompetenten, liebes-
fähigen Person von verschiedenen weichenstellenden strukturellen Faktoren ab.

Was heißt es für das Kind, wenn ein »neuer wichtiger Mensch« im Leben seines Vaters bzw. seiner Mutter auftaucht?

Der wesentlichste Faktor ist Zeit. Zeit, so sehr es sich auch um eine analoge, gemessene Zeitstrecke handeln mag, hat für uns als Erwachsene und für unser Kind eine ganz unterschiedliche Empfindungsstrecke.

Wir mögen eventuell bereits während der noch aufrechten Ehe unseren inneren Trennungsprozess vollzogen haben und bereits bei der Trennung offen für Neues sein, vielleicht sogar schon früher oder nach wenigen Wochen der Trennung von unserem Expartner bzw. unserer Expartnerin den Wunsch nach Zweisamkeit wieder neu entdecken.

Für manche von uns, da lohnt es sich tief in sich selber hineinzuspüren, ist die Kränkung des »Beziehungsverlustes« nur damit wieder ins Reine zu bringen, dass wir möglichst rasch einen neuen Partner aufzuweisen vermögen. Auch wenn es sich nicht immer als eine glückliche Wahl herausstellt, unter diesem Druck zu wählen, lässt sich daraus ein früher Antrieb für den Partnermarkt beziehen.

Oder aber wir fühlen uns sogar nur dann als »ganz«, wenn wir in einer Beziehung verankert sind, und entwickeln aus diesem Gefühl der erlebten momentanen »Inkomplettheit« rasende Motivation in der Partnersuche.

All das hat wenig zu tun mit jener Situation, in der sich das Kind befindet. Es hat gerade erlebt, wie sein bisheriger Lebenskosmos zerbrochen ist, und das ganz ohne sein Wollen. Das Gefühl der Ohnmacht und Erschütterung ist nur allzu präsent. Oftmals ist die neue Lebensrealität damit verbunden, dass sich der Zugang zu einem Elternteil deutlich reduziert hat. Im schlimmsten Fall muss aus der kindlichen Perspektive die tiefe Kränkung und Entwertung, vom verlassenden Elternteil, der sich zu völligem Kontaktabbruch entscheidet, im Stich gelassen worden zu sein, auch noch verarbeitet werden.

Der neue Boden der nunmehrigen Lebensnormalität schwankt noch beträchtlich unter den Füßen, und jedes gesunde Kind hegt begründete Bedenken in seine Tragfähigkeit. Und da droht auch schon neue Herausforderung! Ein anderer Mensch wird zum »neuen wichtigen Menschen« im Leben des Elternteils. Aus dem Blickwinkel des Kindes ist diese Veränderung der sich erst konsolidierenden Lebenssituation – so sehr sie uns Erwachsene vielleicht in die Euphorie, endlich unser Lebensglück gefunden zu haben, versetzt – mit vielen Ungewissheiten und möglichen Bedrohungen verbunden. Der gerne hier angeführte Satz: »Wenn es den Eltern gut geht, geht es den Kindern auch gut!« gleicht mehr einer Schutzbehauptung zur Durchsetzung erwachsener Bedürfnisse, ohne die erforderliche Abgleichung mit der Situation des Kindes durchzuführen, und kann letztendlich durch keine seriöse Evidenz belegt werden. Das Gegenteil jedoch sehr wohl.

Das Kind braucht also *seine* Zeit, seine persönliche Heilungszeit, und wir sind, wenn wir den Blick auf das Gesamtergebnis richten, auch äußerst gut damit beraten, diese zu gewähren.

In den allermeisten Fällen bedeutet dies einen Jahreskreislauf, den das Kind in der neuen Lebenssituation nach der Trennung der Eltern durchlaufen muss, um wieder in einer gesicherten Position mit Vertrauen verankert zu sein. War die Scheidung der Eltern sehr belastend, so kann dies auch einen längeren Zeitabschnitt bedeuten.

Es empfiehlt sich, einen eventuellen Beziehungspartner erst graduell und auf neutralem Boden, beginnend in kurzen Kontaktsituationen, die dem Kind auch die Möglichkeit geben, sich anderweitig zu beschäftigen, in die Eltern-Kind-Beziehung einzuführen. Achtsamkeit zu Beginn, dieses mit den Gefühlen des Kindes und der Anforderung, die ein neuer Beziehungspartner eines Elternteils für ein Kind bedeutet, respektvoll umzugehen – all das ist eine wesentliche Investition in eine spätere, vielleicht sogar sehr innige, Beziehungslandschaft zwischen dem Kind und dem neuen Partner bzw. der neuen Partnerin.

Diese Langsamkeit in der Annäherung verhindert auch, dass das Kind vor der Erfahrung von rezidivierendem Verlust geschützt wird. Jeden potenziellen Beziehungspartner dem Kind zu präsentieren, der sich nach wenigen Monaten oder sogar Wochen als mit einem Ablaufdatum versehen herausstellt, würde genau eine solche Gefahr des Verlusts darstellen.

Gleichzeitig bietet diese Form der Beziehungsentwicklung auch die beste Möglichkeit, einem Gefühl des Verlusts des betreffenden Elternteils an diesen neuen wichtigen Menschen entgegenzuwirken. Mit unserer »neuen Liebe« wollen wir Erwachsene natürlich am liebsten das größte Stück unserer Freizeit entweder alleine verbringen oder ihn bzw. sie zumindest um uns haben. Trotzdem ist es wichtig, hier die gemeinsame Zukunft mitzudenken und auf Zeitsegmente zu achten, die nur der Eltern-Kind-Beziehung gewidmet sind.

Damit ist auch eine weitere Angst unseres Kindes, die häufig in der Ablehnung eines neuen Partners oder in Eifersucht ihr Ventil findet, sinnvoll zu adressieren: die Angst, für den Elternteil nicht bedeutend genug zu sein.

Letztendlich sei noch darauf hingewiesen, dass wir, wenn wir auf der Suche nach einem neuen Lebenspartner wieder ins »Dating Game« einsteigen, jüngere Kinder dazu zwingen, ihre Hoffnungen auf die Wiedervereinigung der Eltern zu begraben, und von unseren halbwüchsigen Kindern oftmals als Konkurrenten erlebt werden. Diese beginnen zu diesem Zeitpunkt gerade die Welt der Beziehungen, der Rendezvous, der Aufregung vor dem Ausgehen, der stundenlang belauerten Handys, ob *er oder sie* ein Lebenszeichen gesendet hat, für sich zu erobern. Jugendliche finden es häufig äußerst peinlich, ihre Eltern in derselben Phase wie sich selber zu entdecken. Dies kann Stoff für kontroverse Diskussionen sein. Doch während es unbestritten ist, dass die Liebe unser Herz in jeder Lebensphase bis hinein in fortgeschrittene Jahre machtvoll zu entzünden vermag, ist es im Bezug auf unsere Kinder für deren Heil angezeigt, dies in unserer Privatheit zu halten.

Es mag sich gut anfühlen, mit unserer Tochter zu diskutieren, ob das Outfit für den Abend mit ihm »heiß genug« anmutet, oder sich in der SMS-Konversation »mit *ihr*« vom halbwüchsigen

Sohn beraten zu lassen, denn es vermittelt das Gefühl, noch zu den Jungen zu gehören, doch wir sollten all diese Belange gerade im Hinblick auf eine mögliche Zukunft des bzw. der Betreffenden als Stiefvater bzw. Stiefmutter unseres Kindes lieber in der horizontalen Bezugsgruppe unserer Freunde belassen.

Letztendlich offenbart gerade das Thema der Fortschreibung unserer Lebensbiografie in Gestalt eines neuen wichtigen Menschen, wie wesentlich es ist, den Blickwinkel unseres Kindes zu verinnerlichen und in unser Entscheiden und Handeln einzubeziehen, wenn wir eine erfolgreiche Zukunftsgestaltung bewirken wollen – denn Eltern und ihre Kinder sind untrennbar miteinander verbunden!

Der »neue wichtige Mensch« in unserem Leben – Blick auf eine zukünftige Patchwork-Familie

Das Kind braucht

Zeit zur Heilung.

Zeit zur schrittweisen Annäherung.

Mögliche Klippen in der Annäherung

an den neuen Partner bzw. die neue Partnerin

»Ich bin noch nicht sicher in diesem neuen Leben angekommen! Der Neue bzw. die Neue macht mir Angst, dass ich Mama bzw. Papa verliere!«

»Jetzt können Papa und Mama nicht wieder zusammenkommen!«

»Werde ich wieder einen Menschen verlieren?«

»Ich bin nicht genug wichtig für meine Mama bzw. meinen Papa!«

»Ich will meine Mama bzw. meinen Papa nicht mit einem Fremden teilen müssen!«

»Das ›Dating Game‹ gehört doch eigentlich mir! – Mama bzw. Papa ist so peinlich!«

Zum Schluss noch zwei in eine mögliche Zukunft der betroffenen Jugendlichen weisende Fallgeschichten, die unterschiedlicher in ihrem Ergebnis nicht sein könnten:

Die Geschichte von Jacqueline

Ein äußerst uneiniges Paar und gleichzeitig seltsam übereinstimmend sitzt mir in Gestalt von Mutter und Tochter in meinem Sprechzimmer gegenüber. Was das Lebensalter betrifft, liegen zwar knappe 30 Jahre zwischen ihnen, doch in der Art, sich zu kleiden, ist die Analogie eklatant und wirkt dennoch bei beiden fehlgegriffen.

Sowohl Mutter wie Tochter scheinen mit ihrem kurzen Minirock am entgegengesetzten Ast des Spektrums über die Zulässigkeitsmarke guten Geschmacks hinausgeschnellt zu sein – die Mutter mit ihren rund 45, die Tochter, die gerade den 14. Geburtstag gefeiert hat. Auch die Tiefe des Dekolletés ist zumindest für einen frühen Nachmittag ungewöhnlich. In der Intensität des Make-ups herrscht ähnlicher Gleichklang, aber jede weitere Suche nach Übereinstimmung zwischen Mutter und Tochter fördert nur Abgründe zutage.

Die Situation ist rasch skizziert: Jacqueline hasst ihre Mutter. Es braucht kaum ein paar Minuten, bis ich eine eindrucksvolle Demonstration dieses Sachverhalts erhalte und sie ihre Mutter aggressiv, demütigend und verhöhnend beschimpft. Respekt scheint Jacqueline ihrer Mutter gegenüber nicht empfinden zu können, und Doris erweist sich angesichts des auf sie niederprasselnden Trommelfeuers von Geringschätzung und der weit unter jeder Gürtellinie liegenden Sprache ihrer Tochter – zumindest jetzt – nicht fähig, ihrem Kind Grenzen zu setzen. Nur mit einer sehr direkten Intervention gelingt es mir, wieder Ruhe in mein Sprechzimmer zu bringen, um nachfolgend den eigentlichen Grund des Hierseins zu erfahren.

Jacqueline, die bis vor Kurzem noch ausgezeichnete Schülerin war, droht nun der Schulausschluss. Im Rahmen der vergangenen vier Monate sei die Verwandlung von einer angepassten, sich brav kleidenden und die Make-up-Lade ihrer Mutter respektierenden Tochter in dieses aufreizende, laszive Geschöpf erfolgt, das ihr nun zudem mit permanenter Böswilligkeit begegne, die ganze Familie einschließlich des kleinen Bruders tyrannisiere und ihre Ehe gefährde. Wirklich dramatisch und enorm peinlich sowie vollkommen hirnlos sei jedoch ihr Betragen in der Schule. Sie lege sich mit jedem Lehrer auf das Gröbste an, habe männliche Pädagogen mit Anzüglichkeiten konfrontiert und sei für die »junge

Männlichkeit« des Gymnasiums, das sie besuche, ein Geheimtipp, da sie es unterschiedslos jedem auf der Toilette bereitwillig »besorge« – ein Sachverhalt, der natürlich für Diskussionsstoff sorge und nun die Schulleitung mit der ultimativen Forderung auf den Plan gerufen hat, dem ein Ende zu setzen.

Pubertät? Hormone? Jacquelines Mutter sucht in meinem Gesicht nach einer Antwort, die sie mit einer Medikamentenpackung und der Gewissheit, den Dämon auf diese Weise sicher bekämpfen zu können, entlasten soll. Doch hier muss ich sie enttäuschen. Jacqueline und ich werden ein Arbeitsbündnis schließen müssen, denn diese Geschichte heute – die ist eigentlich schon sehr alt.

Jacquelines Eltern waren in ihrem Wesen sehr unterschiedliche Menschen, und doch schienen sie sich im Bezug auf die gemeinsame Tochter gut zu ergänzen. Den Elektrotechniker Harald zog es nach Feierabend wenig in die Gesellschaft von Freunden oder Arbeitskollegen, während Doris, wie sie es schildert, vom permanenten Gefühl begleitet war, etwas zu versäumen, wenn sie zu viele Abende zu Hause verbringen musste. Vor Jacquelines Geburt hatte es endlose Diskussionen des jungen Paares zu diesem Thema gegeben, die zumeist mit unbefriedigenden Kompromissen für beide geendet hatten.

Nachdem Jacqueline auf die Welt gekommen war, ergab sich alles von alleine. Harald, der die treibende Kraft im Kinderwunsch des Paares gewesen war, versorgte die Tochter abends, und Doris, der die Decke auf den Kopf zu fallen drohte, ging nun gemeinsam mit ihren Freundinnen und Arbeitskolleginnen aus.

Zunehmend stellt sich zwischen den Partnern jedoch eine nachhaltige Entfremdung ein, ein kühler, sachbetonter Umgangston bestimmt die Kommunikation, die wechselseitige Attraktivität erreicht einen Tiefpunkt. Doris lernt Günther kennen – er ist fünf Jahre jünger als sie, Bodybuilder, Polizist und in seinen Interessen ganz auf ihrer Linie. Der ruhige, fade Harald kann sich zu diesem Zeitpunkt nicht mehr als Option sehen, und zu kämpfen ist nicht sein Fach. Also kommt es zu einer raschen, unkomplizierten Scheidung. Doris übernimmt die alleinige Obsorge für Jacqueline. Eine andere Option liegt, trotz Haralds intensivem Engagement in der Betreuung von Jacqueline, gar nicht im Bereich des

Denkbaren. Doris zieht mit der vier Jahre alten Jacqueline direkt aus der ehelichen Wohnung, die Harald von seiner Großmutter geerbt hat, zu Günther, ihrem jetzigen Gatten und Jacquelines Stiefvater. Dieser schwärmt zwar eindeutig für Doris, doch Jacqueline ist eine Draufgabe, die er nicht unbedingt gebraucht hätte.

Für Jacqueline, die ihren Vater nun jedes zweite Wochenende sieht, bedeutet dies in den ersten Monaten der neuen Beziehung auch während der Woche oder auch manchmal an einem Wochenende bei den Großeltern oder einer einspringenden Freundin untergebracht zu werden – immer dann, wenn Günther, bedingt durch seinen Schichtdienst, frei hat und intensiv mit Doris Zeit verbringen möchte. Die Pädagoginnen aus Jacquelines Kindergarten schlagen Alarm, da sie zunehmend ängstlich und zurückgezogen wirkt.

Doris und Günther beschließen zu heiraten, um eine richtige Familie zu werden. Günther fällt es schwer, sich auf das kleine Mädchen, das in seinem Leben gelandet ist, einzulassen. Entweder zieht er sich zurück und ignoriert sie oder aber er greift disziplinierend ein. Gleichzeitig vermittelt er Doris permanent das Gefühl, dass das Kind ihn stört. Das löst gemeinsam mit dem aus ihren Augen ungünstigen Altersunterschied permanente Verlustangst bei ihr aus, sowie das Bestreben, es Günther recht zu machen.

Jacqueline muss lernen, dass es zu Hause zwei Welten gibt. Eine, wenn Günther da ist, und eine, wenn sie mit ihrer Mutter alleine ist. Und sie muss erfahren, dass Günthers Ab- oder Anwesenheit auch der Drehpunkt der Loyalität ihrer Mutter zu ihr ist. Günther hat Top-Priorität.

In dieser Zeit, um ihr sechstes bis achtes Lebensjahr herum, gewinnen die Besuche bei ihrem Vater erinnerte Wichtigkeit. Sie beschreibt die Begegnungen als ein »Leo-Gefühl«. Gerade als Doris von Günther, der nun auch ein eigenes Kind will, schwanger ist, tritt gleichzeitig in das Leben von Jacquelines Vater ein neuer wichtiger Mensch. Dies ist für Jacqueline mit schweren Folgen verbunden, denn ihre primär eifersüchtige Reaktion auf die ein Jahr jüngere Tochter der neuen Lebensgefährtin des Vaters, die nun mit ihrem Vater nahezu täglich zusammenlebt, führt dazu, dass ihr Vater sein Besuchsprogramm zuerst auf jeden zweiten Samstagnachmittag verkürzt, um es schließlich unter dem Drängen *seiner neuen Frau gänzlich einzustellen. Zum etwa selben Zeitpunkt wird ihr kleiner Halbbruder geboren. Es ist naheliegend, dass sich die Möglichkeiten von Jacquelines Mutter, ihrer Tochter entsprechende Aufmerksamkeit zu schenken, damit gleichlautend reduzieren. Und Günther hat nur Augen für seinen Sohn.*

»Mit neun ist mir dann klar geworden, dass ich nirgends dazugehöre, dass ich in Wirklichkeit gar keine Familie habe!« Doch vordergründig scheint zu diesem Zeitpunkt noch alles in Ordnung zu sein. Jacqueline funktioniert brav. Sie bringt in der Schule gute Leistungen, entwickelt erstmalig den Berufswunsch, Juristin werden zu wollen, und verhält sich innerhalb der Familie angepasst, während sich gleichzeitig enorme Wut in ihr aufzustauen beginnt.

Kleine Anzeichen, wie häufiges »absichtsloses, missverständliches« Zerbrechen der Spielsachen ihres kleinen Bruders werden ihrer »Ungeschicklichkeit« zugeordnet, für die sie Günther hänselt. Dieser weiß mit dem zunehmend auf die Pubertät zutreibenden jungen Mädchen nicht anders umzugehen, als sie aufzuziehen und wegen ihrer Körperlichkeit kränkend abzuwerten.

Wenige Monate vor Jacquelines »Verwandlung« beginnt sie ihrer Mutter erstmals vorzuwerfen, sie zu verraten und unter Günthers Pantoffel zu stehen, da sie Angst habe, ihn wegen der für sie ungünstigen Altersdifferenz, die Günther immer wieder thematisiert, zu verlieren. Und dann nimmt die Dynamik dieses Druckkochtopfs ihren Verlauf.

Die Geschichte von Lukas

Eine ganz andere Geschichte begegnet mir in Gestalt von Lukas, den ich im Zuge eines Projekts unseres Instituts für Jugendliche kennenlerne. In der Gruppenarbeit imponiert er als reif und raumgebend, stark prosozial. Gleichzeitig kann er seine eigenen Grenzen deutlich und respektvoll thematisieren und durchsetzen. Es scheint, als »klebe« eine natürliche Führungsautorität an ihm. Die anderen Jugendlichen fühlen sich in seiner Gegenwart wohl, sie suchen, obwohl er mit keinen großen Gesten zu bestechen versucht, seine Nähe und seine Meinung. Sein Selbstbewusstsein ist unaufdringlich und unkompliziert. Ohne Beschämung vermag er auch seine Limits zuzugeben und als Ansporn zur Verbesserung zu sehen. Eindeutig ist er einer der wenigen Jugendlichen, die mit 16 bereits eine Ahnung zu entwickeln vermögen, wie es sein kann, in der eigenen Mitte zu ruhen.

Irgendwann erzählt er mir dann seine Geschichte, und ein paar Tage später kann ich seine Mutter und seinen Vater ebenfalls interviewen:

Lukas' Eltern haben sich etwa zum selben Zeitpunkt seines Lebens zu ihrer Trennung entschieden wie jene von Jacqueline. Eine in den letzten Monaten vor dieser Entscheidung erfolgte Paartherapie hatte dem Paar unüberwindbare Gegensätze gespiegelt, aber gleichzeitig auch das Ziel einer kooperativen Elternschaft als die wesentlichste Grundvoraussetzung einer erfolgreichen Bewältigung der elterlichen Trennung für Lukas verdeutlicht.

Die Eltern entschieden sich für gemeinsame Obsorge, wenngleich Lukas seinen zeitlichen Lebensmittelpunkt bei seiner Mutter fand, da der Vater berufsbedingt zum damaligen Zeitpunkt über unregelmäßige Dienstzeiten verfügte. Etwa zur selben Zeit, knapp sechs Monate nach der Trennung, lernen beide Elternteile ihre neuen späteren Lebenspartner kennen.

Der Partner der Mutter hat umfassende Betreuungsverpflichtungen für seine beiden Töchter aus erster Ehe, die im Sinne einer Doppelresidenz mit beiden Elternteilen zeitsymmetrisch aufwachsen.

Die neue Partnerin des Vaters lebt mit ihrem Sohn und ihrer Tochter gemeinsam. Der Vater dieser Kinder ist ins Ausland verzogen und unterhält zu seinen Kindern keinen Kontakt mehr.

Die Kinder der neuen Partner sind zwischen zwei und sechs Jahre älter als Lukas.

Beide Elternteile entschließen sich, in die neuen Beziehungskonstellationen nur langsam hineinzuwachsen. Obwohl sie jeweils im Bezug auf den neuen Partner bzw. die neue Partnerin intensive Geborgenheit und Sicherheit erleben, steht ihnen klar vor Augen, dass hier eine Fülle von sozialen Beziehungen im Nebenschluss »mitbedient und mitentwickelt« werden muss.

»Wir waren uns beim Start alle klar, dass es einfach nur wir Erwachsene sind, die hier unser Glück gefunden zu haben glaubten. Wir als Paar waren fasziniert voneinander und verliebt. Für unsere Kinder war die Sache ja ganz anders. Das kann man nicht ganz einfach beiseite wischen, wie das so oft geschieht. Unsere Kinder hatten einfach andere Interessen. Das muss man grundsätzlich mal respektieren, und da kann man nicht mit so einer Illustriertenmentalität à la »Wenn es den Eltern gut geht, geht es den Kindern auch gut« drübergehen. Man muss sich schon klar sein: So ein Patchwork ist eine fragile soziale Konstruktion, da muss man fähig sein, bei sich Abstriche zu machen, und man muss hart arbeiten. Es ist eher so, als würde man die Phase der ›Flitterwochen‹ auslassen und gleich im harten Alltag landen.«

Die Eltern tun gut an ihrer überlegten und nur schrittweisen, allen betroffenen Erwachsenen hohe Selbstdisziplinierung abverlangenden Zugangsweise, denn hier wird letztendlich als kleinste Einheit die Alltagsnormalität von vier beteiligten Erwachsenen und fünf Kindern, die bislang in drei getrennten sozialen Systemen wurzelten und ihr Weltbild und ihre Normen entwickelten, vollkommen umgekrempelt und miteinander verschmolzen. Dabei ist zu bedenken, dass die motivationale Kraft zu dieser sozioemotionalen Großleistung nur von den beteiligten Erwachsenen ausging. Die davon betroffenen Kinder hätten, zumindest zu Beginn, auch gegenläufige Interessen haben können.

Und das ist noch nicht alles, denn im erweiterten sozialen Feld müssen noch die Beziehungen zu den jeweiligen anderen Elternteilen der Stiefgeschwister von Lukas einbezogen werden – die Bedeutung der Großeltern und elterlicher Geschwister, also Tanten und Onkeln. Ein riesiges komplexes System sozialer Beziehungen will hier also positiv erobert werden.

Die Eltern fahren ihren sanften sozialen Kurs dergestalt, dass sie zuerst jeweils ihre eigene erwachsene Beziehung stabilisieren, ohne die Kinder dabei einzubeziehen. Erst nach einem weiteren halben Jahr des einander »Kennenlernens« kommt es für Lukas zu einem ersten Kontakt mit dem neuen Partner bzw. der neuen

Partnerin seiner Eltern in einem ungezwungenen Rahmen – und in der Folge zu einer gemeinsamen Begegnung mit den Kindern. In den darauffolgenden Monaten erfolgt ein langsames Überwechseln in eine graduelle Alltagssituation, beginnend mit einer Urlaubssituation, die ein paar gemeinsame Tage einschließt. Dies gelingt äußerst gut, weist jedoch Stromschnellen auf, die es zu meistern gilt, wie mir beide Eltern unabhängig voneinander erzählen:

»Da war dann irgendwann die Katze aus dem Sack, als alle realisiert hatten: So, das ist es jetzt. Der geht nicht mehr nach Hause. Das ist hier jetzt für den genauso sein Zuhause wie für mich. Da gab es auch mal harte Bandagen, von wegen: ›Du bist nicht mein Bruder‹ ... und so ähnlich. Kinder sind natürlich ziemlich territoriale Wesen. Das Wichtigste war immer, sich selber nicht reinziehen zu lassen, auch nicht in Dinge wie »mein Kind, dein Kind«, oder sich von den Kindern dahingehend ausspielen zu lassen. Diesbezüglich ist man gefordert, muss sich seinen eigenen Grenzen stellen. In einer ›normalen Familie‹ ist das viel einfacher. Da kommt man mit vielen Fragen ja überhaupt nicht in Kontakt. Da ist alles ja von vornherein geregelt. Im Patchwork musst du dir die Grammatik der sozialen Gerechtigkeit des täglichen Umgangs erst selber definieren und erarbeiten. Das ist ein Knochenjob. Nur wenn du da deine Hausaufgaben als Paar zu leisten vermagst, gelingt es, sonst ist es ein Desaster, egal, ob die Beziehung äußerlich erhalten bleibt oder nicht, aber dann leiden die Kinder schrecklich und manche kommen total unter die Räder.«

Lukas ist der lebende Gegenbeweis. Mit einem verschmitzten Lächeln meint er mir gegenüber zum Abschluss unseres Gesprächs: »Ich habe die Ernte davon, dass meine Eltern und ihre Partner ihre Hausaufgaben gemacht haben, und als Draufgabe vier ältere Geschwister, die jederzeit für mich da sind. Das ist ein super-sicheres Gefühl!«

Brief an Vater Staat und Tante Justitia!

Lieber Vater Staat! Liebe Tante Justitia!
Eigentlich sollte ich euch diesen Brief ja gar nicht schreiben müssen, denn Familienangelegenheiten müsste man ja, wie das schon der Name sagt, eigentlich in der Familie selber regeln können. Ich glaube auch, dass es eine ziemlich hohe Anforderung an euch ist, hier die richtigen Gesetze, nämlich solche, die für den ganzen Menschen und – noch viel schwieriger – für das ganze Kind dienlich sind, zu machen. Wer weiß schon so wirklich, wie jedes einzelne Kind funktioniert und was es braucht.

Für Juristen stelle ich mir das besonders schwer vor, aber auch Ärzte, Psychologen, Psychotherapeuten und Erziehungsberater haben nur Fachwissen, und ein Kind versteht man doch mit dem Herzen am besten. Darum sollten Familienangelegenheiten eben auch in der Familie regelbar sein, denn Eltern sind doch eigentlich die Experten für ihr Kind und sehen es mit dem Herzen – zumindest ist das so von der Natur angelegt.

Dann aber auch noch nach dem so errichteten Regelwerk Recht sprechen zu müssen – darum, Tante Justitia, beneide ich dich ganz und gar nicht. Lebensweichen zu stellen und dabei für die Entscheidungsfindung nur auf die Oberfläche von Schriftsätzen und kurzen Begegnungen im Gerichtssaal blicken zu können, ist eine hohe Verantwortung. Ich bin überzeugt, dass viele deiner Gefolgsleute zahlreiche schlaflose Nächte haben.

Ihr merkt, ich habe ein Anliegen. Obwohl ich ein Kind bin und mir einfach träumen kann, dass Papas und Mamas ihre Streitigkeiten selber lösen können, habe ich doch schon erfasst, dass ihnen das in zahlreichen Fällen nicht von der Hand geht. Zumeist werden Erwachsene dann ziemlich trotzig, beleidigt und manchmal sogar hinterfotzig, so wie Frederick in meiner Vorschulgruppe, der mit der Schere noch nicht richtig ausschneiden kann und aus lauter Wut den anderen Kindern dann alles zerschneidet. In Wirklichkeit ist er, glaube ich, sehr traurig, aber er gibt es nicht zu.

In diesen Fällen von streitenden Eltern, und ich habe mir das von einem großen Freund nachsehen lassen, das sind, man glaubt es nicht, tausende im Jahr, seid ihr dann so richtig gefordert. Da wird es nämlich ganz enorm eng für uns Kinder. Wie es scheint, vergessen uns unsere Eltern dann vollkommen über ihren Streit und ihre Kränkung hinweg, auch wenn sie dauernd von uns reden oder die irrsten Dinge treiben, um zu verhindern, dass wir den anderen Elternteil sehen.

Man stelle sich das vor! Das ist derselbe Mensch, in den sie ein paar Jahre früher verliebt waren und mit dem sie uns gemacht haben – und der soll uns dann nicht mehr sehen dürfen, obwohl wir ihn doch genauso lieben. Wir Kinder haben dann gar niemanden mehr, wenn wir unsere Eltern in dieser Weise verlieren, nur mehr euch. Auch Oma oder Opa können uns nicht helfen.

Also, das wollte ich euch sagen – wie wichtig ihr in einer derartigen Katastrophe für uns seid. Und ich wollte mich bei euch aus aufrichtigem Herzen bedanken, denn ihr habt gerade ein neues Gesetz gemacht, das ganz in unserem Interesse ist. Jetzt müssen sich Eltern, ob sie das wollen oder nicht, darüber informieren, was denn die Scheidung für ihre Kinder bedeutet. Das ist wirklich wunderbar, denn auch wenn sie zuerst alles ganz im Einvernehmen hinbringen, passiert es ja oft, dass das dicke Ende später noch kommt. Das war bei Frederick genauso. Vielleicht kann man sie ja auch damit etwas abhalten, nach der Scheidung noch Zoff anzufangen, wenn sie schon vorher lernen, was das für uns heißt.

Und besonders toll finde ich, dass Tante Justitia jetzt Eltern einfach zur Erziehungsberatung schicken kann, wenn sie merkt, dass es die Eltern alleine nicht checken. Da habe ich wirklich ganz große Hoffnung, dass rasch viel weitergehen kann. Das ist mir besonders wichtig, denn Zeit hat für uns Kinder eine ganz andere Dimension und Auswirkung auf die Formung unseres Weltbilds, als sich das Erwachsene so vorstellen.

Wenn du drei Jahre bist, deine Eltern streiten um dich und dein Verfahren dauert letztendlich auch drei Jahre, dann hast du zumindest dein halbes Leben im Krieg zugebracht. Da kann mir keiner sagen, dass so etwas nicht Auswirkungen haben soll. Kinder sind doch nicht blöde! Wir lernen doch die ganze Zeit über. Die Frage ist nur: Was?

Darum bitte ich euch ganz inständig, dass ihr dieses neue Gesetz sehr gut umsetzt, damit möglichst alle betroffenen Kinder davon profitieren können. Wir sind die jüngsten Staatsbürger. Fast jeder Politiker scheint das zu wissen und sagt irgendwann, dass die Kinder die Zukunft sind. Dabei stehen sie dann immer so aufrecht und bekommen eine ganz breite Brust. Manche haben auch noch eine Träne im Augenwinkel. Die meisten sprechen dann von einer »Leistungsstarken Zukunftsgeneration«, die du, Vater Staat, brauchen wirst, um alle Herausforderungen, die auf uns zukommen, bewältigen zu können. Wir wollen das ja auch gerne werden, diese »Leistungsstarke Zukunftsgeneration«. Nur müssen wir dann auch die Chancen bekommen, ein entsprechendes Weltbild aufzubauen, unsere Fähigkeiten und Talente zu entfalten, unsere Identität und unser Selbstvertrauen in einer Grundgeborgenheit entwickeln zu können. Darum bitte ich euch, bleibt dran an der Sache der Kinder!

Eine feste Umarmung,
euer Kind (ein Leistungsträger der Zukunft)

Brief an die Eltern!

Liebe Mama! Lieber Papa!
Ich habe diesen langen Text, der jetzt hinter euch liegt, für euch schreiben lassen. Nicht alles, was hier steht, ist angenehm oder wird dazu passen, wie ihr euch fühlt. Trotzdem war es mir ein Anliegen, euch zu vermitteln, wie ich mich fühle.

Erwachsene sind viel erfahrener und müssen daher auch die Entscheidungen für uns Kinder treffen, aber dennoch oder gerade deswegen wollte ich euch meine Empfindungen und was eure notwendige Trennung/Scheidung für mich bedeutet, zeigen. Man kann ja auch als großer Mensch manchmal unter dem Druck der Situation betriebsblind werden und den Wald vor lauter Bäumen nicht mehr sehen. Ihr habt gesagt, dass, auch wenn ihr euch »entliebt« habt, ihr mich immer und ewig als euer Kind lieben werdet. Ich *euch* auch, euch beide, gemeinsam oder getrennt – ich liebe euch und möchte dies auch dürfen, ohne dass dies für einen von euch zur Beschwernis wird. Ich hänge mit jeder Faser meines Seins an euch, mein Herz gehört euch.

Ihr wollt »mein Bestes«, sagt ihr immer. Ich soll meine Talente und Fähigkeiten entfalten und fit für das Leben da draußen werden – für die Zeit, wenn ich so groß sein werde wie ihr. Ich will das auch. Dazu brauche ich mich aber selber, eine Identität, sagt man, und ein solides Selbstgefühl. Ihr, und zwar ihr beide, seid sehr wichtig für mich, damit sich beides entwickeln kann. Und darüber hinaus muss ich darauf vertrauen können, dass die Welt ein guter Ort ist und ich hier sicher angekommen bin. Auch dafür ist es sehr entscheidend, was ich in meiner Familie erlebe. All diese Erfahrungen formen mein Weltbild und mein »Betriebssystem«, die Art, wie ich die Welt sehe und mich in ihr wiederum bewege und dann in der Folge auch Realität, nämlich meine, erzeuge.

Frederick aus meiner Vorschulgruppe ist zum Beispiel zur Überzeugung gelangt, dass die Welt ein gefährlicher Ort ist, und dementsprechend geht er auch mit ihr um. Er ist misstrauisch und zerstört einem gerne etwas, gleich einmal so als Einstieg. Kann es da noch jemanden wundern, wenn niemand mit Frederick spielen will? Am Ende ist es dann genau so, wie Frederick es annimmt: Die Welt ist kalt, denn keiner mag ihn.

Fredericks Papa und seine Mama haben viel gerauft, bevor sie sich scheiden haben lassen. Einmal musste sogar die Polizei kommen. Ich möchte nicht, dass es mir so ergeht wie Frederick, und ich wünsche mir, dass es keinem Kind so gehen muss.

Ihr habt mir erklärt, dass eure Fähigkeiten und Kompetenzen nicht ausgereicht haben, um die Scheidung zu verhindern. Heute seht ihr, dass ihr nicht in der richtigen Weise miteinander gesprochen, die falschen Entscheidungen getroffen und einander gekränkt habt. Jetzt gibt es eine gute Gelegenheit, *nur* als Eltern und nicht mehr als *Paar* in der richtigen Weise miteinander sprechen zu lernen, einander nicht mehr zu kränken, sondern einander als Eltern zu akzeptieren und gemeinsam die Entscheidungen zu treffen, die mich betreffen.

Ich bitte euch, für mich hart an dieser kooperativen Elternschaft zu arbeiten, auch wenn es euch bisweilen abverlangen sollte, über euren Schatten zu springen. Es geht um meine Zukunft!

In Liebe,
euer Kind

Anmerkungen

1 Entwicklung von Familie und Bevölkerung in Österreich im 20. Jahrhundert: http://gw.eduhi.at/daten/bev2006/ppt/ lehrerinnenfortbildungI.pdf, 21. Mai 2013.

2 www.statistik.at/web_de/statistiken/bevoelkerung/ scheidungen/index.html, 20. Mai 2013.

3 www.statistik.at/web_de/statistiken/bevoelkerung/eheschliessungen/ index.html, 20. Mai 2013.

4 www.statistik.at/web_de/presse/064280, 20. Mai 2013.

5 Niederösterreichischer Kinder- und Jugendgesundheitsbericht: www.goeg.at/cxdata/media/download/berichte/kinder_jugend_ gesundheit_noe.pdf, 20. Mai 2013, Seite 16.

6 Niklas Luhmann: Liebe – Eine Übung, 2008.

7 Bericht zur Jugend-Wertestudie 2011: Institut für Jugendforschung und Kulturvermittlung, Jugend-Wertestudie, gefördert von: AK Wien, AK NÖ, OMV AG, BKA, BMUKK und BMASK, Studienleitung: Mag. Philipp Ikrath (2011–2012), http://jugendkultur.at/forschung/auftragsforschung, 27. Juni 2013.

8 Umfrage der ARGE Bildung & Management OG »Partnerschaften von Morgen – Die Erwartungen der Jugend an Partnerschaften«, 2012.

9 Martina Leibovici-Mühlberger: Partnerschaften von Morgen. Forum Alpbach 2012.

10 Umfrage der ARGE Bildung & Management OG »Vom Paar zur Familie«, 2007–2011.

11 Evaluationsstudie über die Auswirkungen der Neuregelungen des KindRÄG 2001: www.eltern-bildung.at/fileadmin/user_upload/ Downloads/News33_evaluationsbericht_Vollversion.pdf, 20. Mai 2013.

12 Evaluationsstudie über die Auswirkungen der Neuregelungen des KindRÄG 2001: www.eltern-bildung.at/fileadmin/user_upload/ Downloads/News33_evaluationsbericht_Vollversion.pdf, 20. Mai 2013.

ANNA EHRLICH / JENNIFER FAULKNER
Wien für kluge Kinder

Mit zahlreichen Illustrationen,
durchgehend vierfarbig

ISBN 978-3-85002-820-2

Spaziergänge für Kinder und Jugendliche
durch die Wiener Innenstadt

Das Zauberwesen Joey nimmt uns mit zu Stadtspaziergängen durch das
Wien von heute, auf seine Reisen durch die Zeit, zeigt, wie es früher hier
aussah und wie die Menschen lebten. Aus dem Inhalt:

Die Sage vom Totendoktor
Der heilige Leopold erzählt
Das vergessene Arsenal und die Donau-Kriegsmarine
Die erste Berufsfeuerwehr der Welt
Die großen Pestepidemien
Die kaiserlichen Schlittenfahrten
Joseph Haydn führt um den Stephansdom
Die Dombauhütte und der Mannermann
Der Fähnrichhof und die Templer
Die Bewohner und Schätze der Hofburg
Die »R«- und »K«-Straßenbahn
und vieles mehr ...

Die von Joey geführten Wege sind für Kinder und Jugendliche gleichermaßen geeignet. Sie bieten Anregungen für gemeinsame Spaziergänge von
Jung und Alt und für Lehrer, die ihren Schülern Wien, seine Geschichte
und Sehenswürdigkeiten näherbringen wollen.

www.amalthea.at

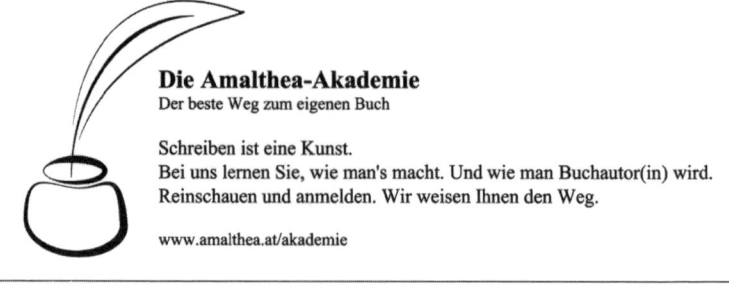